本丛书得到何东先生独资赞助

This series of books is financially supported exclusively by Mr. Eric Hotung.

20世纪中国文物考古发现与研究丛书

# 商周甲骨文

王宇信　徐义华／著

文物出版社

一　殷墟宫殿宗庙区鸟瞰

二　殷墟宫殿区 H127 甲骨窖穴（复原）

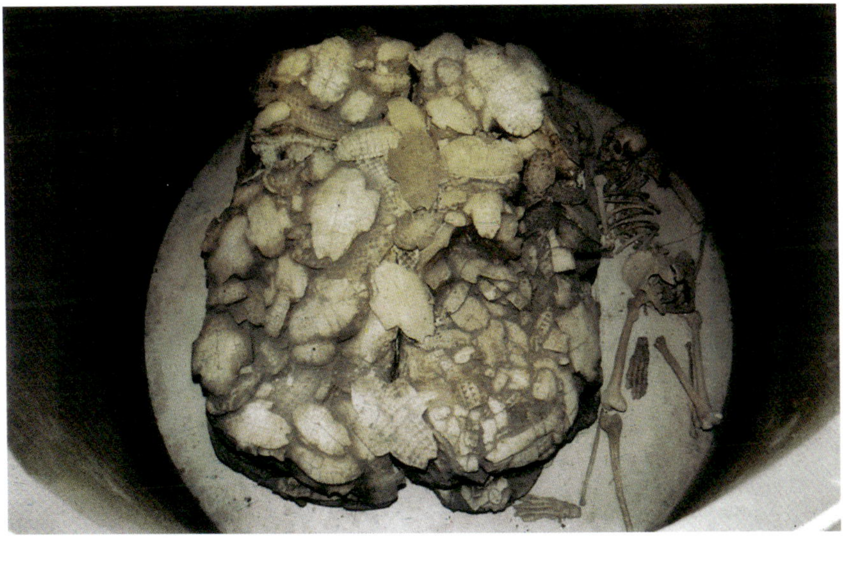

三　殷墟出土刻辞龟甲

四　殷墟出土刻辞牛胛骨

五　殷墟出土刻辞牛胛骨

六　殷墟出土象牙杯

七　殷墟出土石人

*20 世纪中国文物考古发现与研究丛书*

# 序 / 张文彬

俗称“锄头考古学”的田野考古学的诞生以及中国考古学学科体系的基本完善，由此而引起的古物鉴玩观赏著录向科学的文物学的转变，是20世纪中国学术与文化界的大事。它从材料与方法两个方面彻底刷新了持续了数千年之久的中国古代史学传统，不但为中国学术界和文化界开拓出更加广阔的研究天地，也为一切关心中华民族悠久历史和灿烂文明的人们不断地提供了可贵的精神滋养和力量源泉。

仰古、述古、探古，进而考古，向来为我国传统文化中一个明显的学术特点。先秦时期诸子百家发其端，汉代司马迁撰写《史记》，北魏郦道元作注《水经》。他们对相关的遗迹遗物，尽可能地做到亲自考察和调查，既能辨史又可补史。这种寻根追源的治学态度，为后世学术上的探古、考古树立了榜样。此后，山河间的访古和书斋式的究古相继开展，特别是对古器物的研究，成了唐、宋时期的文化时尚。不少学者热衷于青铜铭文、碑刻、陶文、印章等古文字的考释，进而有了对器物的辨伪鉴定、时代判断、分类命名等，逐渐兴起了一门新的学问——金石学，涌现出许多著名的古器物鉴赏家和收藏家。只是囿于当时的历史条件，金石学家们无法了解所见文物的出土地点和情况，也难以涉及史前时代漫长的演进历程，因而长期以来始终脱离不了考证文字和证经补史的窠臼。即使如此，他们的艰辛努力和取得的成绩，还是为推动我国传统文化的发展起到了积极作用，并且在事实上也为中国考古学和中国文物学的起步铺设了最早的一段道路。

20 世纪初，近代考古学由西方传入。中国学者继承金石学的研究成果，学习并运用西方考古学方法，开始从事田野考古，通过历史物质文化遗存，探寻和认识古代社会，揭示人类社会发展规律。早在 1926 年，中国学者就自行主持山西南部汾河流域的调查和夏县西阴村史前遗址的发掘。随后，我国学者同美国研究机构合作，有计划地发掘周口店遗址，发现了北京猿人。从 1928 年起至 1937 年，连续十五次发掘安阳殷墟遗址，取得了较大收获，引起了国内外学术界的重视。自 20 世纪 50 年代以后，随着国家大规模经济建设的进行，田野考古勘探、调查和科学发掘工作在全国范围内蓬勃有序地开展，许多重要的典型遗址和墓地被揭露出来，重大发现举世瞩目。它们脉络清晰，层位分明，文化相连，不仅弥补了某些地域上的空白，而且衔接了年代上的缺环，为研究中国古代史、文化史、科学史以及其他学科领域，提供了珍贵、丰富的实物资料，极大地影响着人文社会科学诸多学科专业的研究与发展。这段时间被学术界称为中国考古学的黄金时代。在马列主义理论指导下，具有中国特色的考古学理论体系和方法论逐渐形成。有关研究成果不仅极大地改变和丰富了人们对中国文明起源、中国古史发展等重大问题的认识，同时也扩展了中国文物的研究领域和研究方式。可以说，考古学的发展与进步，直接影响到文物学的形成与发展，而且影响到全社会对文化遗产重要作用的认识以及世界学术界对中国古代文明的重新认识。

从20世纪80年代开始，文物界就中国文物学的创立，逐渐取得共识，在共同探讨的基础上，初步形成了学科体系。不少学者发表了有关论文，出版了专著，就文物的历史价值、科学价值、艺术价值以及在社会主义的物质文明与精神文明建设中如何对文物进行有效保护、合理利用发表意见。这些研究成果已获得学术界的赞同。

在这世纪之交和千年更替之际，对中国考古学和中国文物事业作一次世纪性的回顾和反思，给予科学的总结，是许多学者正在思考和研究的问题。如果能通过梳理20世纪以来重大发现和研究成果，透视学科自身成长的历程，从而展望未来发展的方向，以激励后来者继续攀登科学高峰，无疑是一件很有意义的事。为此，经过酝酿、商讨和广泛征求意见，我们约请一批学者（其中有相当多的中青年学者）就自己的专长选择一个专题，独立成篇，由文物出版社编辑出版一套《20世纪中国文物考古发现与研究丛书》，并以此作为向新世纪的献礼。

从某种意义上说，《20世纪中国文物考古发现与研究丛书》是一套学科发展史和学术研究史丛书。其内容包括对20世纪考古与文物工作概况的综合阐述；对一些重要的考古学文化和古代区域文化研究情况的叙述；对文物考古的专题研究；对重要的文物考古发现、发掘及研究的个例纪实。

此套丛书的内容面广，而且彼此关联。考虑到各选题在某些内容上难免会有重叠或复述，因此在编撰之初，我们要求各选题之间互有侧重，彼此补充，以期为读者了解 20 世纪中国考古学和文物学的发展提供更多的视角。

我国的文物与考古工作，虽在 20 世纪得到了迅速发展，但仍有许多重大学术问题需要进一步探索。我们主持编辑这套丛书，除了强调材料真实，考释有据，写作态度严谨求实外，也不回避以往在工作或研究上曾经产生的纰漏差错和不足之处，以便为今后的工作和研究提供借鉴。虽然我们尽了很大努力，但限于水平，各篇仍很难整齐划一。由于组稿和作者方面的困难和变化，一些计划之中的题目也未能成书。这些不周之处，敬请专家、学者和广大读者批评指正。

在丛书编印过程中，我们得到了文物、考古界的广泛支持。何东先生在出版经费上给予了热情帮助。在此，一并深表感谢。

2000 年 6 月于北京

# 目　　录

# 插图目录

# 前言

自1899年王懿荣鉴定和购藏甲骨文以来，至今已有一百多年了。这一百多年间，甲骨学研究自“雪堂（罗振玉）导夫先路，观堂（王国维）继以考史，彦堂（董作宾）区其时代，鼎堂（郭沫若）发其辞例”和“唐老（唐兰）分析偏旁，于老（于省吾）骈枝成林，胡老（胡厚宣）彻底整理，陈老（陈梦家）综述分组”，把甲骨学研究从“盗掘时期”和研究的“草创阶段”（1899～1928年），推进到“科学发掘时期”和研究的“发展阶段”（1928～1937年），再进一步推进到甲骨文研究的“继续科学发掘时期”和“深入研究阶段”（1949～1978年），并经过“全面深入研究阶段”（1979～1999年）而达到了一百年的辉煌。凝聚着几代中外优秀学者追求和心力的上万种甲骨学商史论著，也和十万片甲骨文一样，成为中华民族优秀文化的珍品和世界文明宝库中熠熠发光的瑰宝。

如今的甲骨学，“研究方法日益严密而有其规律，研究方向也由浑沌未明，而至分门别类可以深入。百年后的今天，综合各方面研究成果及所确定的研究方向、方法，甲骨学不但可以是一门完全独立的学科，随着新材料的出土发表，应该是一门领域日益扩大、可以长期经营的学科”（钟柏生教授语）。不仅多学科的学者需要从甲骨文中“发掘”中国古代悠久的传统，而且甲骨文也是外国学者认识古代中国对世界文明所做贡献的纽带。甲骨学已成为中国的显学和一门世界性的学问。在 1999 年 8 月于河南安阳召开的“纪念甲骨文发现一百周年国际学术研究会”上，有六十多位颇有造诣的欧美、东亚以及我国香港和台湾的学者与百余名内地甲骨学商史专家齐聚一堂，显示了这门学问影响广泛和充满无限生机。

总结过去是为了更好地前进。显然过去的一百年甲骨学研究取得了巨大的成就，但还有很多课题没有解决或刚刚提出，或还没有被认识。一百年来，时而风云变幻，时而天朗气清。但学术的长河犹如百川朝宗，永不停息。在新世纪到来的时候，在政通人和的学术环境下，我们应“行事莫把阴阳错，立身敢与古人争”，奋发努力，再创新一百年甲骨学研究的辉煌！

# 一 绪论

## (一) 1899年殷墟甲骨文的发现在我国学术史上的意义

清代末年，随着西方列强对中国侵略的加深，西方文化对中国传统文化的冲击日益强烈。而中国传统文化在抵御侵略、救亡图存方面的软弱无力，也使中国学者转向西方文化，寻求御侮强国的利器；同时，中国传统文化研究经过乾嘉朴学精密严谨的考据和梳理，完成了对旧学术的总结和回顾，取得了傲古非今的成就。因此，若仍沿袭旧有的治学观念和方法，已很难再有大的突破和飞跃。所以虽有俞樾、孙诒让等名家坚守壁垒，业过前贤，但较之以往的辉煌，式微之势已无可挽回。在内外交迫的压力之下，出现了“中华学术周遭冲击，文化基脉遇空前挑战”的危局。

然而，中国传统文化研究并没有因此一蹶不振，而是很快冲出低谷，完成了从传统学术向现代学术的转变，取得了人所共睹的成绩，究其外在原因，不外有三：一是旧学的积累。旧学长期的学术研究积累了丰富的经验，其研究资料、研究的方向和所达到的高度，已开始突破自身的范畴。二是外来文化的影响和融入。西方近代科学传入中国，为中国学者提供了新的思路和方法。三是新材料的发现。新材料的发现，极大地推动了学术研究的发展，而甲骨文的面世首当其冲。

甲骨文的发现，带给人们新的思考和启示，带动了相关学科的蓬勃发展，这是中国现代学术出现和形成的契机，开辟了中国学术史上的新纪元。

甲骨文的发现使一门独立、具有强大带动力的边缘性学科——甲骨学得以产生和形成。甲骨文发现以后，许多学者投入到甲骨文研究之中，关于甲骨文的自身规律、所载史实、研究方法等逐渐综合成一个完整体系，甲骨学得以确立。甲骨学的产生和发展，使人们对中国上古历史的认识大为改观，促使人们从历史现象和治学方法两个方面对历史学本身进行思考，揭开了中国新史学的序幕。同时甲骨学的形成和发展，也影响和带动了许多其他学科的发展，为中国学术的总体前进做出了巨大贡献。

首先，甲骨文的发现促进了汉语史、语言学和文字学研究的发展。

甲骨文已是成熟的、有系统的文字。甲骨文是中国迄今发现的最早的成熟文字，在我国文字史上占有重要地位，在研究我国文字的起源和发展脉络方面，有着无可替代的作用。

《说文解字》是我国第一部研究文字的专著，两千年来一直被学者奉为圭臬，不敢逾越。殷墟甲骨文的发现，使学者们对《说文》的字义解释和造字理论有了新的认识，开辟了古文字研究新的领域，古文字研究进入了一个新的阶段。同时，学者们还根据甲骨文订正了《说文》以及其他古文献在字形、字义方面的舛误，促进了古文字研究的发展。

甲骨文的文法已基本具备今日汉语语法的要素，表明古今汉语具有一脉相承的渊源关系。甲骨文的词类大体有名词、动词、形容词、连词、介词等；句子构成有主语、谓语、宾语等；句型则既有简单句又有复合句。现代汉语语法的基本特征甲骨文都已具备。

甲骨文的发现促进了上古音韵学的研究。在甲骨文发现之前，对于上古音的研究，多以《诗经》为材料，局限性很大。甲骨文的发现，为上古音研究提供了新资料，使之走上了一个新台阶。

其次，甲骨文的发现促进了殷商考古学的发展。

20 世纪 20 年代末起在河南安阳殷墟进行的发掘，标志着我国近代考古学的诞生，对中国考古学具有深远影响，而殷墟发掘的缘起正是为了搜求甲骨文，可以说，甲骨文是殷墟考古发掘的直接动因。

从 1928 年 10 月到 1937 年 6 月，前中央研究院历史语言研究所在殷墟进行了十五次发掘，为甲骨文研究提供了大批珍贵资料。甲骨文研究也为殷墟性质的确定、遗址的分期等提供了重要依据。甲骨文研究与殷商考古互相促进，取得了巨大的进步和发展。更为重要的是，考古学的理论和技术得到发展，使中国近代考古学得以确立。同时，还培养了一批考古专家，奠定了中国近代田野考古学的基础。

再次，殷墟甲骨文的发现为新史学的建立和发展奠定了基础。

在我国古代文献中，有关商史的资料极少，远在春秋时期，孔子就慨叹“文献不足征也”。这给中国上古史研究带来了极大困难。20 世纪初，“疑古派”兴起，将我国原有的古史系统“从根予以推翻”，认为商代只是神话而非信史；而国外对中国悠久历史持怀疑态度的学者也大有人在。因此，搜集新史料和重建上古史，成为当时史学的急务。

甲骨文的发现为商史研究提供了第一手资料，打破了学术界于商史无征的窘境，中国古史研究迎来了新的曙光。罗振玉、王国维等在搜集和研究甲骨的过程中，走上了“证古”、“释古”的道路，成为以新材料、新方法研究中国古史的先驱。

王国维还在深入研究的基础上提出了“二重证据法”，对当时的史学研究产生了巨大影响。

中国的唯物主义史学研究，也是从甲骨文研究开始的。开马克思主义史学先河的郭沫若，以历史唯物主义为指导，利用甲骨文材料研究古代社会，奠定了我国马克思主义历史学的基础。

另外，甲骨文的发现还提供了大量古代科技、历法等方面的材料，推动了古代科技史和年代学的发展；而甲骨文字笔力遒劲、布局和谐、行款有序，具有很高的艺术魅力和欣赏价值，为后世的书法篆刻提供了借鉴和研究的资料。

甲骨文的发现，不仅为人们提供了商史研究的可靠资料，把人们从疑古思潮中解脱出来，重新以积极的态度对待中国古代文献和上古历史，促进了新史学的形成和发展，而且促成了殷墟发掘，使中国传统文化和近代学术相结合，传统金石学突破了自身的藩篱，发展成为近代考古学，推动了中国传统文化研究的前进。

## （二）甲骨文发现和甲骨学研究的几个阶段

甲骨学的发展与甲骨文出土的不同阶段是同步前进的。胡厚宣在《五十年甲骨学论著目》中将甲骨文的发掘和研究分为八个时期，即："一、埋藏时期；二、破坏时期；三、药材时期；四、古董时期；五；金石时期；六、文字时期；七、史料时期；八、考古时期。"[1]王宇信在《甲骨学通论》中对甲骨学的发展历程作了进一步总结，把甲骨文出土的不同阶段和甲骨学发展的历史分为先史时期、甲骨文的非科学发掘阶段和甲骨学的草创时期、甲骨文的科学发掘阶段和甲骨学的发展时期、甲骨学的深入研究时期。以后又进一步把甲骨学的深入研究时期分为两段，即甲骨学的深入研究时期和甲骨学的全面深入研究时期，使人们对甲骨学史的认识进入了一个更为科学的阶段。

**1. 甲骨文"盗掘时期"和甲骨学研究的"草创阶段"(1899~1928年)**

在王懿荣发现甲骨文之前，甲骨被称为龙骨，当作药材，价格不高。1899年，王懿荣鉴定甲骨上的刻画为古代文字，遂重金购求，于是甲骨身价激增。在高利的驱使下，小屯村人开始大规模地挖掘甲骨。这一时期被称为"非科学发掘时期"，也称"盗掘时期"。

小屯村民私掘的规模很大，所发掘出来的甲骨，大多被古董商收购。从1899年甲骨文发现到1928年殷墟科学发掘的三十年间，几次有大宗甲骨发现，或通过古董商转手，卖与王懿荣、刘鹗、王襄等人，或为罗振玉派人购得，还有部分被外国人买去，流传到美国、英国、德国、日本等地。

这一时期的甲骨学在刘鹗、孙诒让、罗振玉、王国维等人的努力下，走过了其"草创时期"。

1903年，甲骨学史上第一部著录书《铁云藏龟》出版，甲骨文开始从古董转变为可资学者研究的资料，标志着甲骨文从“古董时期”进入了“金石时期”。此后，不少甲骨文陆续结集公布。这一时期的甲骨著录主要有：罗振玉的《殷虚书契》、《殷虚书契菁华》、《铁云藏龟之余》、《殷虚书契后编》、《殷虚古器物图录》，姬佛陀的《戬寿堂所藏殷虚文字》（按：实为王国维所编），明义士出版的《殷虚卜辞》，林泰辅的《龟甲兽骨文字》，王襄的《簠室殷契征文》，叶玉森出版的《铁云藏龟拾遗》，罗福成的《传古别录》第二集等。以上诸书，共著录甲骨9919片。虽然发表的甲骨文数量不多，但有许多重要材料得以公布，对甲骨文研究的开展起了很大作用。

甲骨学研究的成就，最早是在文字考释和篇章通读方面，孙诒让、罗振玉、王国维等学者成绩尤著。《铁云藏龟》出版后一年，孙诒让就撰成《契文举例》，这是甲骨学史上一部开创性的著作。1914年，罗振玉写成《殷虚书契考释》，考释文字达485字，从此甲骨文基本得以通读。叶玉森《说契》、《殷契钩沉》、《研契枝谭》等书也相继出版，得到考释的甲骨文字不断增加。在文字考释的基础上，一些甲骨文字典被编纂出来，如王襄的《簠室殷契类纂》、商承祚的《殷虚文字类编》等，甲骨学研究开始初具规模。

随着文字的释读，学者开始把甲骨文应用于商史研究。王国维1917年发表《殷卜辞中所见先公先王考》和《殷卜辞中所见先公先王续考》两篇名文，使甲骨文由“文字时期”进入了“史料时期”，其学术地位大大提高。

在学者的努力下，经过三十多年积累，甲骨文的时代、出土地点和自身性质基本得以确定，大量资料得以著录发表，甲骨学经历了识文字、断句读的阶段，走过了其“草创时期”。

**2. 甲骨文“科学发掘时期”与甲骨学研究的“发展阶段”（1928～1937年）**

“科学发掘”时期，指自1928年10月开始到1937年6月结束的殷墟科学发掘时期。在此期间，在中央研究院历史语言研究所主持下，考古学者在殷墟进行了十五次发掘，取得了丰硕成果。与此同时，由于近代考古学方法引入了甲骨学领域，甲骨学研究突破了传统金石学的局限，进入了发展阶段。

1928年10月，中央研究院历史语言研究所派董作宾前往安阳，经过认真调查，董作宾认为殷墟甲骨虽有盗掘破坏，但并没有挖完，保护和科学挖掘殷墟是刻不容缓的任务。他的意见得到历史语言研究所的重视，遂进行了第一次殷墟发掘。

历史语言研究所在殷墟进行了十五次科学发掘，共发现有字龟甲22718片，有字兽骨2200片，此外，还发现了大量遗迹和遗物，并发掘了宫殿和王陵等重要遗址，为学术研究获得了宝贵的资料。

抗日战争爆发后，殷墟发掘工作被迫中止，直至中华人民共和国成立后才得以恢复。在这一时期内，私自盗掘又复盛行，出土甲骨被卖往各地。

这一时期的甲骨学研究成果极为丰富。殷墟科学发掘所得甲骨，编成《殷虚文字甲编》、《殷虚文字乙编》出版。另外，河南省图书馆也出版了《殷虚文字存真》、《甲骨文录》。同时出版的传世甲骨著作有《福氏所藏甲骨文字》、《殷契佚存》、《殷虚书契续编》、《库方二氏所藏甲骨》、《殷契遗珠》、《铁云藏龟零拾》、《卜辞通纂》、《殷契粹编》、《天壤阁甲骨文存》等，大量珍贵材料得以面世。

材料的积累加上近代考古学方法的引入，使甲骨学在分期断代、文字考释、历史研究、卜法文例等方面都取得了丰硕成果。其中董作宾在分期断代方面取得了突出成就，把原本浑沌一团的甲骨文划分成五个不同的时期，标志着甲骨学研究达到了一个新的高峰。郭沫若以唯物史观为指导研究甲骨文和古代史，奠定了我国马克思主义史学的基础。胡厚宣则出版了《甲骨学商史论丛》，“综合所有甲骨，作一全面的彻底整理”，对商代婚姻家庭、宗教祭祀、封建制度、农业、方国等作了全面的研究。唐兰使用偏旁分析法研究甲骨文字，发明颇丰。于省吾、杨树达、张政烺、唐兰等学者在甲骨文字的考释方面也屡创新说。孙海波的《甲骨文编》则是这一时期内编纂最为精当的甲骨文字典，至今仍有相当的参考价值。

通过甲骨学者的努力，甲骨研究在文字、卜法、文例、宗教、官制、方国、历法、人物等方面的研究都进入了一个全新的阶段，甲骨学发展成为一门成熟的学科。

**3. 甲骨文的继续科学发掘与甲骨学的“深入研究阶段”(1949～1978年)**

在这一阶段，新甲骨材料不断发现，1973年小屯南地甲骨，是这一时期内出土甲骨最多的一次，共出土有字甲骨四千余片，后被编为《小屯南地甲骨》出版。在殷墟中心区小屯以外，解放前曾在侯家庄南地、后岗发现有字甲骨。解放后，在四盘磨、薛家庄东地、大司空等地都发现了甲骨文。在殷墟以外，河南郑州商城也发现了有字甲骨。而新发现甲骨文的时代范围也在扩大，山西洪赵坊堆村、陕西长安沣西、北京昌平白浮、陕西岐山凤雏等地都有西周甲骨文出土。

在甲骨材料整理、公布方面，有胡厚宣的《战后宁沪新获甲骨集》、《战后南北所见甲骨集》、《战后京津新获甲骨集》、《甲骨续存》以及董作宾的《香港大学所藏甲骨文字》等甲骨著录书。而被誉为“甲骨学史上里程碑式的著作”的《甲骨文合集》的编纂工作也在这一时期展开，并于1978年10月出版了第一册。台湾学者严一萍曾采取“名归主人之办法”，编纂《甲骨集成》，但“只出版一集，就没有继续”。

这一时期的分期断代取得了非凡成就。经过探讨，学术界解决了“文武丁卜辞”的时代问题，确认𠂤、扶、勺组卜辞属于武丁时代。与此同时，分组断代的方法开始运用到实际分期中来。而1977年殷墟妇好墓的发现，则引起对“历组卜辞”时代的讨论，这一问题直至今日仍是学界的热点。

这一时期的文字考释、殷商历史等方面的研究继续前进。杨树达《积微居甲文说·卜辞琐记》和《耐林庼甲文说·卜辞求义》相继出版，张政烺《卜辞裒田及其相关诸问题》、杨向奎《释“不玄冥”》、胡厚宣《甲骨文所见商族鸟图腾的新证据》、裘锡圭《甲骨文中所见的商代五刑》等，把释字与历史研究相结合，发掘更深层的学术内涵。胡厚宣《释“余一人”》和《殷墟甲骨文所见的方位和四方风名》、丁山《甲骨文所见氏族及其制度》、李学勤《殷代地理简论》等著作出版发表，甲骨学、商史研究不断前进。而1956年出版的陈梦家的《殷虚卜辞综述》，则是六十多年来甲骨学研究的总结。

工具书的编纂方面，1965年台湾李孝定《甲骨文字集释》出版，1967年日本岛邦男《殷虚卜辞综类》出版。这是甲骨文字考释成果的总结和甲骨材料整理进一步科学化的标志。现代科学技术也进入甲骨学研究领域，电子计算机被用于甲骨缀合，并取得了一定成果。

但也应该看到，这一时期国内甲骨学研究课题多局限在商代的阶级关系和经济结构方面。在许多地方，研究的广度和深度反不如前两个时期。

这一时期国外的甲骨文研究非常活跃，有大批著作问世。除上面提到的《殷虚卜辞综类》外，还有日本岛邦男《殷虚卜辞研究》，贝塚茂树《京都大学人文科学研究所藏甲骨文字》、《古代殷代帝国》，白川静《甲骨文集》、《甲骨金文学论丛》和《甲骨文之世界》，池田末利《殷虚书契后编释文稿》，伊藤道治《日本所见甲骨录》、《古代殷王朝》、《中国古代王朝之形成》，赤塚忠《中国古代的宗教与文化》，玉田继雄《甲骨关系文献序跋集成》；加拿大许进雄《殷虚卜辞后编》、《皇家安大略博物馆藏明义士收藏甲骨》；美国周鸿翔《商殷帝王本纪》、《美国所藏甲骨录》，吉德炜《商代史料——中国青铜时代的甲骨文》等。各国学者出版的甲骨学专著和撰写的论文，为甲骨学的发展做出了贡献。他们的研究成果和研究方法，也为中国同行提供了参考和借鉴。

**4. 甲骨文出土时空的扩大与甲骨学研究的“全面深入阶段”（1979～1999年）**

“文化大革命”结束后，学术研究重新活跃起来，甲骨学研究也开始了新的历程。

此一时期内，殷墟有字甲骨陆续出土。其中以1991年在花园庄东地发现为最多，共出土刻辞甲骨579片。在殷墟以外，郑州电力学校、山东桓台史家遗址等也出土了有字甲骨。西周甲骨的出土数量和出土范围都在不断扩大，陕西扶风齐家、河北邢台南小汪、北京房山镇江营和琉璃河等地都有出土，使人们对西周甲骨的认识不断加深。

甲骨资料的公布和整理进入了全面发展时期。《甲骨文合集》十三巨册全部出齐，《合集》分类科学、收集宏富，为甲骨学研究的全面发展奠定了资料基础。小屯南地甲骨，经过科学整理，编为《小屯南地甲骨》出版。台湾则在《甲骨文合集》的基础上出版了《商周甲骨总集》。《西周甲骨探论》、《周原与周文化》则对西周甲骨进行了集中收录。

资料整理取得成功的同时，甲骨学研究进入了全面深入阶段。在文字考释方面，于省吾的《甲骨文字释林》、姚孝遂和肖丁的《小屯南地甲骨考释》、姚孝遂主编的《殷墟甲骨刻辞摹释总集》等先后出版，促进文字考释的前进。唐兰的《中国文字学》、《古文字学导论》、《殷虚文字记》等也先后重印出版，加强了甲骨文字考释的理论建设。

工具书的编纂达到一个新水平。1985 年，出版了徐中舒主编的《甲骨文字典》。它体例科学，编纂严谨，代表了字典工具书的新水平。1996 年出版了于省吾主编的《甲骨文字诂林》，则将各家对文字的考释汇于一书，成为当前收集文字考释资料最齐全的大型工具书。1989 年出版的姚孝遂主编的《殷墟刻辞类纂》则将《甲骨文合集》、《小屯南地甲骨》、《英国所藏甲骨》等书的材料汇集在一起，为甲骨学研究提供了方便。而由中国社会科学院历史研究所编辑的“四十大帙，约数千万字”的大型甲骨学资料汇编《甲骨文献集成》也正式出版。

甲骨学在分期断代、商史研究、甲骨学史等方面也取得了巨大成绩，大批有较高学术价值的专著，如王宇信《建国以来甲骨学研究》、《甲骨学通论》，杨升南《商代经济史》，宋镇豪《夏商社会生活史》，常玉芝《商代周祭制度》，彭邦炯《商史探微》，李学勤、彭裕商《殷墟甲骨分期研究》等纷纷出版，甲骨学进入了百花齐放、全面丰收时期。

另外值得一提的是，西周甲骨文研究取得了重大成果。王宇信的《西周甲骨探论》、陈全方的《周原与周文化》、徐锡台的《周原甲骨文综述》、朱歧祥的《周原甲骨研究》等对西周甲骨进行了全面研究和探讨。西周甲骨的学术价值，引起国内外学者的重视，形成了甲骨学新的分支——西周甲骨学。

**5. 多学科联合攻关与甲骨学研究的百年辉煌（1999 年至今）**

经过一百年的发展，甲骨学已成为一门成熟的学科。甲骨学研究涉及中国古代文化的各个方面。学者们从不同的角度、不同的领域利用甲骨文研究中国古代历史文化，取得了丰硕的成果。

1999 年，在甲骨文发现一百周年来临之时，甲骨学研究也进入了一百年来最辉煌的时期。1999 年甲骨学界最受瞩目的活动是纪念甲骨文发现一百周年学术盛会的召开，而以国家重点课题——“甲骨学一百年”的三部总结性著作《甲骨文合集补编》、《甲骨文一百年》、《百年甲骨学论著目》为代表的一系列重要著作，把百年来的甲骨学研究推向了巅峰。

1999 年，王宇信、杨升南主编的《甲骨学一百年》出版。这是一部百年甲骨学研究的总结性著作，总括了百年甲骨学的艰辛历程和辉煌成就。这部一百二十万字的巨著，既包含甲骨学各个领域的最新成果，又包含对以往研究的凝练和总结，既是对各课题的历史回顾，同时也是对各个课题的进一步精研。

1999 年出版的宋镇豪《百年甲骨学论著目》一书，详收百年来有关甲骨研究的著作一万多种，分为甲骨发现、甲骨综论、甲骨著录、甲骨研究等十大类，并附编年、作者、篇名三个索引。《百年甲骨学论著目》对自1899年发现甲骨文以来的甲骨学著作做了一次全面的总结和检阅，是治甲骨学者的必备之书。

1999年，《甲骨文合集补编》出版。该书收录甲骨13450片，是继《甲骨文合集》之后又一部大型甲骨资料汇编。《甲骨文合集》和《甲骨文合集补编》合计收录甲骨近6万片，几占殷墟出土甲骨的三分之二，重要材料搜罗详尽。可以说，甲骨材料整理的主体工程已经完成。

1999年，《甲骨文合集释文》出版。《释文》对《甲骨文合集》按片作了隶定和考释，即使不谙甲骨者也可以利用甲骨进行研究，又弥补了《合集》许多甲骨漫漶不清的缺陷，结束了对《甲骨文合集》隶释的种种纷争，为甲骨学研究提供了便利条件。同时出版的还有《甲骨文合集来源表》，向研究者提供了《合集》所录甲骨的来源情况，对于研究甲骨流传、缀合、校重以至分期断代、甲骨学史等，都有积极的意义。

1999年，《新乡市博物馆馆藏甲骨》、《历史语言研究所购甲骨文选释》、《河南省社会科学院藏殷墟卜辞选》、《花园庄东地甲骨卜辞选释与初步研究》等文章都有甲骨材料发表。齐文心《瑞典斯德哥尔摩远东古物博物馆藏甲骨文字》则著录甲骨121片。

甲骨学一百年，标志着20世纪一个辉煌百年的结束，也预示着21世纪一个辉煌百年的开始。

**注 释**

[1] 王宇信《甲骨学通论》第65页，中国社会科学出版社1993年版。

# 二 甲骨文『盗掘时期』与甲骨学研究的『草创阶段』

## （一）商王朝“失国埋卜”与甲骨文的埋藏和破坏

商人虔信鬼神。《礼记·表记》云：“殷人尊神，率民以事神，先鬼而后礼。”鬼神的意志在商人的生活中起着无可替代的作用，商人几乎无事不向鬼神卜问吉凶。商人占卜的材料就是龟甲与兽骨，占卜之后，又将有关占卜之事契刻在龟甲与兽骨上，这就是甲骨文。日积月累，大量甲骨和契刻文字得以积攒起来。

公元前1046年，周人攻入商都，商纣王自焚于鹿台，殷人“失国埋卜”，甲骨文从此被湮没于地下，直到1899年王懿荣鉴别甲骨文以前，不再为世人所知。

从商朝灭亡到1899年甲骨文被鉴定以前的这一漫长时期，是甲骨学史上的“先史”时期，它包括了胡厚宣所谓的埋藏时期、破坏时期、药材时期等几个阶段。

周朝灭商后，为了巩固统治，极力打击商遗民势力。经过周初的三监之乱、周公东征等动荡之后，本为繁华之地的商都成为废墟。武王十三年，箕子朝周经过旧都，曾作歌曰：“麦秀渐渐兮，禾黍油油”，哀叹旧都一片荒凉的景象。甲骨文也被深深埋藏在这田野之下，“原封不动”地保存了近千年。这一时期即甲骨的“埋藏时期”。

“破坏时期”是指自战国至清末，大约一千六七百年的时间。战国时期，厚葬之风极盛，“国弥大，家弥富，葬弥厚。含珠鳞施，夫玩好货宝，钟鼎壶滥，舆马衣被戈剑，不可胜其数”[1]。随葬品丰厚，自然盗墓风行，各地大墓多遭洗劫。在这种情况下，殷墟亦难幸免，甲骨应当也会随之出土。

秦汉时期，各地常常出土铜器，许慎在《说文解字》序中说：“郡国亦往往于山川得鼎彝，其铭即前代之古文字，皆自相似。”安阳甲骨文可能也有出土。吴昌绶、卫聚贤等人就推测早在秦汉时期即已发现甲骨文，胡厚宣则说：“有人说秦汉时代曾发现甲骨，这也很有可能。”[2]

殷墟一带的隋唐时期墓葬很多，其中一部分墓葬分布在甲骨文埋藏最集中的小屯村中和小屯村北。可以推测，隋唐时代，甲骨文曾随开建墓圹被挖掘出土过。

宋代金石学兴起，出土文物受到关注，出土于殷墟的器物也屡见于记载，如《考古图》、《河朔访古记》等都记有出于安阳的铜器。铜器出土的同时，有甲骨等其他文物伴出，当是可能的。

从明代起，安阳小屯一带开始有人居住。居民在建房辟地、开路修墓时，难免会挖出甲骨，这些甲骨很可能与其他破碎的骨、石、蚌、陶器一样，被当作无用之物抛弃了。可见甲骨文出土并非始自清末，而是自汉唐以来就屡有出土，只是限于时人的知识水平，没有被认识而被废弃，所以我们称之为“破坏时期”。

甲骨文的“药材时期”，是“破坏时期”的延续。在这一时期内，甲骨被当作“龙骨”，成为可以治病的药材。明义士在

《甲骨研究》中记载：“乃以骨片、甲版、鹿角等物，或有字或无字，都为龙骨。当时小屯人认为字不是刻上的，是天然长成的。并说有字的不好卖，刮去字药店才要……每斤制钱六文。”

尽管如此，由于甲骨已成为有利可图之物，人们已不是在耕作时偶然破坏一些甲骨，而有意采集，成批地卖给药材商，所以所造成的损失远远超过了以前几个时期。

## （二）甲骨文的发现与“盗掘”出土的甲骨文

### 1. 有关甲骨文发现年代和发现者的争论

甲骨的挖掘，从 1899 年之前的三四十年就开始了，但其文物价值和学术意义却一直没有被发现。直到 1899 年，王懿荣发现甲骨上有文字并开始有意识地购藏，甲骨从此被视作古代文物和学术瑰宝。

王懿荣于 1899 年发现甲骨文，见于各家记载。1903 年，甲骨学史上第一部著录书《铁云藏龟》出版，刘鹗在序中说：“龟板己亥岁（1899 年）出在河南汤阴县属之古牖里城……福山王文敏公懿荣见之狂喜，以厚值留之。”罗振玉也为《铁云藏龟》作了序文：“至光绪己亥而古龟古骨乃出焉。”光绪己亥距《铁云藏龟》出版不过五年，刘、罗二人又是最早收藏研究甲骨的学者，他们的记载应是准确的。

1912 年，《殷商贞卜文字考》出版，罗振玉在序中说：“光绪己亥，予闻，河南之汤阴发现古龟甲兽骨，其上皆有刻辞，为福山王文敏公所得。”他在 1913 年出版的《殷虚书契》序文中又言：“光绪二十有五年，岁在己亥，实为洹阳出龟之年。”作为较早收集研究甲骨的大家，罗振玉当非虚妄言之。

王襄也是最早收集研究甲骨的学者之一。他在1925年出版的《簠室殷契征文》的序言中说："自清光绪己亥下迄民国纪元，此十四年间所出甲骨颇有所获。"1933年，王襄在《题所录贞卜文字》中又言："前清光绪己亥年，河南安阳县出贞卜文。"在1935年出版的《簠室题跋》中，又说："范估售古器物来余斋，座上讼言所见，乡人孟定生世叔闻之，意为古简，促其诣车访求，时则戊戌（1898年）冬十月也。翌年秋，携来求售，名之曰龟版。人世知有殷契自此始。"从记载中可以看出，王襄也是认为甲骨文是在光绪己亥即1899年发现的。

加拿大传教士明义士，曾亲自在小屯搜求甲骨，对早期甲骨的出土和流传情况极为熟悉。他在1933年出版的《甲骨研究》中说："1899年（己亥，光绪二十五年），有学者名王懿荣（字廉生，谥文敏公）到北京某药店买龙骨，得了一块有字的龟版，见字和金文相似，就问来源，并说再得了有字的龙骨，他要，价每字银二两。王廉生是研究甲骨的第一人。"

从甲骨发现早期当事者的文字，可以肯定，甲骨文是1899年由王懿荣首先发现和收藏的。后世的甲骨学者如董作宾、胡厚宣、陈梦家等也都持这一观点。王懿荣于1899年首先发现甲骨文已成为学术界的公论。

但到了1982年，王襄写于1955年的遗著《簠室殷契》出版。其中说："世人知有殷契，自公元一八九八年始（即前清光绪二十四年）。潍友范寿轩售古器物来言：'河南汤阴（实是安阳）出骨版（实是龟甲、兽骨），中有文字'，征询吾人，欲得之否？时有乡人孟定生共话，极怂恿其往购，且言欲得之。孟氏意：此骨版为古之简策也。翌年十月，范君来，告之得骨版……既定其物，复审其文，知为三古遗品。”[3] 于是有学者以此为据，对1899年王懿荣首先发现甲骨文的观点提出质疑，进而提出甲骨文是1898年由王襄等首先发现的。

分析上文，可以看到王襄在《簠室殷契》中的记载与其以前的观点相矛盾。而且，1898年王襄只是听古董商之言，意为古简，以此时为发现甲骨文之年，显然不妥。根据经过后人整理过的文字为据探讨甲骨文的发现时间和发现者，显然没有当事者早年的记录更为可靠。此外，我们还看到，《簠室殷契》的说法不仅与王襄早年的说法相左，而且与他同一时期内的其他著作也是相违背的。王襄写于1953年的《题宝契小相》言：“惟昔己亥秋之季，潍贾创获甲骨文。至今小屯侯庄地，宗庙陵寝溯有殷。”写于1957年的《孟定生殷契序》则说：“昔潍友范寿轩来津，携有河南安阳所出之殷契。同人等以为人间未见之奇，遂奔走相告，咸至范君寓所，时前清光绪己亥冬十月也。”在这些文字中，王襄的观点与早年并没有什么不同，依然认为甲骨的发现之年是1899年。而同是写于1957年的《〈镈于室契文余珠〉序》中又说：“至则见范，询其所谓‘殷契’者果何以?”则说明在其未见实物之前，已有“殷契”之名称，显然王襄不是首先发现甲骨文的人。

另外还有端方或刘鹗首先发现甲骨文的说法，经由各家考证，均无证据，不可信从。

1899年王懿荣首先发现甲骨文这一说法应该肯定。

**2. “盗掘”出土的甲骨文及收藏**

（1）“盗掘时期”出土甲骨文的情形

甲骨文被王懿荣鉴定之后，由“每斤制钱六文”的龙骨，变成“价每字银二两”的珍品。为了赚钱，小屯村民大规模挖掘甲骨，开始了甲骨学史上的“盗掘时期”。这一时期从1899年王懿荣发现甲骨文开始，到1928年中央研究院正式发掘殷墟为止。

1899年至1903年期间的甲骨文出土情形，已难弄清。但从王懿荣、刘鹗、王襄、传教士方法敛等早期收藏者所藏甲骨看，这一时期出土甲骨文当有数千片。

1904年，“冬，小屯村地主朱坤，率领农佃，大举挖掘甲骨文字于村北洹河南岸朱氏田中，搭席棚，起炉灶，工作甚久。所得甲骨盈数车”。这批甲骨为罗振玉和外国人所得。

1909年，“春，小屯村前，张学献地，因挖山药沟，发现甲骨文字。村人相约发掘，得‘马蹄儿’及‘骨条’（村人呼牛胛骨骨端曰‘马蹄儿’，胛骨之边破裂成条者曰‘骨条’，皆甲骨刻辞较多之处）甚多。”这批甲骨多被罗振玉购得。

1917年，小屯村有批甲骨出土，为王襄、霍保禄购得。

1920年，华北五省大旱，小屯村“乡人迫于饥寒，相约挖掘甲骨文字于小屯村北河畔。凡前曾出土甲骨之处，搜寻再三。附近村人亦多参与”。

1923年，“春，小屯村中，张学献家菜园内，有字骨出现。学献自掘之，何国栋帮工，得大骨版二，皆有文字”。

1924年，“小屯村人因筑墙，发现一坑甲骨文字，为明义士所得，其中有极大者”。

1925年，“小屯村人大举私掘于村前大路旁，得甲骨盈数筐，胛骨有长至尺余者。多售于上海估人”。

1926年，“春三月，小屯村人在张学献家菜园中大举私掘。时张方为匪掳去，出款多，村人乘机与商，得甲骨文字以半数归之，约遂定。掘得胛骨甚多，多归明义士”。

1928 年春，北伐军作战安阳，小屯“村人因受军事影响，无以为生，因与地主相商，得甲骨，以半数与之，乃大事挖掘于村前路旁，及麦场前之树林中，所得甲骨文字，多售于上海、开封商人”[4]（图一）。

董作宾在《甲骨学六十年》中对上述几次发掘作了总结，认为：“以上九次的挖掘情形，都是历年调查所得。民国十七年（1928 年）以前出土的甲骨文字，已如上节统计所述，总数当有八万片以上。”胡厚宣先生也曾对 1899～1928 年间殷墟出土的甲骨作过统计，认为有“约十万片左右”。李济先生在《小屯地面下情形分析初步》中也说：“三十年来，甲骨出土的不下十万片。”王宇信在《建国以来甲骨文研究》中，对这一时期各家所藏甲骨作如下统计：

国内学者收藏：

| | |
|---|---|
| 王懿荣所得 | 约 1500 片 |
| 王襄、孟定生所得 | 约 4500 片 |
| 刘鹗所得 | 约 5000 片 |
| 罗振玉所得 | 约 30000 片 |
| 其他各家所得 | 约 4000 片 |

国外人士收藏：

| | |
|---|---|
| 库寿龄、方法敛所得 | 约 5000 片 |
| 日本人所得 | 约 15000 片 |
| 明义士所得 | 约 35000 片 |

总数也在十万片左右。由于这其中包括相当一部分重片，加之其中可能包括 1899 年以前所出部分甲骨，所以实际数字应在十万片之下，董氏所统计的八万片可能更接近事实。

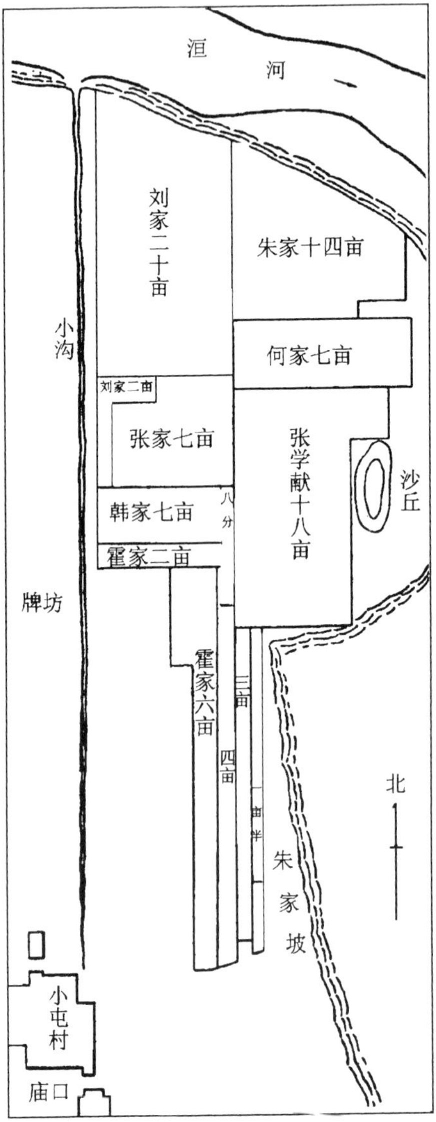
洹
河
刘家二十亩
朱家十四亩
小沟
何家七亩
刘家二亩
张家七亩
张学献十八亩
沙丘
韩家七亩
八分
霍家二亩
牌坊
霍家六亩
三亩
四亩
亩半
朱家坡
北
小屯村
庙口

图一　小屯村地图

（2）甲骨文的收藏及流传

甲骨文被鉴定为上古珍品之后，一些学者开始积极搜购。

1900年，八国联军攻入北京，王懿荣自杀殉国。他所藏的甲骨流散，其中大部分卖给了刘鹗；一小部分赠给天津新学书院，现藏不明；一百多片由王氏后人王福重收藏，现藏天津市博物馆，王福重曾将二片赠方豪，现藏台湾。

王襄、孟定生也是最早收藏甲骨的学者。孟定生共购得431片，其中400多片现藏北京图书馆，28片现藏天津历史博物馆。王襄收藏甲骨4000余片，现藏天津历史博物馆。

刘鹗共购得甲骨5000余片，为早期收藏甲骨最多者。1909年刘鹗死于新疆，所藏甲骨流散。哈同夫人罗诗所得1000多片，部分著录于《戬寿堂所藏殷虚文字》，后700多片又归诚明学院。胡厚宣将《戬寿堂所藏殷虚文字》未收录者著录摹写，收入《南北所见甲骨录》，这批甲骨现藏上海博物馆。叶玉森所得1300多片，其中一部分收录于《铁云藏龟拾遗》，叶氏死后，这批甲骨又复分散，一部分几经转折，现藏上海博物馆；一部分约几十片归美国人福开森，为《福氏所藏甲骨文字》所著录，原骨现藏南京大学。吴振平所得100余片，著录于《铁云藏龟零拾》。商承祚等人所得2500片，其中600片收录于《殷契佚存》，另为王瀣所得，其中一部分后归中央研究院历史语言研究所；中央大学也得到一部分，曾由李孝定编入《中央大学史学系所藏甲骨文字》，这两批甲骨现藏台湾。束世澂所得一部分，原骨现藏复旦大学。此外，沈维钧、胡光炜等也得到过刘鹗所藏甲骨，后几经转手，现藏南京大学、南京博物院、浙江省博物馆、扬州市博物馆等地。

王、刘之后，收集、购藏甲骨最多的是罗振玉。从1906

年开始，罗振玉积极搜求甲骨。除购买古董商所贩甲骨外，还于1910年“遣山左及厂肆估人至中州，瘁力以购之。一岁所获，殆逾万”[5]。1911年又派罗振常、范恒轩到安阳收购甲骨，所获甚丰，其中《殷虚书契菁华》所录的几版著名甲骨，就是此次所购甲骨中的精品（图二）。积历年所得，甲骨总数达3万片，成为国内收藏甲骨最多的学者。1940年，罗振玉逝世，其所藏甲骨大部散失。其中1315片现藏山东博物馆，另外吉林博物馆藏有206片，辽宁省博物馆藏有394片，旅顺博物馆藏有2925片，吉林大学藏有484片，国家图书馆藏有461片，东北师范大学藏有77片，中国国家博物馆藏有1片，中国社会科学院考古研究所藏有2片。还有一批罗振玉旧藏甲骨卖给了日本人，现藏在日本京都大学、东京国立博物馆、天理大学等地。

另外端方、霍保禄、徐枋等人也各有收藏，但世事沧桑，最终也流散了。

除中国的古董商人、收藏家、学者外，外国人也极力搜求甲骨。

最早搜集甲骨的外国人是美国长老会驻山东潍县（今山东潍坊）传教士方法敛和英国浸礼会驻青州传教士库寿龄。1903年，库、方两人在潍坊联合购买，后来又陆续收集。库、方二人在自己购买甲骨的同时，还代人购买或将所得出售，如1908年，方法敛为英国驻天津总领事金璋一次就购买甲骨800多片；1909年方法敛卖给美国卡内基博物院甲骨438片，库寿龄则把760片卖给苏格兰皇家博物院。英国大英博物院和美国菲尔德博物院也曾从库、方二人手中买过甲骨。

此外德国人威尔茨在青岛购买甲骨700余片，后归德国柏

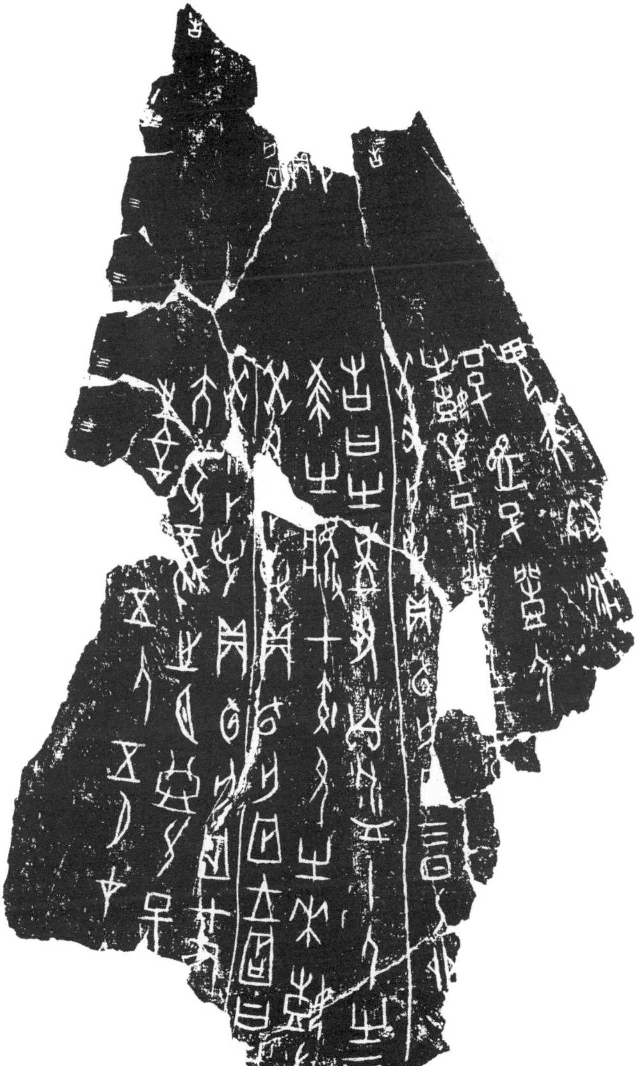

图二　《殷虚书契菁华》大版

林民俗博物院。卫礼贤也购得70余片，后归瑞士巴塞尔民俗陈列馆和德国法兰克福中国学院。美国人华尔纳曾到安阳秘密发掘，所得不详。

日本人也十分重视研究中国古代文化。“据潍县古董商人范维卿所述，很早在中国搜购甲骨的，有当时天津《日日新闻》主笔日本人西村博。又据日本河井荃庐所说，三井源右卫门所藏的三千多片甲骨，其‘所得盖在上虞罗氏前，遣专足自安阳辇来者’”[6]。日本学者林泰辅初见《铁云藏龟》时，以为所录文字皆系伪造品。1905年，林氏从东京文求堂购得甲骨100片，经认真观察研究后，始信以为真，并开始搜集研究甲骨。此后，日本注意甲骨的人渐多。据郭沫若《卜辞通纂·自序》所记，郭氏1932年在东京、京都两地所见九家所藏的甲骨，总数已在3000片以上。1937年，金祖同在日本搜拓甲骨，仅东京一地六家所藏，重要者达三四千片，若将不重要者计数在内，总数达8000片到10000片左右。据胡厚宣推算，到1928年科学发掘殷墟以前，流散到日本的甲骨约有15000片。

早期收集、整理研究甲骨成绩最大的外国人，当属加拿大传教士明义士。1914年，明义士在安阳做长老会牧师时，就开始搜集甲骨。到1917年，他自称已收藏甲骨50000片。1937年抗日战争爆发后，明义士回国，把部分甲骨运往加拿大，一部分存放在南京的加拿大使馆，一部分存放在齐鲁大学。解放后，存放大使馆者归南京博物院。存放齐鲁大学者则一度杳无音讯，直到1952年，齐鲁大学代理校长林仰山交出一张藏宝地图，人们“按图索骥”，8000片甲骨才得以重见天日。原来，因怕日本人将甲骨抢走，齐鲁大学秘密将甲骨和其他宝物装箱，埋藏在学校绿阴区内，并将埋藏位置画了两份草图，正本交明义士，副本由林仰山保存。这批甲骨现藏山东博物馆。

## （三）“古董”走向社会的飞跃——甲骨文的著录

### 1. 第一部甲骨著录《铁云藏龟》

甲骨文得到鉴定以后，其文物价值和学术意义日益显露。但甲骨多被收藏者作为珍品，秘不示人，甲骨文的学术价值远未开发出来。刘鹗《铁云藏龟》的出版，使这一状况得到改观。

刘鹗（1857~1909），江苏丹徒人，原名孟鹏，字云搏，后更名鹗，字铁云，又字公约，是我国著名小说家和金石学家。

罗振玉曾在刘鹗家私塾执教，他早就听说过甲骨文，曾见到过流传至江南的甲骨，“诧为至宝”。及见到刘鹗所藏甲骨之后，更惊叹是“固汉以来小学家若张、杜、杨、许诸儒不得见者也”，极力怂恿刘鹗将甲骨拓印成书。刘鹗亦“不意二千余年后，转得目睹殷人刀笔文字，非大幸欤”，遂从所藏甲骨中选录较精者，编印出版，名《铁云藏龟》（图三）。

《铁云藏龟》是甲骨学史上第一部著录甲骨的专书。选录拓本1058片编印而成，其中重出的有3片，伪刻4片，实收1051片，公布了许多重要甲骨资料。书前有罗振玉、吴昌绶序文及刘氏自序三篇。刘鹗在《序》中对甲骨文的干支、数字等共40余个字作了考释，无误者有34个。

《铁云藏龟》常见有三个版本，即《序》本、自《序》加吴昌绶《序》本和罗振玉《序》本。刘鹗死后，所藏甲骨流

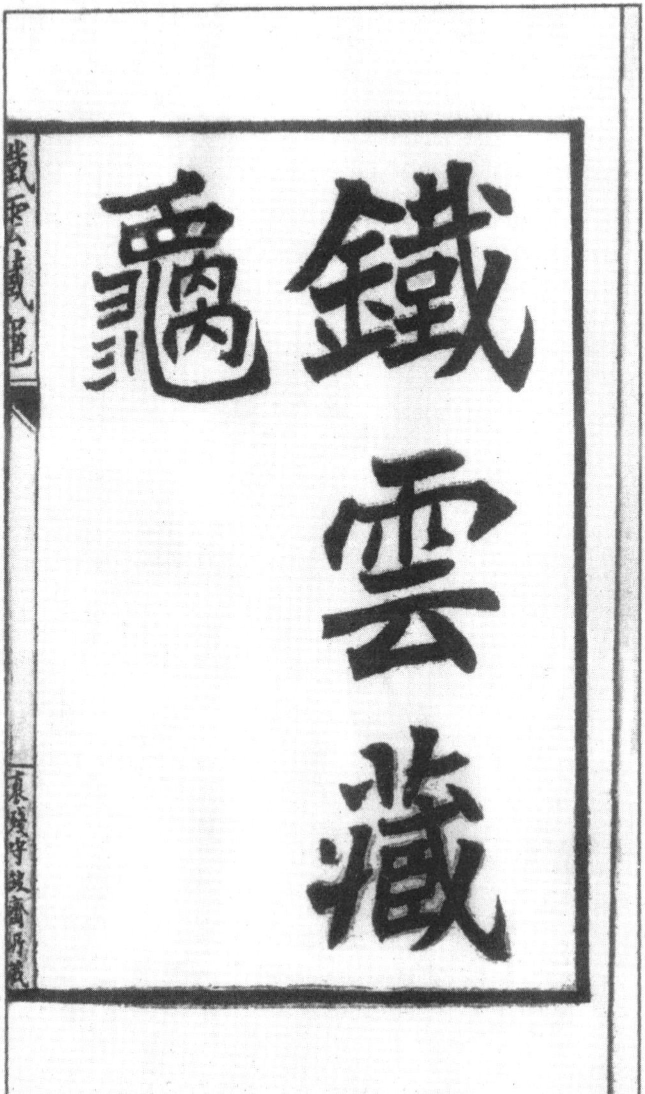


图三 《铁云藏龟》书影

散，其中一部分由收藏者拓印出版，有罗振玉《铁云藏龟之余》、叶玉森的《铁云藏龟拾遗》、李旦丘（亚农）的《铁云藏龟零拾》等。1931年，上海蟫隐庐重印吴、刘两序本，与罗振玉的《铁云藏龟之余》一书合为六册，并附有鲍鼎释文。由于《铁云藏龟》是甲骨学史上第一部著录书，无前人经验可循，全书只是按片号排列，未加梳理，拓本制作不精，印刷质量较差，书中不少拓本模糊不清。1959年，台湾严一萍将其重印，拓本旁又附以摹本。1975年，严氏又对《铁云藏龟》一书重加整理，经选换拓本、断代分类、缀合去伪等工作，编为《铁云藏龟新编》，收录甲骨1043片。

正是《铁云藏龟》的出版，才使甲骨文从收藏家书斋中的古董，变为可资学者研究的资料，使许多渴望精研中国上古历史，却无缘寓目甲骨的学者可以比较容易地得到甲骨资料，为甲骨学形成创造了条件。

继《铁云藏龟》、《铁云藏龟之余》等书出版，罗振玉的《殷虚书契》、《殷虚书契菁华》、《殷虚书契后编》、《殷虚古器物图录》，姬佛陀的《戬寿堂所藏殷虚文字》、王襄的《簠室殷契征文》、王绪祖的《殷虚书契萃菁》等也先后面世。

外国学者也在甲骨著录方面作出了努力。1917年，明义士编成《殷虚卜辞》，著录甲骨2369片，这是西方学者出版的第一部甲骨著录书。1921年，林泰辅出版《龟甲兽骨文字》，收录甲骨1023片，这是日本出版的第一部甲骨著录书。

这一时期出版的各种甲骨著录书，共著录甲骨9000多片，虽仅占出土甲骨的十分之一，但许多重要材料都已公布，对于推动甲骨学的研究起了重大作用。尤其值得提起的是罗振玉的《殷虚书契》、《殷虚书契菁华》、《殷虚书契后编》，选片精当，印刷精美，是早期甲骨著录书中的精品，与1933年出版的《殷虚书契续编》合称“罗氏四书”，在甲骨学史上占有重要地位。

**2. “罗氏四书”在甲骨学史上的重要地位**

罗振玉原以为《铁云藏龟》出版，甲骨文会受到学术界的关注。但数年之后，仅有孙诒让《契文举例》一书面世，罗振玉颇感失望，于是慨然自任，潜心研究甲骨文。在研究过程中，罗振玉认识到搜集材料的意义重大，“则蒐求之视考释，不尤急欤”。于是，极力搜购，经过几年收集，罗振玉收藏甲骨达数万片。

购得大批甲骨后，罗振玉对所藏甲骨进行整理，拟先编印拓本，再为之考释。1911年，辛亥革命爆发，罗振玉举家东渡日本，将所藏甲骨也尽数带去。在日本，罗振玉“乃以一岁之力”，编成《殷虚书契》八卷，这即是我们平时所谓的《殷虚书契前编》。《前编》共著录甲骨2228片，除去伪片、重片，实收2221片，公布了大批重要资料。《前编》印刷清晰，装订考究，是早期著录书中的精品（图四）。

1914年，罗振玉从所藏甲骨中选出精美重要而尚未拓摹者，编成《殷虚书契菁华》。《菁华》共收甲骨64片，其中有四版大骨，十分精美。这四版大骨片大字多，内容重要，是罗振玉藏品中的“极品”，所以他名此书为《殷虚书契菁华》。

1915年，罗振玉从日本回国，专程到殷墟访察，“恍然如见殷太史藏书之故府”。回到日本后，他“出所藏甲骨数万，遴选《前编》中文字所未备者，复得千余品，手施毡墨，百日而竣”。居上海的犹太人哈同得知罗振玉有出书意向后，表示愿意资助，罗振玉“乃以十日之力，亟厘之为二卷付之”。1916年，《殷虚书契后编》出版，该书共收录甲骨1104片。

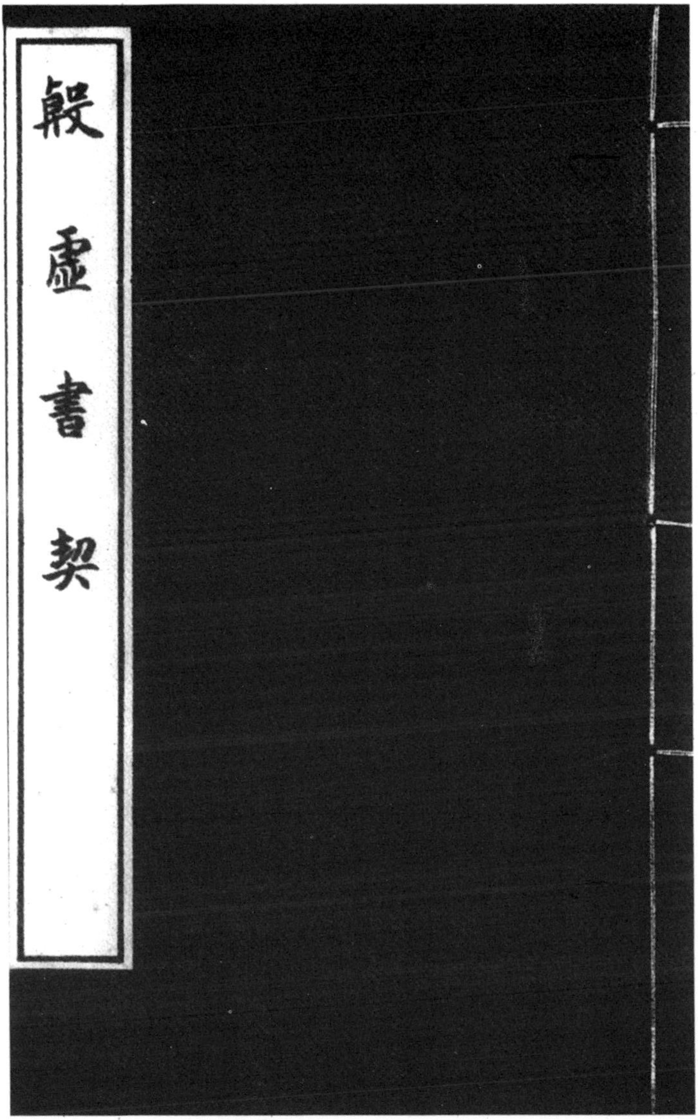


图四　《殷虚书契》书影

罗振玉在整理自己所藏甲骨的同时，还大力搜集其他各家所藏甲骨的拓本，“十余年间，得约三千余纸”。1933 年，罗振玉“乃以一月之力，就此三千余纸，选三之二，成书六卷”，这即是《殷虚书契续编》。此书共收录甲骨 2016 片，其拓本多为刘鹗、王襄、北京大学等所藏甲骨。此书虽然内容较精，但与其他著录书重片较多，著录的新资料仅 375 片。

《殷虚书契前编》、《殷虚书契菁华》、《殷虚书契后编》、《殷虚书契续编》四书，共收甲骨 5000 余片，大都是罗振玉所藏甲骨和所集拓本中的精品。罗振玉在《殷虚书契续编》序中自信地说：“不敢谓殷虚菁华，悉萃于是，然亦略备矣。”“罗氏四书”是殷墟正式发掘前出土甲骨的最重要集录，公布了大量甲骨资料，为甲骨学研究提供了基本素材，推动了甲骨学研究的发展。

**3. 王襄《簠室殷契征文》反映了甲骨学研究的新进展**

在这一时期内，另一本较有影响的甲骨著录书是王襄的《簠室殷契征文》。

王襄是最早发现和收藏甲骨文的学者之一。1899 年，潍县商人带甲骨到天津，王襄因家境清贫，所获甚少。后又逢军阀混战，家事烦扰，一直未能大量购藏。直到 1919 年之后，由于社会动荡，求购甲骨者较少，而当时出土的甲骨数量又极大，所以甲骨价格日低。王襄乘机倾囊搜购，积年所获，达 4000 余片。1925 年，王襄选拓所藏甲骨，编纂成《簠室殷契征文》出版。

《征文》共 12 卷，收录甲骨 1135 片，后附考释。本书将甲骨分为天象、地望、帝系、人名、岁时、干支、贞类、征伐、游田、杂事、文字等十二类，编号著录。此书编纂时，为了迁就分类，常将同一片上不同事类的卜辞剪裁开来，分别著录。此外，还对拓本进行整饬，加以修剪或描摹。因此，书出之后，许多学者怀疑书中所收甲骨是伪刻，不予认同。后孙海波得见王襄所藏甲骨原拓，始信以为真，特撰文对《征文》进行校录；郭沫若见到董作宾利用《征文》中的甲骨与他骨缀合后，也放弃了对此书的怀疑。《征文》的学术价值逐渐得到学术界的承认。

《征文》著录了王襄所藏甲骨中的精要者，为学术研究提供了重要资料。《征文》还是第一部把甲骨资料分类著录的作品，这种编纂方法利于资料的检索和利用，对后世著录书的编纂体例产生了积极影响。《征文》以其材料真实、编纂体例合理，在甲骨学史上占有一定地位。

《征文》分类纂集甲骨，是甲骨学研究“草创时期”取得长足进步的反映。在甲骨文发现之初，“群苦其不可读也”，连文字句读都不明白的情况下，甲骨文的内容分类著录是不可能的。因此，“正是由于甲骨学研究的发展，学者们对甲骨的认识也逐渐全面。因而在著录甲骨文时，才有可能按甲骨文的内容分类纂辑甲骨，而分类纂辑甲骨，又促进了研究者对甲骨文认识的深入”[7]。《征文》分类纂辑甲骨，是这一时期甲骨文“识文字、断句读”取得新进展的反映。

## （四）“筚路蓝缕”——甲骨学研究“草创时期”取得的成果

### 1. 关于甲骨文出土地的确定和殷墟都城的考索

（1）关于甲骨文出土地的种种“诡言”及罗振玉 1908 年

查明甲骨文出土于河南安阳小屯村

王懿荣发现和鉴定甲骨文后，甲骨身价激增。古董商为了垄断买卖，隐瞒了甲骨的真正出土地，告诉收藏者错误的地点。关于甲骨文出土的地点，当时主要有三种说法：

一是河南汤阴说。罗振玉早年曾相信这一说法，他在《殷商贞卜文字考》序中说："光绪己亥，予闻，河南之汤阴发现古龟甲兽骨。"林泰辅 1909 年作《清国河南汤阴发现之龟甲兽骨》一文，也把汤阴作为甲骨文的出土地。

有的学者认为甲骨文出于汤阴羑里城。刘鹗在《铁云藏龟》序中就说："龟板己亥岁出土在河南汤阴县属之古牖里城"，1910 年，日本学者富冈谦藏著《古羑里城出土龟甲之说明》，也相信这一说法。羑里城在今河南汤阴县城北，是一高出周围数米的台地，下有古代文化层，其晚期文化层与甲骨文第五期的时代相当，但从未出土甲骨。这一说法显系讹传。

二是河南卫辉说。罗振玉在《集蓼集》中曾说："甲骨自庚子岁始由山东估人携至都门……且估人讳言出卫辉。"

三是河南淇县说。最早购藏甲骨文的外国人方法敛，在 1906 年所著的《中国原始文字考》中说："一八九九年卫辉府附近古朝歌城故址，有古物发现。"朝歌，据《史记·周本纪》正义，"《帝王世纪》云帝乙复济河北，徙朝歌，其子纣仍都焉"，朝歌为晚商都城。朝歌在今河南淇县，其地确实存在许多龙山文化及商周时期的遗址，且当地流传不少有关纣王的传说，但淇县从未出土过甲骨文。

罗振玉经过多年探寻，终于在 1908 年得知甲骨文的出土地是河南安阳小屯村。他在《殷虚古器物图录》序中记："光绪戊申（本书作者按：1908 年），予既访知贞卜文字出土之地为洹滨之小屯。”在甲骨文发现十年之后，学者终于探知了其真实的出土地点。

把甲骨出土的地点考证出来，是罗振玉的重要贡献之一，具有非同寻常的意义。

首先，减少了甲骨资料的损失。在考知甲骨文出土地之前，甲骨的收购者都是古董商，他们只留心骨大字多者，大量细碎甲骨被遗弃。得知甲骨出土地后，罗振玉派人到安阳收购，“必须兼收并蓄”，“虽龟屑不令遗”，使许多小片甲骨不致毁弃，减少了甲骨资料的损失。

其二，扩大了甲骨文的搜求，为甲骨学研究提供了更多资料。确定甲骨出土地为安阳小屯村以后，学者们不再仅通过古董商获取甲骨，而且可以直接到安阳收购，扩大了甲骨来源。如1911年，罗振玉派罗振常到安阳收购甲骨，据《殷虚书契前编》载，“一岁所获，殆逾万。意不自歉，复命弟子敬振常、妇弟范恒斋兆昌至洹阳采掘之，所得又再倍焉”，即是所得甲骨殆有2万片。比之从估人市肆所购，数量大增。

其三，扩大了甲骨文以外的殷墟出土器物的搜求，为考古学研究积累了资料。安阳小屯一带，自宋代就不断有古物出土。但在甲骨文出土地被考知之前，人们只留意出土器物中较珍贵的青铜器、玉器等，对其他同出的石、陶、骨器则予以抛弃，毁坏了许多有研究价值的文物。确知甲骨文出土地后，学者们或派人到小屯收购，或亲自到小屯探访，凡商、周、秦、汉文物，一并收购，不仅保护了古代文物，而且抢救和积累了大量研究资料，为日后考古学的发展和研究做出了贡献。

其四，确知甲骨出土地为河南安阳小屯村，对确定殷墟的性质和甲骨文的时代具有重要意义。

其五，考定甲骨出土地为小屯，使研究者能够把甲骨资料与其出土环境、历史地理和文献记载联系起来，对于推动甲骨学的研究和发展有重要的意义。

其六，甲骨文出土地的确定，引发了对安阳小屯的考古发掘，推动了中国田野考古学的形成和发展。在殷墟科学发掘以前，中国已有零星的考古工作，但目光主要集中在史前和汉唐，虽然取得了一定成绩，但许多基本问题没有得到解决。甲骨文出土地的确定，使人们的目光转向了殷墟。殷墟上承史前，下接周秦，而且有确切的文字记载，是进行考古发掘的极好阵地，是中国考古学的最佳切入点。正是罗振玉对甲骨文出土地的考证，把殷墟推向了中国考古学的前台。

（2）从“武乙之墟”到“盘庚迁殷”之后的晚商都城

随着认识的不断加深，甲骨文为殷商遗物成为学界的共识。甲骨文的大时代既得以确定，其出土地点——河南安阳小屯也被探知，小屯的历史地位便成为学者们关注的问题。

1910年6月，《殷商贞卜文字考》出版，罗振玉在序中说，“并询知发见之地，乃在安阳县西五里之小屯而非汤阴，其地为武乙之墟；又于刻辞中得殷商王名谥十余，乃恍然悟，此卜辞者实为殷室王朝之物”，认定小屯是武乙时商朝的都城。1915年，罗振玉在《殷虚书契考释》序中进一步指出，“洹水故墟，旧称亶甲。今证之卜辞，则是徙于武乙去于帝乙”，把小屯确定为从武乙历文丁、帝乙三王的商代都城。虽然罗振玉的考证不尽精确，但他能正确指出甲骨是殷王室之物，确定小屯是殷墟所在地，纠正了唐宋以来以殷墟为亶甲城的错误，对促进甲骨研究起了重要的推动作用。

王国维也对小屯村的性质进行了探究。1915年，王国维在《说殷》中考证说：“今龟甲兽骨出土，皆在此地，盖即盘庚以来殷之旧都”，“则帝乙之世尚宅殷虚”，认定殷墟是盘庚至帝乙时商人的都城。1917 年，他又在《殷卜辞中所见先公先王考》中说：“而卜辞出于殷虚，乃自盘庚至帝乙时所刻辞，自当无帝乙、帝辛之名。”1925 年的《古史新证》对这一问题重加论证，“今龟甲兽骨所出之地，正在邺西，与古《纪年》说合。而卜辞中若‘父甲一羊，父庚一羊，父辛一羊’（《后编》上第 25 叶）一骨，乃武丁时所卜，又卜辞中所祀帝王讫于武乙、文丁，则知盘庚以后，帝乙以前，皆宅殷虚”。这样，王国维把殷墟的时代扩大到从盘庚到帝乙的七代十一王，比罗振玉认为殷墟只是武乙、文丁、帝乙三王时代的都城是一个很大的进步。

1928 年秋，中央研究院开始在殷墟进行发掘，对小屯历史地位的认识更加深入。发掘之初，学者基本接受罗振玉的观点，如 1928 年董作宾在《新获卜辞写本》中说：“罗氏考释殷虚文字，定殷虚为武乙至帝乙之故都，证之《史记·殷本纪》及《诗地理考》所引《帝王世纪》，其说甚确。”但他发现甲骨文所涵盖的时代超出了他所认同的殷墟的时代，他认为这是“上世之卜室旧档，于武乙迁都时而一并移置保存之者”。不久，董作宾就改变了自己的观点，在《甲骨文研究的扩大》中说：“我们现在从各方面观察，似乎以王国维先生的盘庚迁殷说，最为近理。”在稍后发表的《大龟四版考释》中更确定：“知殷墟时代，非仅自武乙至帝乙之三世，而以王静安先生盘庚迁殷之说不可易。”1933 年，董作宾在《甲骨文断代研究例》中进一步确认小屯殷墟是盘庚迁至帝辛亡国时的商朝都城，“而许多晚期卜辞，亦决非仅仅止于帝乙之世；至此，而《竹书纪年》所称‘自盘庚徙殷，至纣之灭，二百七十三年，更不徙都’之语，乃完全可以征信”。此后又经胡厚宣等对这一问题的充分论证，小屯为商代后期从盘庚迁殷至帝辛亡国八世十二王二百七十三年间的旧都的观点，基本上为学术界所接受。

但是，有的学者对上述观点并不认同。如郭沫若 1931 年《戊辰彝考释》中提出“卜辞乃帝乙末年徙朝歌以前之物”，1933 年又在《卜辞通纂》中重申此论。近年来，学术界旧案重提，就帝乙、帝辛是否迁都朝歌的问题展开讨论；同时还有人否认安阳殷墟为盘庚迁殷之地，认为从武丁时期才开始建都安阳小屯，盘庚则是把都城迁到了河南偃师；也有人赞同外国学者的意见，认为现在的安阳殷墟并非殷代的都城遗址，而是商人的一处宗教遗址，真正的商代都城遗址有可能是在淇县朝歌。

我们认为，安阳小屯村为晚商都城是不容置疑的。这不仅有文献可证，而且十万片王室甲骨文、王陵区、宫殿区及大批精美的青铜器、玉器等遗物、遗迹，是其他遗址所不能相侔的。尽管有帝乙、帝辛迁都与否的争论，但安阳小屯村为晚商王都，证据是十分充分的。

（3）殷墟布局与“洹北商城”的新发现

安阳小屯被确定为殷墟以后，其历史地位日益受到重视。从 1928 年 10 月到 1937 年 3 月，中央研究院历史语言研究所在殷墟进行了十五次发掘。新中国成立后，继续发掘殷墟，基本未曾间断。经过几代学者的努力，取得了多项重大考古成果，殷墟的范围和整体布局也基本弄清。

殷墟的范围是逐步扩大的。盘庚迁殷时，仅在小屯东北到三家村东一带，尚不具备都城规模。到武丁早期，已扩大到小屯西北地、南地、四盘磨、高楼庄、后岗、苗圃北地；在洹河北岸扩大到大司空村东南地和武官北地，面积约12平方公里。在武丁晚期至祖甲时期，向西扩大到孝民屯，向南扩大到刘家庄、戚家庄，面积约24平方公里。到帝乙、帝辛时期，殷墟达到了其全盛时期。以小屯村为中心，东起袁家花园和郭家湾村东一带，向东经高楼庄、薛家庄、王裕口、霍家小屯、梅家庄，折向北经白家坟再转向西北到孝民屯，再向西到北辛庄，东西长约6公里；南起戚家庄、刘家庄一线，向北经苗圃北地、花园庄、小屯村，跨过洹河经大司空村、小司空村、武官村北至侯家庄西北岗一带，向东北转向后小营、三家庄、洹上村等，南北长约5公里。殷墟面积达30平方公里以上。

殷墟不仅规模宏大，而且有了一定城市布局。殷墟总体可以分为宫殿宗庙区、王陵区、手工作坊区、居民点和墓葬区等几部分（图五）。

宫殿宗庙区分布在洹河南岸的小屯村东北地，面积约3.7万平方米，是殷墟最重要的遗址。先后发掘出宫殿基址五十六座，排列整齐，显然是经过设计和布局的，这些基址面积较大，是殷王朝的主要建筑群。殷墟甲骨，大部分都自这一地区出土。

王陵区在侯家庄西北岗、武官村北地一带，面积11万多平方米。王陵区共发掘大墓11座，并探出大墓2座，周围分布的小墓和祭祀坑达1600余座。殷墟王陵区是目前所知我国历史上最早的王陵区，对殷商考古和历史研究有着重要意义。

殷墟手工作坊区分布较为分散，在小屯村宫殿宗庙遗址附近就有铸铜、制陶、制骨作坊遗址。另外，在苗圃北地、薛家庄、孝民屯西地等地方分布有铸铜作坊遗址，在北辛庄南地、

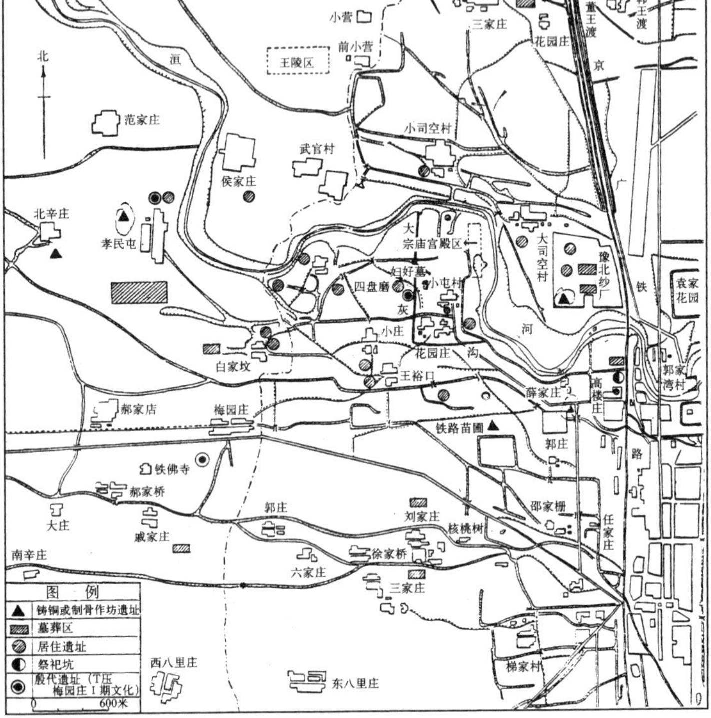


图五　殷墟遗址分布图

大司空村南地等则分布着制骨作坊遗址。

居民点和墓葬区范围较大，其中较密集的有小屯村以西、孝民屯以东的地段，如四盘磨、王裕口、白家坟、霍家小庄等地殷代遗址分布密集，可能是殷代平民居住区；大司空村、侯家庄南地、白家坟西地和孝民屯南地、三家庄东地都有房屋基址和墓葬分布。从墓葬出土器物和房屋基址面积看，商代的社会分化已十分明显。

长期以来，殷墟一直没有发现城墙。作为晚商时期的王都，没有防御设施是不可想象的。从 20 世纪 50 年代到 80 年代后期，人们在小屯村西、村南发现一条大灰沟。大灰沟北通洹河南岸，到花园庄南后东折直通洹河西岸，南北长约 1100 米，东西长约 650 米，行经宫殿宗庙遗址的西、南两面，与流经宫殿宗庙区东、北两面的洹河，正好将宫殿宗庙区包围起来。由此推测，大灰沟当是人工挖成的防御性壕沟。

殷墟真的没有商代城墙吗？1999 年 10 月至 12 月，中国社会科学院考古研究所在洹河北岸发现了一座规模巨大的“洹北商城”。“洹北商城”位于殷墟保护区的东北外缘，城垣略呈方形，东西南北城墙分别长 2230 米、2200 米、2170 米、2150 米，全城面积达 400 余万平方米，是迄今为止我国发现的最大规模的商代城址（图六）。

洹北商城的年代早于殷墟文化，晚于郑州商城，绝对年代距今 3300 年以上。这座商城究竟是哪个商王的都城，学术界有两种看法。一种观点认为“洹北商城”是“盘庚迁殷”处；另一种观点则认为，这里应是“河亶甲居相”的“相都”。洹北商城的发现，向学术界提出了“中商文化”的新课题，对商文化研究的深入起了重大推动作用。目前，以洹北商城的发现为契机，“中商文化”的探索正方兴未艾。

“洹北商城”的发现使殷墟遗址本身的研究走向深化，为殷商考古学提出了更新的研究课题。殷墟这个古代文化的遗存宝库，将为我们提供越来越多的珍贵资料。

### 2. 甲骨文字的考释与“识文字、断句读”阶段的完成

（1）从孙诒让《契文举例》的完成到罗振玉《增订殷虚书契考释》的出版

甲骨文发现之后，对甲骨文进行考释成为甲骨学者面临的

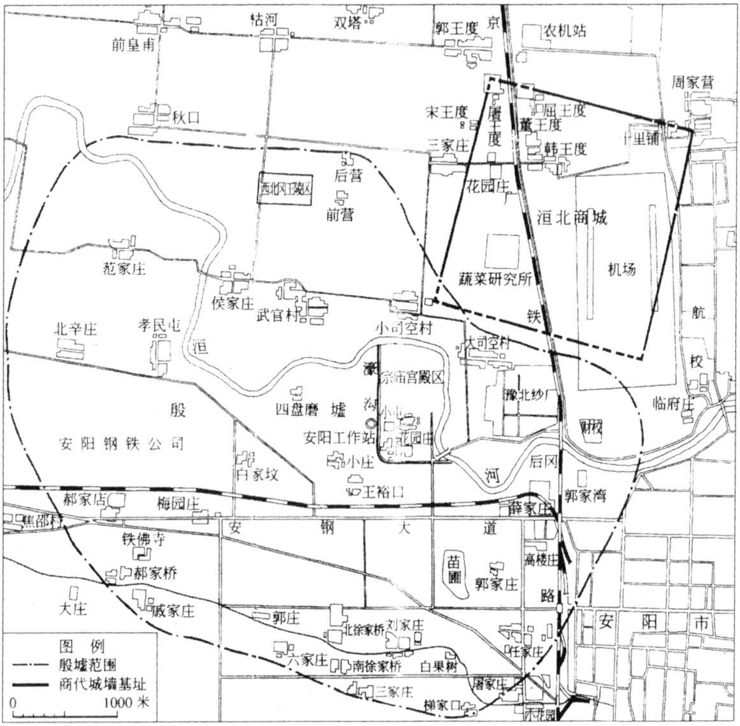


图六　洹北商城遗址平面图

首要课题。刘鹗是认识甲骨文的第一人，他在《铁云藏龟》序中已认出34个甲骨文字，惜此后无专门深研甲骨的著述相继。甲骨学史上的第一部考释甲骨文字的专著是孙诒让的《契文举例》。

孙诒让（1848～1908），又名德涵，字仲容，又字仲颂，号籀庼，晚号越东逸民，浙江瑞安人，著名经学家、古文字学家。

1903年，《铁云藏龟》出版，孙诒让见后十分欣喜，“不意衰年睹兹奇迹，爱玩不已，辄穷两月力校读之，以前后复踵者，参互采绎，乃略通其文字”[8]，写成了甲骨学史上的第一部研究文字专著《契文举例》。

《契文举例》全书上下两卷，约五万多字，分为十章：月日第一，贞卜第二，卜事第三，鬼神第四，卜人第五，官氏第六，方国第七，典礼第八，文字第九，杂例第十。这是将甲骨文按内容进行分类的最早尝试。《契文举例》共考释出甲骨文字 185 字，其中有许多是难度较大的，如乘、射、羌、兆、禽、毋、复、易等，至今都是不易之论。因为成书时代较早，所能见到的甲骨材料也仅《铁云藏龟》一书而已，所以书中不免存在许多舛误。

孙诒让撰成《契文举例》后，曾将稿本寄给罗振玉。但罗振玉、王国维对《契文举例》的评价都不很高。罗氏以为该书“未能洞析奥隐”[9]。王氏则称“其书实无取”[10]。郭沫若也不看重此书，认为它“所见之资料有限，所得发明者自亦鲜少；除通常文字外，说之可存者百一而已”[11]。

但从全面的目光来看，上述评价则有失公允。早在 1935 年，邵子风在《甲骨书录解题》中就评论《契文举例》“草创条例，采释殷文，在殷契著述中首具披荆斩棘之功，后贤有作皆此书所启导也”，“自殷契出土以来，此中国学术史上别创领域之作，其有裨于殷墟文字之学，尤未可估量也”。齐文心也认为孙诒让“主要采用与金文比较的方法认出了一百八十多个字，而且多为基本的常用字，这样就为识读甲骨卜辞奠定了初步的基础。同时，他将《铁云藏龟》所著录的史料按事类分为十章，……这是甲骨文分类研究雏形”[12]。

孙诒让在《契文举例》序中还提出：“今就通者，略事甄述，用补有商书名之佚，兼以寻仓后籀前文字流变之迹。”陈梦家以为“孙氏将不同时代的铭文加以偏旁分析，藉此种手段，用来追寻文字在演变发展之中的沿革大例——书之初轨、省变之原或流变之迹。他对于古文字学的最大贡献，就在于此”[13]。唐兰在《古文字学导论》中也说：“但他所悬的‘以商周文字展转变易之迹，上推书契之初轨’的鹄的，却颇有一部分的成功”，“古文字的研究，到孙诒让才纳入正轨，他精于分析偏旁，和科学方法已很接近了。”孙诒让提出的研究古文字的思路，至今还是人们普遍应用的方法。

《契文举例》在考释文字、考释方法和编写体例方面都做出了贡献，是一部有重要价值的开创性著作，即便认为《契文举例》无甚可取的罗振玉，在其《殷商贞卜文字考》中也透出他深受《契文举例》的影响。《契文举例》首开先河的重要地位为甲骨学者所承认，如《建国以来甲骨文研究》一书所言：“在《铁云藏龟》出版才仅仅一年，孙诒让就能对甲骨内容进行这样的科学分类，这在当时是十分难能可贵的。这部书考释的文字不多，而且不少是错误的，但在甲骨学史上筚路蓝缕，它的草创之功是不能抹煞的。”

《契文举例》虽然文字考释成果很多，但对于全部甲骨文而言，认出的文字毕竟还是太少，通读卜辞还十分困难。继孙诒让之后，考释甲骨文着力最多、成绩最大的当属罗振玉，其《殷虚书契考释》出版以后，甲骨上的文句基本可以通读了。

1911年，罗振玉出版《殷虚书契》。“书既出，群苦其不可读也”，罗振玉乃“发愤键户四十余日，遂成《考释》六万余言”，终于于1915年写成《殷虚书契考释》。

《殷虚书契考释》分为都邑、帝王、人名、地名、文字、卜辞、礼制、卜法八章，六万余字，共释得形、声、义皆可知者485字，仅知其形与义者56字。在文字考证的基础上，考证出先王先妣45名，人名78个，地名193个。另外还通释卜辞655条。

1927年，罗振玉出版了《殷虚书契考释》的增订本，此书并不只是对初印本的增补，而且也是“罗氏在甲骨学上最后的总集”。《增订殷虚书契考释》为三卷二册，许多内容较其前身有所增益，据罗琨、张永山的统计，“帝王、人名都有增加；地名增至17类230个；考释形、音、义可知的560字；用今楷写出可通读的卜辞1196条；较初印本增加了十分之四强，……还尽量吸收了王国维氏在甲骨文研究方面的贡献”[14]。

《殷虚书契考释》及《增订殷虚书契考释》在甲骨学史上占有重要地位。王国维对此书推崇备至，称“三代以后言古文者，未尝有是书也”。郭沫若也高度评价此书“为有清一代‘小学’之一总结，它标志着以《说文》为中心的‘小学’的结束，代表着一个以地下出土的古文字资料为研究中心的新兴学科正兴起”。“甲骨出土后，其搜集保存传播之功，罗氏当居第一，而考释之功亦赖罗氏。罗氏于一九一〇年有《殷商贞卜文字考》一卷，此书仅属椎轮。一九一五年有《殷虚书契考释》一卷，则使甲骨文字之学蔚然成一巨观。谈甲骨者固不能不权舆于此，即谈中国古学者亦不能不权舆于此”[15]。

《殷虚书契考释》及《增订殷虚书契考释》的问世，标志着甲骨学由初创时期进入了全面的文字审释时期，在百年甲骨文字考释的发展进程中，有着承上启下的划时代意义。

（2）《簠室殷契类纂》等字书反映了文字考释的进步

随着研究的深入，可识甲骨文字日益增多。在此基础上，一些甲骨文字典得以成书，甲骨文研究开始由零散的学术活动向正规学问转化。

1920年，王襄出版《簠室殷契类纂》一书，这是甲骨学史上第一部字汇。《簠室殷契类纂》按《说文》的序次，将甲骨文字分别辑入正编、存疑、待考三编。共收入可识字873个，另有1852字存疑，142字待考，共编收甲骨文字2867个。对每个加以考释的字，不仅释义，而且还引用整条卜辞作为辞例，使读者了解该字含义的同时，也了解该字在卜辞中的位置和整条卜辞的意义。1929年，《簠室殷契类纂》增补重印，收入可识字957字，存疑待考1808字，补录11字，共编收2776字。

《簠室殷契类纂》所开创的编纂体例，具有编次清晰、检索方便、字辞相照、可综观全体等优点，甚至比其后出版的商承祚的《殷虚文字类编》、朱芳圃的《甲骨学文字编》、孙海波的《甲骨文编》等字汇的体例还为优越。另外，《簠室殷契类纂》对文字的考释也颇有可取之处。陈梦家在评价《簠室殷契类纂》时说："他的创作性胜于商、孙两种字汇，而有些字至今还是认作正确的。"[16]《簠室殷契类纂》所开创的编辑体例，对后世大型工具书的编纂产生了一定的影响。

《簠室殷契类纂》出版之后，由于它所用的材料主要来自《簠室殷契征文》，而《征文》曾一度被怀疑收录的是伪刻，加之罗振玉在甲骨文字考释领域的影响巨大，而后来所出的《甲骨文编》流行广远等原因，《簠室殷契类纂》的影响并不大。但《簠室殷契征文》的学术价值和地位却是不可忽略的，如陈梦家在《殷虚卜辞综述》中所说的："值得我们重视的创作性的字汇，没有得到应有的表扬，是不公允的。”

1923年，商承祚出版《殷虚文字类编》。此书也是按《说文》的次序编排，共14卷，分正编、待问两编，正编收录790字，待问编收录785字，共收甲骨文字1575字。

甲骨字汇的出版，是对这一时期文字考释的阶段性总结，也是甲骨文字考释的又一次进步。甲骨字汇的出现和发展，使甲骨文研究逐渐有典可据，有例可循，为甲骨学研究从少数人的零星的学术活动向有可用工具资料、有广泛研究基础的正规学问转化奠定了基础。

**3. 王国维等学者把甲骨学“草创阶段”的研究推向了高峰**

（1）学者们对古代卜法的追索

考释甲骨文字的目的，在于重现古代历史事实，总结社会发展规律。欲达到这一目的，就甲骨学本身的研究而言，除考释文字外，尚需对甲骨文的性质、时代背景及所反映的史实等进行认真的探索。

占卜是古代人类社会普遍存在的现象，夏、商、周时期，占卜在整个社会生活中占有重要地位。由于时代久远，关于占卜的具体方法与内容，已难知其详。虽有学者对古代卜法进行探讨，但也都是“推衍礼经，断以己意”，至于三代占卜的真实情况，则不可得而知了。

殷墟甲骨文出土之后，人们能够目睹三千年前占卜的实物，弥补了文献对于古代占卜记载的不足，使人们对商代占卜制度有了新的认识。

罗振玉在《铁云藏龟》序中说：“有所是正于经史者，凡四事：一曰灼龟与钻龟……二曰钻灼之处……三曰卜之日……

四曰骨卜之原始。”已然将甲骨文与占卜制度联系起来。

1904 年，孙诒让撰成《契文举例》，他在书序中对占卜方法进行了论证：“《诗·大雅·绵》云：‘爰始爰谋，爰契我龟。’毛公诂契为开，开、刻义同，是知契刻又有施之龟甲者。《周礼》：‘菙氏掌共燋契，以待卜事。’又云：‘遂歙其焌契，以授卜师。’杜子春云：‘契谓契龟之凿也’，亦举《绵》诗以证义。郑君则谓契即《士丧礼》之楚焞所用灼龟也。综斠杜、郑之义，知开龟有金契，有木契；杜据金契用以钻、凿，郑据木契用以然（燃）、灼，二者盖同名异物。金契即刻书之刀凿。将卜，开甲俾易兆，卜竟，纪事以征吉，殆皆有契刻之事。”这是最早对照甲骨文实物对商代占卜法进行的探讨。其“将卜，开甲俾易兆，卜竟，纪事以征吉，殆皆有契刻之事”的论断，已粗及殷人占卜的法则。

此后，罗振玉对商代卜法作了进一步研究。《殷虚书契考释》专列“卜法”一章，对商代占卜制度作了以下揭示：“卜以龟，亦以兽骨。龟以腹甲，而弃其背甲。……兽骨用肩胛骨及胫骨，胫骨皆剖而用之。凡卜祀者用龟卜，它事皆以骨。田猎则专用胫骨，其用胛骨者则疆理征伐之事为多。……其卜法，削治甲与胛令平滑，于此或凿焉，或钻焉，或既钻更凿焉。龟皆凿、骨则钻者什一二，凿者什八九，既钻而又凿者二十之一耳。此即《诗》与《礼》所谓契也。……既契乃灼，于契处以致坼，灼于里则坼见表，先为直坼而后出歧坼，此即所谓兆矣。……于（兆）以观吉凶，并刻辞于兆侧，以记卜事焉。”以今天的标准衡量，罗氏的理论有许多不足之处，但在甲骨研究的初期，即作出这些归纳，已属难能。

初期的甲骨文研究主要着力于文字考释，但要考释文字、通读辞句，必然会与古代典制相联系，所以孙诒让、罗振玉等在释读文字的同时，也初步揭示出一些商代的史实与制度。

孙诒让在《契文举例》中认定甲骨文为殷商遗物，并将所考文字分为贞卜、卜事、鬼神、卜人、官事、方国、典礼等十章，已有欲自甲骨文字中窥视商代社会的意向。但由于所见甲骨材料极少，所识文字较少，所以其于商代史实与典制的认识，便少有令人信服的论断，以至于王国维评价《契文举例》说：“上卷考殷人制度亦绝无条理，又多因所误释之字立说，遂觉全无是处。”

首先利用甲骨文资料研究商代历史的是罗振玉。罗振玉在《殷商贞卜文字考》序中提出甲骨文研究的三个目标，即考史、正名和研究卜法。他在《殷虚书契考释》中，通读卜辞766条，并按内容将之分为8类。到《增订殷虚书契考释》出版时，已通读卜辞1303条，并根据内容分为9类。他率先把甲骨文中的王名与《史记·殷本纪》中的王名相校勘，1910年撰写《殷商贞卜文字考》时就已“于刻辞中得殷王名谥十余”。据王国维的记载，“卜辞之季即冥”，“始于卜辞中发见王亥之名”，皆是罗振玉的发明。应该说罗振玉在商代历史方面的成绩，为王国维正式把甲骨文用作研究商史的史料打下了基础。

利用甲骨文材料考证商代历史，成就最大的当属王国维。王国维利用甲骨文材料对商周典章制度、方国地理等进行探察，使甲骨文成为研究商史的史料，把甲骨文从其“文字时期”推向了“史料时期”。

可以说，以甲骨文探讨商史，孙诒让初具意向，但未能实行，罗振玉初窥门径，但未能成势，至王国维则登堂入室，发其隐幽了。

(2) 王国维《殷卜辞中所见先公先王考》及《续考》把研究推向了“草创时期”的高峰

王国维研究甲骨文，并非单纯考释文字，而是把甲骨资料运用于重建商代历史，探察殷周礼制。

虽然罗振玉也曾以甲骨文资料上窥商代历史，但他没有脱出重考释文字、轻历史研究的桎梏，对于商代历史的研究只是在考释文字时顺便提及，而没有进行专门的论述。利用甲骨材料，以专门的篇章进行商代历史研究是自王国维开始的。1915年，王国维撰写了《殷虚卜辞中所见地名考》、《三代地理小记》、《鬼方昆夷猃狁考》论文，以卜辞与文献和金文相比勘，开始把甲骨文实际应用于古史研究。

罗振玉曾从卜辞中发现了一些商先公先王的名号，但他没有进行具体论证也没有排出商代王朝世系。这项工作是由王国维完成的。1917年，王国维撰成《殷卜辞中所见先公先王考》和《殷卜辞中所见先公先王续考》两篇名文。在文章中，王国维从卜辞中考证出帝喾、相土、季、王亥、王恒、上甲、报丁、报丙、报乙、示壬、示癸、大乙、羌甲等殷代先公先王，论证了“有商一代先公先王之名，不见于卜辞者殆鲜”，证明《史记·殷本纪》所记的殷代世系是可靠的。他还根据对甲骨进行缀合所得的材料，认为“上甲以后诸先公之次，当为报乙、报丙、报丁、主壬、主癸”，指出“《史记》以报丁、报乙、报丙为次，乃违事实”，又考证出“祖乙自当为中丁子”，并对文献王亥、王恒等进行了论证，订正了《史记》中的世次错误。经过王国维的考证，商王的名号和世系基本上得到确认，从而大体上建立了殷商王朝的世系。

王国维的这一发现，使殷商之世确为信史得到证实。王国维在证明《史记》记录信实的同时，也证明了甲骨文的史料价值，确立了甲骨文在史学领域中的地位，把甲骨学推向了其“草创时期”的巅峰。郭沫若在《十批判书·古代研究的自我批判》中高度评价了王国维的这一发现：“卜辞的研究，要感激王国维。是他首先由卜辞中把殷代的先公先王剔发了出来，使《史记·殷本纪》和《帝王世纪》等书所传的殷王世统得到了物证，并且改正了他们的讹传。”学者们把王国维《殷卜辞中所见先公先王考》和《续考》作为正式用甲骨文研究商史的发端。“甲骨文字的研究虽不是自王国维肇始，在他之前，刘鹗、罗振玉等人也都有相当的成就，但是利用这类考古学上的新材料与旧文献的记载进行比较研究，则自王国维启之”[17]。

王国维的研究并不仅限于对史实的考证，对于典章礼俗、制度演进也深加思索。其《殷礼征文》、《殷周制度论》等文章，是研究商周文化的名篇，对学术界产生了极大的影响。

王国维以其卓越的史识和精密的阐释，把甲骨学研究推进到了一个新的高度。正是有了王国维的开创性贡献，甲骨学的研究才有了其后的辉煌成就，并直接引发了古史尤其是殷商史研究的突破。

（3）“二重证据法”的深刻影响

王国维在学术上的巨大成就，与他治学的方法是分不开的，王国维治经研史的方法即是著名的“二重证据法”。

1925 年，王国维在《古史新证》中说：“吾辈生于今日，幸于纸上之材料外，更得地下之新材料。由此种材料，我辈因得据以补正纸上之材料，亦得证明古书之某部分全为实录，即百家不雅驯之言亦不无表示一面之事实。此二重证据法，惟在今日始得为之。”即将文献与地下出土材料相结合，进行历史研究。

王国维的甲骨学研究实践，正体现了他对“二重证据法”的应用。在文字考释方面，他在《毛公鼎考释序》中谈论考释文字的方法说：“苟考之史事与制度文物，以知其时代之情状；本之《诗》、《书》，以求其文之义例；考之古音，以通其义之假借；参之彝器，以验其文字之变化。由此而之彼，即甲以推乙，则于字之不可释、义之不可通者，必间有获焉。”可以看出，王国维考释文字，并不偏重单纯的文字考证，而是强调在具体的语言环境中，将文字与出土实物及当时的制度相结合，进行释读。陈梦家在《殷虚卜辞综述》中评论王国维的考释方法时说，“从辞句的通读与分类，更进一步结合卜辞于史地和礼制，亦即是历史的考证”，“联系正名与考史，以纸上史料与卜辞相印证”。王国维强调用地下出土的实物资料与传统的文献相互印证，将文字考证与史实和典章制度密切联系，具有极高的方法论意义，为后来的学者指明了方向。

任何历史研究都不能脱开史料进行，而史料则包括文献和实物两部分。我国古代史家多重视文献记载，而轻视实物研究。他们在学术活动中虽然也偶尔使用器铭、石刻等资料，但仅仅是作为一种参考，众多实物资料则被忽略了。宋代开始，金石学兴起，人们开始注意实物材料的价值。到乾嘉时期，金石学大盛，实物材料的使用得到推广，但远未达到广泛应用的程度。清末民初，疑古思潮兴起，人们对中国上古史的认识陷入迷茫，而关于这一时段的文献又十分缺乏，新资料的发现和使用成为急需。而殷墟甲骨、流沙坠简、敦煌文书等实物资料的发现，为学术发展提供了契机。王国维提出“二重证据法”，既顺应了时代需要，又开拓了治学思路，在中国近代学术史上产生了重大影响。

## 注　释

[1]《吕氏春秋·孟冬纪·节丧》。

[2] 胡厚宣《殷墟发掘》第5页，学习生活出版社1955年版。

[3] 王襄《簠室殷契》，《历史教学》1982年第9期。

[4] 董作宾、胡厚宣《甲骨年表》，商务印书馆1937年版。

[5] 容庚《甲骨学概况》，《岭南学报》第7卷第2期，1947年。

[6] 同［2］，第28～29页。

[7] 王宇信、杨升南《甲骨学一百年》第403页，社会科学文献出版社1999年版。

[8] 孙诒让《契文举例》序，齐鲁书社1993年版。

[9] 罗振玉《殷商贞卜文字考》序，1911年。

[10]《王国维全集·书信》第164、167页，中华书局1984年版。

[11] 郭沫若《卜辞通纂》第3页，日本东京文求堂1933年版。

[12] 齐文心《殷商史史料》，《中国古代史史料学》第10页，北京出版社1983年版。

[13] 陈梦家《殷虚卜辞综述》第56页，中华书局1956年版。

[14] 罗琨、张永山《罗振玉评传》第127页，百花洲文艺出版社1996年版。

[15] 郭沫若《中国古代社会研究》第213页、第35页，上海群益出版社1950年版。

[16] 同［13］，第65页。

[17] 袁英光《新史学的开山——王国维评传》第65页，上海人民出版社1999年版。

# 三 甲骨文『科学发掘时期』与甲骨学研究的『发展阶段』

“科学发掘时期”，指1928年10月至1937年6月的科学发掘殷墟时期。这一时期内，中央研究院历史语言研究所在殷墟进行了十五次发掘。殷墟发掘取得了丰硕的成果，近代考古学方法也开始引入甲骨学研究领域，甲骨学研究突破了传统金石学和史料学的局限，进入了全面发展时期。

## （一）科学发掘殷墟甲骨文与殷墟的科学发掘

**1. 1928年，科学发掘甲骨文实为“刻不容缓之图”**

甲骨文发现之后，遭到大肆盗掘，大量甲骨流散到各地，小屯地下甲骨的埋藏情况逐渐引起人们的关注。1911年，罗振常到安阳收购甲骨时，就认为：“然此物埋藏有数，愈掘即存于地者愈少，旧地掘之三十年，即无所得，乃移新地，迄今又十余年，恐亦将竭矣。”[1]而此后的数年间，私人发掘出土的甲骨更多，动辄“出土者数万”。于是，有人认为甲骨文已“宝藏一空”，再进一步搜寻是徒劳无益的。

甲骨文被发现之后，许多外国人也纷纷求购。如美国人方法敛、英国人库寿龄、德国人威尔茨和卫礼贤、日本人三源右卫门等都大量购藏。日本人林泰辅、加拿大人明义士甚至还亲自到小屯搜集甲骨。甲骨的大量外流，使中国文化珍品和学术研究蒙受损失，引起学者的焦虑和关注。保护民族文物，制止甲骨外流，成为他们的愿望和心声。

资料的完整性对研究具有重要的意义，非科学挖掘割裂了甲骨与地层、同出器物之间的联系，破坏了资料的完整性。全面、完整地获取、整理研究资料，已成为学术研究的急需。

当时中国的田野考古工作已开始进行，如安特生在华北调查发掘了包括仰韶文化在内的三十多处新石器时代遗址，桑志华和德日进在西北、华北调查旧石器时代遗址，李济、袁复礼在山西发掘新石器时代遗址等。这些考古工作虽然取得了一定的成绩，但对遗址的时代每每不能确定，面临困难。而安阳殷墟，学者们已考证其为商代晚期都城，对其进行发掘则可以为其他遗址提供参照，为中国田野考古学确立标尺。

由于甲骨文的发现，学术界开始从疑古思潮中走出，重新调整对中国上古史的认识，同时也对甲骨文研究提出了更高的期望和要求。此时的甲骨文研究虽已蔚然成一门学问，却仍然偏重于材料整理和文字考释，难以在重构商代史实、建立正确的古史架构方面承担起应有的责任。这就要求对甲骨文进行全面的、整体的研究，为中国上古史研究提供可靠的资料。

同时，科学发掘甲骨文，为学术研究提供完整、系统的资料已是当务之急。

傅斯年是中国近代著名学者，他强调学术研究要尽可能地占有材料。甲骨文以其独特的学术价值，受到傅斯年的重视。1928 年 8 月，正在筹建中央研究院历史语言研究所的傅斯年派董作宾到河南安阳调查甲骨出土情况，以期弄清殷墟甲骨是否已被挖掘殆尽。

董作宾到达安阳后，进行了细致调查。当地中学校长张君称，在小屯“见无字之骨片，田中多有。以木枝向地下掘之，深尺余，即得有字者。又谓在村中购求甚易，若云买字骨，则妇孺咸集。……张君并言近年出土者仍陆续有之，某君尚获有一完全之龟甲云”。董作宾还向安阳城内的古董商调查，有一古董商“言民国初年出者甚多。最近如九年、十四年及本年（即1928年）皆有大宗出土”。董作宾又至小屯村进行考察，“至小屯购得甲骨数宗，共百余片，价三元。……然由此可证甲骨之出土者多，村人几于家家有之”。他还踏访了出甲骨之地，“余细审此沙丘之西面，近于棉田之处，有新掘而复填之坑十，于一坑之旁检得无字之骨版一块，确为卜用之骨版”[2]。

通过调查，董作宾认为甲骨并未挖掘尽净，于是向历史语言研究所报告：“甲骨既尚有留遗，而近年之出土者又源源不绝，长此以往，关系吾国古代文化至巨之瑰宝，将为无知之土人私掘盗卖以尽，迟之一日，即有一日之损失，是则由国家学术机关以科学方法发掘之，实为刻不容缓之图。”因此，寻找甲骨文是殷墟科学发掘的直接诱因。

傅斯年看到董作宾的报告后，立即同意对殷墟进行发掘。1928年10月，董作宾组织了第一次殷墟发掘，揭开了殷墟考古的序幕，同时也揭开了中国历史时期考古学的序幕（图七）。

**2. 科学发掘殷墟的意义**

从1928年10月到1937年6月，历史语言研究所在殷墟进行了十五次科学发掘，获得大量刻辞甲骨的同时，还发现了丰富的遗迹和遗物，取得了丰硕的成果，推动了中国田野考古学的形成和发展以及学术研究的进步，在中国学术史上具有重要意义。

其一，科学发掘殷墟不仅获得了大量有清楚地层关系并可与同出器物相比照的刻字甲骨，而且使甲骨的出土环境和同出

图七 20世纪30年代小屯发掘情形

器物避免了被毁弃的命运，为学术研究提供了系统、完整的资料。殷墟十五次发掘，除发现刻字甲骨2万多片以外，还获得大量其他遗物和遗迹，为研究商代社会的政治、经济以及当时的气候、环境等提供了极有价值的资料。

其二，科学发掘殷墟，将商代宫殿基址、王陵等重要遗迹揭示出来，使人们对商代晚期的都城有了初步的认识。殷墟十五次发掘，发掘地点11处，面积达46000余平方米，发现了大量商代墓葬、灰坑、窖穴、夯土基址、水沟等文化遗迹，尤其是王陵区和宫殿宗庙区的发现，使殷墟成为中外学术界注目的焦点。殷墟发掘进一步确证小屯正是“盘庚迁殷”的都城所在，确立了小屯的历史地位，使人们对商代历史的认识，达到一个新的水平（图八）。

图八　小屯宫殿基址甲十二

其三，殷墟的科学发掘工作，积累了发掘经验，总结形成了一套系统的科学发掘方法，奠定了我国田野考古学的基础。发掘初期尚缺乏分辨复杂遗迹的能力，随着发掘经验的积累及对其他考古工作经验的吸收，殷墟发掘逐渐走向正规。1931年，梁思永在后岗发现了包含仰韶文化、龙山文化和商文化遗存的“三叠层”，第一次明确了中原地区两种新石器时代文化及其与商代文化之间的时代关系，成为中国考古学走向科学化的重要标志。在此后的发掘，尤其是新中国成立以后的发掘，使殷墟文化分期得以建立。殷墟文化不仅成为各地商代文化遗址进行时代判断的标准，而且成为追溯早商文化、研究中国文明起源的重要标尺。

其四，殷墟的科学发掘，为我国培养了大批考古人才，为考古学的发展奠定了人才基础。在殷墟科学发掘以前，中国的考古工作零星分散，且多控制在外国人手中。殷墟发掘是第一次完全由中国学者主持和参加的考古发掘，殷墟发掘聚集了李济、董作宾、梁思永、郭宝钧、石璋如、高去寻、夏鼐等一批卓越的人才，他们在实际工作中得到磨砺和锻炼，成为有影响的考古学家，为中国考古学的进一步发展奠定了人才基础。

其五，殷墟的科学发掘，把考古学的新方法带入了甲骨学研究领域，使甲骨学研究突破了传统金石学的局限，获得了飞跃性发展。殷墟发掘获得了大量刻字甲骨，为甲骨学研究提供了丰富资料。同时，考古学方法也被引入甲骨学研究领域。早在1928年发表的《新获卜辞研究》中，董作宾就已涉及对甲骨文出土地层的观察和分析。在1930年发表的《大龟四版研究》中，董作宾发明了“贞人说”，甲骨断代初现端倪。1933年，董作宾发表了甲骨学史上具有划时代意义的《甲骨文断代研究例》，使甲骨学研究进入了新的阶段。《甲骨文断代研究例》是甲骨文研究与考古学方法相结合的结晶，如董作宾在《为书道全集详论卜辞时期之区分》中所说，"甲骨文的断代方法"是"从安阳县小屯村殷虚的地面下发掘出来"的。

**3. 殷墟科学发掘的几个阶段及其在我国考古学史上的地位**

殷墟发掘在中国考古学史上占有重要地位。殷墟十五次发掘，大体可以分为三个阶段：第一次发掘至第三次发掘为第一阶段，第四次发掘到第九次发掘为第二阶段，第十次发掘至第十五次发掘为第三阶段。它们分别代表了中国近现代考古学史上的三个时期，即萌芽时期、形成时期和成熟时期[3]。

第一阶段（第一至三次发掘），发掘的主要目的是寻找甲骨文字，挖掘的方法也十分原始。第一次发掘基本沿用了小屯村村民挖掘甲骨的经验，按深度记录出土器物的位置。根据遗物的埋藏情况，发掘者提出殷墟是"漂流淤积所致"，形成了殷墟"大水漂没说"。第二至三次发掘的科学性有所加强，但依然按深度记录出土器物，也没有超越以寻找甲骨为目标的局限。对出土遗物的认识和研究还不够准确，依然认同"漂没说"，并为之寻找证据。第一至三次发掘，发掘规模较小，设备简陋，技术原始，记录方法简单，尚缺乏辨识复杂遗物和遗迹的能力，表明中国考古学尚处在萌芽时期。

第二阶段（第三至九次发掘），发掘目标转向搜寻殷墟遗迹特别是商代建筑基址，同时提出"要了解小屯，必须兼探四邻"的指导思想，扩大了发掘范围。这一时期的发掘方法有了极大改进，特别是后岗"三叠层"的发现，使地层学成为发掘的基础，考古发掘逐渐走上正规，是中国考古学的形成时期。

1931 年 3 月至 5 月，考古工作者进行了第四次殷墟发掘。这次发掘对商代遗迹给予了特别的注意。考古工作者发现了版筑痕迹，认识了商代的建筑基址，否定了殷墟“大水漂没说”的错误观点，这是殷墟发掘的一个重要转折点。主持后岗发掘的梁思永注意到地层的自然层次，根据遗物特征把各个自然层次划归到仰韶、龙山、小屯三个大的文化层中。这是我国学者第一次利用考古地层学理论指导解决学术问题，“三叠层”的发现标志着考古地层学已在我国指导发掘，考古发掘开始走上科学的轨道。其后进行的第五至九次发掘，宗旨仍是复原商朝的建筑基础，同时开始了对文化分期的探索。

第二阶段的发掘，将考古地层学理论应用于发掘和研究，并对殷商文化层进行早晚分期，发掘的知识经验和考古学的指导理论已经基本完备。可以说，在殷墟发掘的第二阶段，我国近代考古学形成了。

第三阶段（第十至十五次发掘），发掘工作的主攻方向是揭示殷代的王陵和商代宫殿宗庙基址。这一时期在西北岗发掘了王陵区，在小屯村发掘了大片商代宫殿、宗庙、祭坛、居住基址。同时，还获得了大量刻字甲骨和其他珍贵遗物。

1934 年秋到 1935 年秋，中央研究院历史语言研究所在侯家庄进行了第九至十二次发掘，在王陵区发掘王墓 10 座，小墓 2000 余座，使人们对商代社会有了更深入的认识。第十三次发掘至第十五次发掘，收获更大，“最后三次发掘积累的大量田野记录，以及任何科学标准都能给予最高评价的重要发现和田野资料，为当今了解安阳文化的真实性质提供了基本材料”[4]。在发掘获得重大发现的同时，研究工作也深入展开，许多原来困扰学界的问题由于新材料的发现得到解决。

这一阶段的发掘继承了前两个阶段发掘的经验，并参考了其他遗址发掘的经验和资料，考古发掘工作的组织、方法、理论都日臻完善，对殷墟和殷商社会的研究益加深入，是殷墟十五次发掘中最富成就的一个阶段，也是我国考古学的“成熟时期”。

## （二）殷墟科学发掘时期甲骨文的出土

### 1. 殷墟十五次大规模发掘出土甲骨之一斑

在1928～1936年的十五次殷墟发掘中，出土了大批有科学记录的甲骨文。历年出土甲骨文的情形如下：

第一次，1928年10月13日至30日，出土字甲555片，字骨299片，共计甲骨854片。此外，还发现不少铜、陶、蚌、石、玉器等遗物。

第二次，1929年3月17日到5月10日，发现字甲55片，字骨685片，有字甲骨共计740片。另外，还发现大量铜、陶、骨石器等遗物及其他遗物。

第三次，这一次发掘分为1929年10月7日至21日和11月15日至12月12日两阶段，出土字甲2050片，字骨962片，甲骨共计3012片。著名的“大龟四版”以及牛头刻辞一和鹿头刻辞一就是这次发现的。此外，还发现不少铜、陶、骨、石器等遗物和遗迹。

第四次，1931年2月21日至5月12日，出土字甲751片，字骨31片，有字甲骨共计782片，其中又有一鹿头刻辞出土（图九）。此外，还发现象骨、鲸骨和铜、陶、骨、玉石

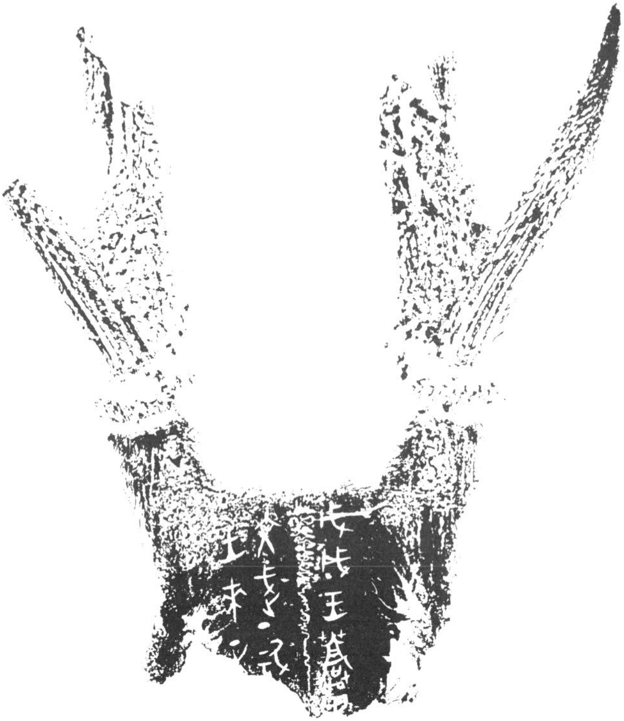

图九　鹿头刻辞

器等遗物以及大片版筑基址、房基、墓葬等遗迹。

第五次，1931 年 11 月 7 日至 12 月 19 日，出土字甲 275 片，字骨 106 片，有字甲骨共计 381 片，其中包括一牛肋骨刻辞。此外，还发现了许多陶、石、骨、蚌器等遗物以及不少其他遗迹。

第六次，1932 年 4 月 1 日至 5 月 31 日，出土字骨 1 片。还发现陶、铜器及夯土基址等遗物和遗迹。

第七次，1932 年 10 月 19 日至 12 月 15 日，出土字甲 23

片，字骨6片，有字甲骨共计29片。发现了大量夯土基址以及柱础、础石等建筑遗迹。另外，在第81号窖穴中发现了一片带有墨书“祀”字的陶片。

第八次，1933年10月20日至12月25日，出土字甲256片，字骨1片，有字甲骨共计257片。发现两座夯土基址和石础、铜础等重要遗迹、遗物。

第九次，1934年3月9日至4月1日为一个阶段，出土甲骨438片，字骨3片，甲骨共计441片。还出土版筑基址、灰坑、灶各1座。在此阶段的发掘期间，有村民在侯家庄南地盗掘，获得有字甲骨31片及无字甲骨若干。董作宾得知后，立即将这批甲骨买下，并探悉其出土地点，随即停止原来的发掘而集中力量在侯家庄南地发掘。从1934年4月2日至5月31日，发现“大龟七版”及小片字甲1、字骨8，还获得铜、陶、玉等器物。另外，又从农民处买得甲骨26片。

第十次至第十二次主要是发掘侯家庄西北岗，揭示商代的王陵墓葬。共发现大墓10座（包括1座假墓）及小墓1200多座，另外还出土了牛鼎、鹿鼎及大量的铜盔、戈、矛和其他铜器以及玉器、石雕、漆器等（图一〇）。

第十三次，1936年3月18日至6月24日，共出字甲17756片，字骨48片，有字甲骨共计17804片。其中YHl27坑是令人震惊的发现，坑中共出土有字甲骨17096片。此外，还发现了版筑基址、水沟、战车武士墓等遗迹及大量遗物，其中尤以白陶为精品（图一一）。

第十四次，1936年9月至12月31日，发现字甲2片。发现多处版筑基址、灰坑、水沟等遗迹，还出土了一批铜器、玉器及大量陶器。

图一〇 殷墟出土鹿方鼎

第十五次，1937年3月16日至6月19日，出土字甲549片，字骨50片，有字甲骨共计599片。发现大量版筑基址以及三座大门和安门、置础、奠基时的杀殉坑及祭祀遗迹，并出土铜器、玉器、大理石雕、白陶、漆器、陶俑及一批陶模、陶范。

此外，从1929年10月开始，河南省图书馆何日章等在小屯进行了为期两个月的发掘。1930年2月20日至3月9日，何日章又在小屯进行了第二次发掘。两次发掘共出土字甲2673片，字骨983片，有字甲骨共计3656片。

图一一 殷墟出土白陶罐（传世品）

殷墟十五次科学发掘共出土有字甲骨24918片，其中字甲22718片，字骨2200片，另外还从村民手中收购有字甲骨57片，加上河南省图书馆何日章等所掘得的有字甲骨3656片，在殷墟科学发掘的这十年间，共获得甲骨文28631版。大量甲骨文的出土，为甲骨学研究的前进和发展提供了坚实的资料基础，使甲骨学研究进入了一个崭新的时期。

**2. “大龟四版”与“大龟七版”的出土情形**

在十五次殷墟发掘中，曾有几次重要的甲骨文发现，其中以“大龟四版”、“大龟七版”和YH127坑最为有名。

1929年12月，在第三次殷墟科学发掘中，考古学者在小屯村北发掘了四个口径和深度各不相同的连在一起的遗迹坑，称为“大连坑”。在“大连坑”南段的长方形坑内发现了著名的“大龟四版”（图一二）。

李济在《民国十八年秋季发掘殷墟之经过及其重要发现》中对“大龟四版”的出土情形作了记录：“大连坑南段长方坑：东西长三米，南北宽一点八米，最深处未见底，距地面五点六米，距坑口二点一米；坑口有隋墓一座，下出整龟一，刻字龟版四；再下有蚌壳一层，再下又有贝一层，并夹铜器及石刀等。”四版刻字甲骨埋藏在坑的东北隅深约3.8米处。因为这四块大龟版是同时同地出土，又比较完整，所以同时来研究它们，就称它们为“大龟四版”。这是殷墟考古发掘中第一次发现龟版比较完整、刻辞较多、内容重要的大版卜甲，为研究提供了重要资料。

董作宾对“大龟四版”进行了认真研究，于1930年发表《大龟四版考释》，提出了“贞人说”，设计了分期断代的“八项标准”，使甲骨分期初露端倪。

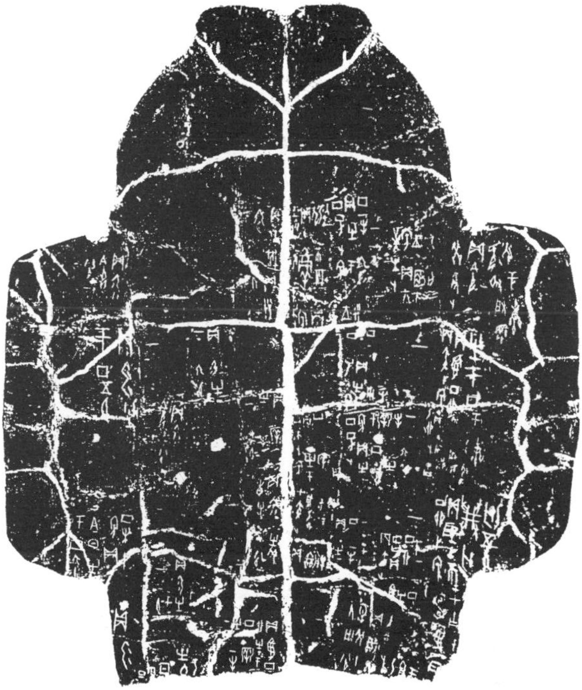

图一二　大龟四版之一

1934年3月，第九次殷墟科学发掘开始。起初，工地设在小屯村北。发掘之际，侯家庄村民在侯家庄南地私下盗掘，获得刻字甲骨。董作宾得知后，立即停止小屯村北的工作，将全体人员调往侯家庄南地进行发掘。在编号为H. S. 20的探坑中的一个灰坑里发现了“大龟七版”（图一三）。

H. S. 20坑中的这个灰坑坑口形状近圆形，距地表约0.6米，东西径约5米，南北径约4.5米。坑底西高东低，西部距地表4米，东部距地表约4.4米。坑内堆积分为三层。第一层杂灰土，出陶鬲片。第二层灰土，出灰绳纹陶、红绳纹陶、刻

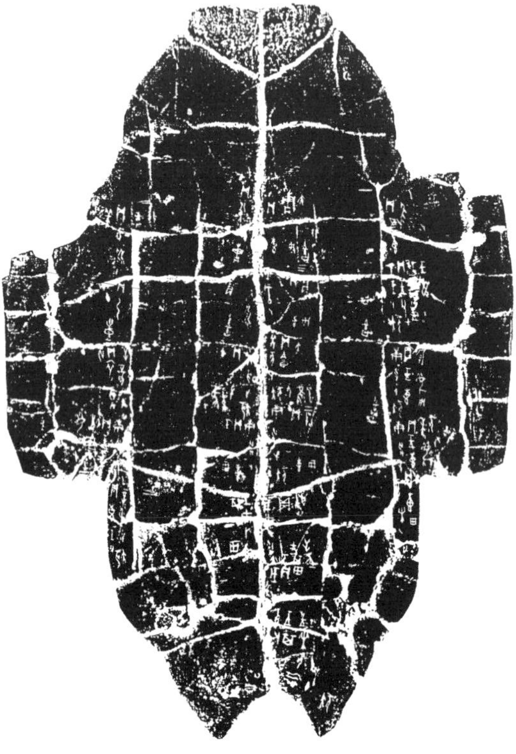

图一三　大龟七版之一

纹陶、卜用龟版等。第三层硬黄淤土，深1～4.4米。“大龟七版”在硬黄淤土层中。“在H.S.20大灰土坑的东北隅，深一公尺五寸的黄硬土中，发现了卜用过的大龟版。它们分南北两组，错落着相压。南边一组共有六个完整的腹甲，它们的表面向下，里面有凿灼之处向上，牢牢的粘贴在一起。它们的头端向西南，尾端向西北。北边的一组，是几块破碎了的背甲，散置成层，南面高，北面低在斜放着，它的右方压了六个腹甲的一部分”[5]。考古工作者将六版腹甲清洗干净，又把破碎的背甲粘合起来，七版形状基本完整，这就是著名的“大龟七版”。

“大龟七版”是继“大龟四版”之后更重要的一次发现。

**3. 甲骨学史上空前的甲骨大发现——YH127 坑甲骨窖藏**

在甲骨文的发掘历史中，甲骨出土数量最多、刻辞内容最丰富的是第十三次发掘中发现的 YH127 坑。

1936 年 3 月，第十三次殷墟发掘动工，6 月 12 日，考古学者在 YH127 坑发现了大量甲骨，揭开了殷墟考古发掘史上最动人心弦的一页。

YH127 坑是一圆形窖穴，位于小屯村北张家七亩地中。此坑的上层是殷墓 M156，墓下为一大而浅的灰坑 H117，H117 坑下为 H121 坑，最下才是 H127 坑。YH127 坑，坑口呈圆形，直径约 1.8 米，坑口距地表 1.2 米，坑底距地表 6 米，直径 1.4 米。坑内的堆积可分为三层。上层灰土，厚 0.5 米。下层绿灰土，厚 2.7 米，中含少量陶片、兽骨，说明此坑在放入甲骨前已使用过一段时间。厚达 1.6 米的中层，是灰土与龟甲层。坑内甲骨排列并不整齐，有大有小，有反有正，有的有字有的无字，有腹甲也有背甲，部分甲骨有涂朱或涂墨现象。这些甲骨彼此叠压，相互枕藉，堆成北高南低斜坡，而且坑的北壁也贴着许多整龟甲或残碎甲。由此可以推测，这些甲骨可能是从坑的北边倒入的。在甲骨堆中，有一蜷曲的人骨架紧靠坑的北壁，人架下半部被甲骨叠压，头及上身在龟甲层以外。发掘者认为，这个人骨架是与龟甲同时埋入的，可能是当时管理甲骨的人员（图一四）。

YH127 坑甲骨发现之后，在安阳引起轰动，虽有“自卫团”

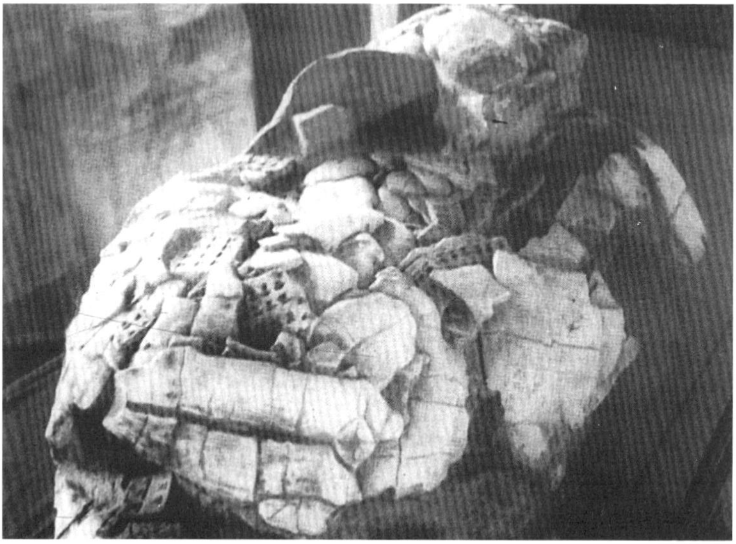

图一四　YH127 坑甲骨堆积情形（模型）

一个排的兵力日夜守卫，仍感不安全，又时值 6 月中旬，雨季将至，露天发掘难以保护甲骨免遭破坏。于是，工作人员将尚未清理的甲骨层整个地装入一个高约 1 米、宽约 1.7 米的大木箱中，运往南京中央研究院历史语言研究所。学者们在室内进行发掘和整理，历时半年之久，才将全部甲骨清理完毕。

在 YH127 坑内，共发现刻辞甲骨 17096 片，包括字甲 17088 片，字骨 8 片，其中完整的龟甲达 300 多版。这是自殷墟发掘以来，发现甲骨最多、收获最大的一次发掘。

YH127 坑所出甲骨不仅数量众多，而且现象也十分丰富。这批甲骨的时代较为单纯，主要为武丁时物。少许甲骨上发现了用墨或朱书写的文辞，可知殷代已有书写的毛笔和颜料。在一些甲骨上发现了契刻卜兆的现象，另有不少刻辞被涂朱或涂墨，说明甲骨刻辞不仅记事，而且还有求美观或反映某种宗教观念的作用。坑中整甲极多，使学者能够注意"甲桥刻辞"的存在并窥破其秘密。坑中出土一些特大龟甲，经鉴定这种龟产于南方，另有大批甲骨记录了甲骨的贡纳情况，对于研究商代卜用甲骨的来源具有重要意义。全坑17000余片甲骨中，卜骨只有8片，其余全为卜甲，结合"大龟四版"和"大龟七版"的出土情形，可知商代占卜所用的甲和骨是分开埋放的。YH127坑形状规整，出土甲骨数量巨大，而且是集中堆放，并有一具可能是甲骨管理者的遗骸，可推测这坑甲骨是有意储藏的。

YH127坑出土刻辞甲骨数量巨大，内容丰富，在甲骨学史上有重要意义。在YH127坑发现以前，传世甲骨多支离破碎，研究者难以确知甲骨的整体情况。YH127坑中仅完整龟甲就300多版，再加上可以缀合的材料，大版龟甲就更多。YH127坑大大丰富了学者们对甲骨文的认识，有力地推动了甲骨学的发展。

**4. 殷墟科学发掘暂停期间（1937～1949年）甲骨文的零散出土**

1937年7月，日本发动全面侵华战争，国民政府迁往重庆，中央研究院也迁往后方，殷墟的发掘工作被迫中止。

日本占领华北后，对中国古代文物进行疯狂掠夺。日本人组织了许多"调查团"和"研究班"，在东北、华北一带以考古为名掠夺文物，而华北综合调查研究所等机关则专门在河南挖掘。另外，还有数目不清的私人考古旅行者。据胡厚宣《殷墟发掘》记载，日本人在安阳一带的发掘至少有四次：1938年春天，庆应义塾大学文学部组织北支学术调查团到安阳考古；同年秋天，东方文化研究所的水野清一、岩间德也等人在安阳侯家庄一带发掘；1940～1941 年，东京帝国大学考古学教研室组织人员到安阳发掘；1942～1943 年，驻河南的日军勾结汉奸，大肆挖掘，出土相当数量的古物，都被运往日本。

1945 年抗战胜利后，美国在华势力大增，许多精美文物流入美国。

从 1937 年抗日战争爆发到 1949 年解放战争胜利这一时期内，安阳当地的私人盗掘又兴盛起来，有大量古代器物出土。所出土的甲骨，大都被带到北京、天津等地出售，也有一部分流散海外，具体情况难得其详，但从当时甲骨收购的情形，可以得到一些线索。据胡厚宣在《殷墟发掘》中统计：

北京：北平图书馆 200 片、辅仁大学 195 片、李泰棻 1000 片（后归胡厚宣，转让给北平图书馆）、于省吾 1000 片（其后转让给清华大学）、谢午生 500 片、徐宗元 300 片、孙海波 200 片；

天津：陈保之 100 片；

上海：孔德研究所 1500 片、郭若愚 80 片、孙师匡 50 片。

胡厚宣本人在抗战胜利后，往来南北，在京、津、宁、沪一带访求甲骨，获得甲骨不少，约略如下。在上海购买的有：自叶叔重买得 1000 片，自中国古玩社买得 167 片，自郭墨林、金贵南买得四五百片。在北京购买的有：自李泰棻买得 1000 片，自庆云堂碑帖铺买得 400 片，自通古斋买得六七百片，自晋雅斋买得 9 片，自兴记古玩铺买得 900 片。在天津购买的有：自曹家买得 19 片[6]。

据上述材料，可推断这一时期出土甲骨约 8000 多片。由于这一期间战乱频仍，甲骨又系盗掘出土，流传分散，加之收藏者之间的转手买卖，重复或脱漏统计难以避免。后来王宇信也对这一时期所出甲骨作了统计，抗战时期盗掘出土的甲骨约为3500多片，抗战胜利至新中国成立期间出土甲骨约2500多片[7]。两项合计约6000多片。

## （三）殷墟“科学发掘时期”甲骨文的著录

殷墟发掘为甲骨学研究提供了大批可靠资料，发掘所获甲骨文的总著录书《殷虚文字甲编》和《殷虚文字乙编》的出版，极大地促进了甲骨学的研究。

**1.《甲编》、《乙编》与著录科学发掘所得甲骨的新体例**

1948年4月，《殷虚文字甲编》出版，著录了从殷墟第一到第九次发掘所获6513片刻字甲骨中选出的3942片，其中字甲2467片，字骨1399片，书中拓本号为3938号，再加上附录的牛、鹿头骨刻辞等，全书共编3942号。

第一次殷墟发掘从1928年10月开始，第九次发掘至1934年5月结束。这一时期所获得的甲骨文字资料，至1948年才正式出版，历时十数年之久。其实每次发掘所得的甲骨，都及时得到整理。1934年春第九次科学发掘结束，当年冬天即已将第一至九次所得甲骨全部清拓完毕。1935年春夏之间，完成了《甲编》的图版编排工作，1936年交由商务印书馆承印，1937年春已印出80页图版的校稿。然在《甲编》即将成书之际，抗日战争爆发，上海沦陷，图版所在的沪东印刷厂落入敌手，《甲编》出版无果而终。1939年，董作宾又与商务印书馆达成协议，《殷虚文字甲编》在香港出版，书刚印成，编纂者尚未得见，就被毁于1941年12月日军入侵香港的战火。1948年，久历磨难的《殷虚文字甲编》终于出版。在此期间，学者们对殷墟科学发掘所得甲骨文翘首盼望，但著录出版之事却久无音讯。于是许多不了解情况的学者，指责发掘者将资料“秘藏椟中”、“包而不办”。以今日的眼光看来，在当时的艰难条件下，董作宾等不屈不挠，坚忍负重，终将《甲编》出版，其贡献和执着的敬业精神是应予肯定的。

1948年10月和1949年3月，《殷虚文字乙编》上、中辑出版，1953年12月，《乙编》下辑出版。《殷虚文字乙编》是从殷墟第十三次至十五次所得18405片有字甲骨中选拓编成的，共著录甲骨9105片。值得一提的是它集中收录了YH127坑所出大批甲骨，为研究提供了丰富而重要的资料。“《乙编》所收材料，超过《甲编》四倍以上；出土的坑位简单明晰；内容新颖而且丰富，研究的价值，也远在《甲编》之上”[8]。

《甲编》和《乙编》是十五次殷墟科学发掘所得甲骨文的总集，其著录体例更加科学。书中所录甲骨按照出土次序编排，甲骨拓本的编号可以分为四部分，最前是在书中的著录号，接下来的数字表示所录甲骨系第几次发掘所得，后一位数字表明此片的种类，最后一部分是甲骨的出土登记号。这样，每一拓本的实物是甲还是骨及出土的次序，都一目了然。若研究甲骨的出土情形或其与遗址遗物的关系，则查登记号，可在发掘报告的遗址部分查明。因此，“如果单就文字学方面看去，自然和以前著录的许多甲骨文字书籍，有同样的价值，只是读者可以绝对地信任它没有一片伪刻罢了”，但是，“如果从考古学的眼光看去，就和以前的甲骨文字书籍大大的不相同了。它们每一片都有它们的出土小史，它们的环境和一切情形都是很清楚的”[9]。《殷虚文字甲编》和《殷虚文字乙编》是甲骨学和考古学相结合的标志，大大提高了甲骨文的学术价值。

《甲编》和《乙编》的整理、出版时期，是甲骨学史上的一个重要阶段。在这一过程中，学者们提出和解决了许多重要课题，甲骨学研究取得了很大的进步。首先，甲骨文分期研究有了突破性进展，甲骨文已可以大体划分出具体时代；其次，由于不同地点所出甲骨文具有不同特点，可以根据科学发掘所得甲骨文推测殷墟发掘以前流传的甲骨文的出土地点；其三，对科学发掘所得的甲骨进行研究，使人们弄清了古代对甲骨文的处理和埋藏情形；其四，具有明确层位关系的甲骨文成为殷墟遗址分期的一个重要参考，可以推断殷代遗址和遗物的大体年代。“自此，甲骨文摆脱了传统金石学的局限性，与近代科学研究方法相结合起来”[10]。

**2.《卜辞通纂》开辟唯物史观整理甲骨文的新天地**

对新材料的利用和研究，使王国维成为新史学的开山，同样也是对新材料的研究和探索，使郭沫若成为中国唯物主义史学的先驱。

1928年，郭沫若在日本期间，开始将历史唯物主义运用于中国古代历史研究，并写成多篇以唯物史观为指导的论文。1930年，郭沫若将这些论文集为一书，题名为《中国古代社会研究》出版，给中国史学界带来了新局面。

从1932年夏起，郭沫若开始探访日本各家所藏甲骨，得见甲骨3000多片。但因种种关系，郭沫若对日本所藏的大宗甲骨最终“无缘寓目”，且对所见甲骨也多数未能传拓。但郭沫若研究甲骨文的初衷并没有动摇，他从刘鹗、罗振玉等所出版的著录书，选出精要者并补充一批未发表的材料，整理著述成书，这便是《卜辞通纂》。

1933 年，《卜辞通纂》出版。《通纂》分为正编、别录、考释和索引四部分，共收录甲骨 929 片，其中正编收录甲骨 800 片，分为干支、数字、世系、天象、食货、征伐、田游、杂纂八类编排。另有别录两部，分别收录甲骨 42 片和 87 片。在著录之后，郭沫若对每片甲骨进行了考释。对于分类著录的甲骨，在每类的考释之后，都作以小结，进行精要的概述。

《卜辞通纂》在文字考释方面成绩斐然，对许多文字的考释得到甲骨学界的普遍承认。在对文字正确考释的基础上，对商代历史的研究也大有进展。喙甲，前人未识，郭沫若根据喙在卜辞中的位置及其音韵关系，确定喙甲即是阳甲；芍甲，罗振玉、王国维释为羊甲或羌甲，是指阳甲，郭沫若则认为芍即苟字，芍甲乃沃甲；戔甲，郭沫若认为戔字为二戈相对之形，戔甲即河亶甲缓读所发之音。在多方考证的基础上，郭沫若列出了完整的商代先公先王先妣世系表。郭沫若还发现商人对直系先王之妣进行特祭的现象，对于认识商代的嫡庶、宗法和王位传承制度极有意义。郭沫若对商代社会经济基础、殷周礼制及其关系以及商代的地理、宗教信仰等都提出了有价值的推论。

《卜辞通纂》中对甲骨文本身规律的探索和总结，是郭沫若对甲骨学的又一贡献。其对甲骨自身奥秘的探索，可以分为两个方面：一是占卜契刻方面的规律，包括占卜方法、契刻、辞例、行款等；一是科学利用甲骨资料的规律，包括断代、缀合、残辞互补等。郭沫若解决了许多人所未言的重要课题，促进了甲骨学的全面发展。

《卜辞通纂》的编著体例也极为合理，各类卜辞按干支、数字、世系的顺序编排，符合甲骨文学习的认知规律；在考释中，郭沫若将相当一部分甲骨都按原片加以摹画，并把文字在相应的位置作出隶定，对有例可循的残辞予以补足，并在各条卜辞之间还画出界线，以防混读；另外，书后还附有索引，可以快捷检索甲骨文字，为读者提供了方便。

《卜辞通纂》不仅促进了甲骨文的搜集和流传，而且在文字考释和历史研究方面成绩卓著，其科学的编著体例，也为研究者和学习者提供了便利，推动了甲骨学的传播。“可以毫不夸大地说，郭沫若的甲骨学论著，不仅是学者们研究时案头必备的参考，而且使不少初学者由此度得金针，成为入门的工具，影响了一代又一代的甲骨学者”[11]。

**3. 殷墟科学发掘暂停期间出土甲骨的著录**

关于此期间出土甲骨的著录情况，根据胡厚宣先生在《殷墟发掘》中的记载[12]，重要的有：

一、黄　濬　《邺中片羽三集》　1942 年　215 片

二、于省吾　《双剑诊古器物图录》　1940 年　4 片

三、李旦丘　《殷契摭佚》　1941 年　118 片

四、胡厚宣　《元嘉造像室所藏甲骨文字》　1946 年　270 片

五、胡厚宣　《颂斋所藏甲骨文字》　1946 年　13 片

六、胡厚宣　《双剑诊所藏甲骨文字》　1946 年　254 片

七、李亚农　《殷契摭佚续编》　1950 年　343 片

八、胡厚宣　《战后宁沪新获甲骨集》　1951 年　1145 片

九、胡厚宣　《战后南北所见甲骨录》　1951 年　3276 片

十、郭若愚　《殷契拾掇》　1951 年　560 片

十一、郭若愚 《殷契拾掇二编》 1953 年 495 片

十二、胡厚宣 《战后京津新获甲骨集》 1954 年 564 片

共约万余片。遗憾的是，这批著录书所收甲骨的确切出土时间难以确定。

从 1937 年 7 月到 1950 年 4 月殷墟暂停发掘期间，除上面所列的以外，还有其他多种著录书面世，有黄濬的《邺中片羽二集》，孙海波的《甲骨文录》和《庆斋殷虚文字》，方法敛、白瑞华的《甲骨卜辞七集》和《金璋所藏甲骨卜辞》，唐兰的《天壤阁甲骨文存》，李旦丘（李亚农）的《铁云藏龟零拾》，金祖同的《殷契遗珠》和《龟卜》，曾毅公的《殷契缀存》，李孝定的《中央大学藏甲骨文字》，梅原末治的《河南安阳遗宝》，何遂的《叙辅的甲骨释要》，胡厚宣的《厦门大学所藏甲骨文字》和《甲骨六录》，于省吾的《双剑誃殷契骈枝三编》，怀履光的《骨的文化》等。这些著录书的出版，为甲骨材料的公布和整理做出了贡献。

## （四）“凿破鸿蒙”——《甲骨文断代研究例》的构筑

### 1. 学者们凿破甲骨文“一团浑沌”的探索

（1）学者区分甲骨文大时代的探索

划分时代，是将材料用于历史研究的先决条件。甲骨文发现以后，学者们为了确定其所属时代，作了不懈的努力。

王懿荣于 1899 年首先发现甲骨文，但未能留下关于甲骨研究的著述。据其子王汉章所记，“回忆光绪己亥庚子

间，……先公索阅，细为考订，始知为商代卜骨”[13]，即王懿荣在鉴定甲骨之初即已考证其为商代之物。这毕竟是后人追记，不可尽信。但王襄作为最早收藏研究甲骨的学者之一，在《〈簠于室契文余珠〉序》中记载：“至则见范，询其所谓‘殷契’者果何以?”即在1899年秋王襄初见甲骨时已有“殷契”之名。由是观之，或者王懿荣确实已审定甲骨文乃商朝故物。

1903年，刘鹗出版《铁云藏龟》。他根据对书中所著录甲骨文字的初步探索，认定甲骨文系殷人所遗，他的书序中说：“不意二千余年后，转得目睹殷人刀笔文字，非大幸欤。”这是目前所知最早指出甲骨文是“殷人刀笔文字”的记录。

1904年，孙诒让撰成《契文举例》。他基本认同刘鹗的意见，在《契文举例》序中说：“所称人名号未有谥法，而多以甲乙为纪，皆在周之前之证。羑里于殷属王畿，于周为卫地，据《周书·世俘篇》殷时已有卫国，故甲骨亦有商、周、卫诸文，以相推验，知必出于商、周之间，刘君之所定为不诬。”

1903年，罗振玉在《铁云藏龟》序中称甲骨文为“夏殷之龟”。1906年，罗振玉“辄披览墨本及予所藏龟，于向之蓄疑不能遽通者，谛审既久，渐能寻绎其义”[14]。1908年，罗振玉探知甲骨文实际出于安阳小屯。通过对甲骨文字的深入钻研和对甲骨出土地的探考，罗振玉“乃恍然悟此卜辞者，实为殷室王朝之遗物”[15]。此后，随着罗振玉编著的《殷虚书契》、《殷虚书契菁华》、《殷虚书契后编》、《殷虚古器物图录》等有影响的书籍的出版，甲骨文乃商朝遗物的观点日渐为学术界所接受，并成为甲骨文研究的立足点。

在这一认识传播的过程中，也曾有过不同观点，如1911年10月的《英国皇家亚洲文会杂志》发表了方法敛撰写的《最近发现之周朝文字》，认为甲骨文是“周朝”遗物。但响应的人很少，没有引起什么反响。

（2）“凿破鸿蒙”的尝试与初步实践

由于刘鹗、孙诒让、罗振玉等学者的努力，甲骨文的大时代问题得到解决，甲骨文为商代遗物的观点为学术界所普遍接受。

小屯殷墟是甲骨文的出土之地，甲骨文的时代自然与殷墟的时代紧密联系在一起。罗振玉认为殷墟为武乙、文丁、帝乙三王的都城，那么甲骨文也就局限在晚商这三王的时期内。王国维经过深入探索，在《说殷》一文指出殷墟“盖即盘庚以来之旧都”。他还推论“殷虚卜辞中所祀帝王，讫于康祖丁、武祖乙、文祖丁。罗参事（按即罗振玉）以康祖丁为庚丁，武祖乙为武乙，文祖丁为文丁，其说至不可易。则帝乙之世尚宅殷虚”[16]。甲骨文的时代便被确定在了盘庚至武乙的七代十一王的时间内。

经过罗振玉、王国维等学者的努力，甲骨文的时代被确定在从盘庚至帝乙二百多年的时间内，利用价值大大提高。

但是，甲骨文实际是盘庚迁殷至帝辛灭亡期间之物，时间跨度达273年之久。把全部甲骨文材料不分早晚、一视同仁地进行处理，使甲骨学商史研究受到很大的局限。为解决这一问题，学者们开始了甲骨文分期断代的探索。

1917年，王国维撰成《殷卜辞中所见先公先王考》，在研究先王世系时，王国维注意到了下列卜辞：

癸酉卜，贞王宾父丁岁三牛眔兄己一牛，兄庚□□。

（《后编》上19·14）

癸亥卜，贞兄庚……兄己……（后编》上7·7）

贞兄庚……罘兄己其牛。　　（后编》上7·9）

王国维指出：“考商时诸帝中，凡丁之子，无己、庚二人相继在位者。惟武丁之子有孝己（战国秦燕二策、《庄子·外物》篇、《荀子·性恶》、《大略》二篇、《汉书·古今人表》均有孝己。《家语·弟子解》云：‘高宗以后妻杀孝己。’则孝己武丁子也）、有祖庚、有祖甲。则此条乃祖甲时所卜。父丁即武丁，兄己兄庚即孝己及祖庚也。孝己未立，故不见于《世本》及《史记》，而其祀典乃与祖庚同。”王国维利用殷人对祖先的称谓，确定了上述数片甲骨文的时代，这是利用称谓进行甲骨分期的最早论述。

罗振玉没有卜辞分期断代的文章发表，但从王国维的著述中，可知罗振玉与王国维同时甚至更早就开始了甲骨分期断代研究。王国维在《殷卜辞中所见先公先王考》中讨论《后编》上25·9“父甲一羊，父庚一羊，父辛一羊”的卜辞时说：“此当为武丁时所卜，父甲、父庚、父辛即阳甲、盘庚、小辛，皆小乙之兄，而武丁之诸父也。”他在此段文字的后面注明“罗参事（本书作者按：即罗振玉）说”，表明罗振玉已在他之前发现此片为武丁时物。

王国维、罗振玉提出称谓断代，是一个极大的进步，为后来的分期断代研究提供了有益的启示。

其后，明义士也曾尝试根据“称谓”对甲骨文进行分期断代。1928年中，明义士在《殷虚卜辞后编》的序文中，记述了他对所藏甲骨的整理情况。

从明义士的序文中看出，当时明义士已明确利用“称谓”

进行甲骨文分期断代研究，并将甲骨划分入武丁、祖庚、祖甲、康丁、武乙诸王的时代。罗振玉、王国维虽曾根据“称谓”判断甲骨的时代，但他们只是在论证某一问题时涉及甲骨断代，并没有专门把这种方法运用到整理甲骨材料中去，而明义士则将“称谓”断代这一原则运用到大批甲骨的分期整理中，这比罗、王大大前进了一步。明义士在甲骨整理中，还发现了甲骨文字体的变化，并将其作为判断甲骨时代的一个依据，并开始以事类为标准判断甲骨的时代。

虽然学者对明义士甲骨时代划分的认识不尽相同，但明义士把“称谓”作为标准用于甲骨材料整理，并创造性地把“字体”用于甲骨文分期，区分出不同类别的卜辞，无疑对后来的分期断代研究是很有意义的。

（3）近代考古学方法的引入，为甲骨文分期断代奠定了基础

罗振玉、王国维在研究的过程中，开始根据卜辞中的“称谓”划分甲骨的年代。利用“称谓”断代必须以“世系”相推演，“世系”是甲骨分期断代中最基本的依据。可以说，罗、王在对卜辞分期的思索中，已接近了甲骨分期断代研究的核心。

但是，罗、王却没有继续前进，以最终完成甲骨文分期断代的使命。这并非由于罗、王学识不足或一时粗疏，而是当时的治学条件和治学方法限制了他们的前进。罗振玉、王国维时代，殷墟科学发掘尚未开始，罗、王对于出土地层、坑位等对区分甲骨时代具有重要启示的材料一无所知。王国维虽提出“二重证据法”，倡导对“地下材料”的重视，但于甲骨文研究方面，其“地下材料”的内涵并没有超出文字材料的层面。

罗、王也没有脱离开传统金石学“证经补史”的目的。罗振玉在《殷商贞卜文字考》中说甲骨研究的目的是“正史家之违失，考小学之源流，求古代之卜法”。王国维研究甲骨文的指导思想也是“使世人知殷虚遗物之有裨于经史”，其“二重证据法”，“幸于纸上之材料外，更得地下之新材料。由此种材料我辈固得据以补正纸上之材料，亦得证明古书之某部分全为实录。即百家不雅驯之言，亦不无表示一面之事实”[17]，以地下材料证明纸上材料的倾向仍然非常浓重。所以，精细划分甲骨的具体时代，科学整理甲骨资料的条件尚未成熟。

继罗、王之后，在甲骨分期断代方面成就最为突出的是明义士。明义士有意识地把甲骨文分期，并对成批甲骨进行整理。他把不同王世的甲骨集合起来，发现了甲骨文字体的变化，并将之作为判断甲骨时代的标准之一，应该说，这是考古类型学手段在甲骨文整理中的应用。从这一角度出发，明义士的甲骨分期断代研究，是最早把中国传统金石学方法与西方考古学方法相结合的尝试，具有重要的方法论意义。

1910 年，明义士被派往安阳地区传教，开始认识并研究中国的古代文化和文物。作为一名西方学者，他更少受到中国传统历史观点和治学方法的禁锢。1917 年，中国北洋政府对德宣战，提供 5 万名劳工到法国服役，明义士随中国劳动大军前往法国。法国是西方近代考古学的发祥地，而此时的西方考古学已经取得了长足的发展，地层学、类型学都已成为成熟的研究方法。在法期间，明义士积极学习西方的考古学知识。1921 年，明义士回到中国，继续在安阳传教，此间他收集了大量甲骨、青铜器等古代文物。1927 年，军阀在安阳一带混战，明义士退避京津。在此期间，明义士将所藏的重要甲骨拓印数份，编成《殷虚卜辞后编》一书，以“称谓”判断甲骨时代、发现甲骨字体变化等观点就是在《殷虚卜辞后编》序言中提出的。可惜的是，长期以来，他的富有创见的想法没有在学术界引起应有的注意。

明义士将中国传统治学方法与西方近代考古学方法相结合，利用“称谓”、“字体”进行甲骨分期断代的尝试，并提出以事类作为断代标准的初步设想，使甲骨分期断代的研究出现了一丝希望和曙光。后代学者对此评价说：“明义士1928年最早进行的甲骨文分期断代整理，是他将中国传统的金石学方法与西方近代考古学的类型学理论相结合的天才实践，因而可以公正地说，他在甲骨文的分期断代研究和整理方面走在了同时代学者的最前头。”[18]

**2.《甲骨文断代研究例》与甲骨学的发展**

（1）殷墟科学发掘为“分期研究法”提供了重要启示

明义士虽然最早把考古学理论引入甲骨学研究领域，但明义士没有将他的发现理论化和系统化，以总结出把握全部甲骨的一般规律。同时，由于缺乏发掘资料和考古现象这一考古学最基本因素，明义士的研究受到极大的局限，对甲骨分期断代的研究也就不可能成其全功。1928～1937年，中央研究院在殷墟进行的十五次科学发掘，不仅获得了大量甲骨文，而且还发现了许多遗物和重要考古现象，为甲骨分期断代研究提供了契机。真正把考古学方法和理论引入甲骨学研究领域，对全部甲骨进行分期断代的使命，由殷墟发掘的倡导者和主持者之一的著名学者董作宾最终完成。

1929年，董作宾发表《新获卜辞写本后记》。受罗振玉观点的影响，他认为殷墟是武乙到帝辛时的都城。但关于甲骨文的时代，他已认识到远非武乙至帝辛三王时代所能涵盖的，“则甲骨卜辞，不必尽为武乙至帝乙时代之产物，当有上世之卜室旧档，于武乙迁都时而一并移置保存之者”。1930 年 2 月，《甲骨文研究的扩大》发表，董作宾对甲骨分期作了更为深入的探讨。在第一次发掘时，董作宾曾将发掘地分为三个区，后来他发现三个区所出甲骨各具特点，提出要对甲骨按出土地分区研究。他还强调考古地层对于甲骨分期的意义，认为甲骨分期的问题“必须靠地层研究的结果，来解决他才能正确”。董作宾在《新获卜辞写本后记》和《甲骨文研究的扩大》中关于甲骨分期断代的思考，已涉及到科学出土甲骨文的坑位、文体、书法等方面的观察和分析，为甲骨分期断代开辟了新的途径。

第三次殷墟发掘获得的“大龟四版”，给了董作宾以极大启示。1931 年，董作宾撰成《大龟四版考释》，提出了“贞人”说，设计了甲骨分期断代的八项标准，总体把握全部甲骨材料的分期方法已具雏形。

所谓贞人，即负责实施占卜程序的人。在甲骨卜辞中，在叙辞的干支之后、命辞之前，往往会有一个与占卜程序无关的字。过去学者大多认为此字是官名或地名，有的则认为它是指明占卜事类的文字。但各家的说法，都难以对整条卜辞作出令人信服的解释。董作宾在《大龟四版考释》中断定此字是贞人的名字，“因为贞上一字如为地名，则必有在字，如‘在向贞’、‘在潢贞’，只言‘某某卜某贞’者，决非地名。又四版全为卜旬之辞，若为卜贞事类，或职官之名，应全版一致，今卜旬之版，贞上一字不同者六，则非事与官可知。又可知其决为卜问命龟之人，有时此人名甚似官名，则因古人多有以官为名者。又卜辞多‘某某卜王贞’及‘王卜贞’之例，可知贞卜命龟之辞，有时王亲为之，有时使史臣为之，其为书贞卜的人名，则无足疑”。贞人的发现，使甲骨分期断代研究的形势豁然开朗。“凡见于同一版上的贞人，他们差不多可以说是同时”的，因此可以通过考察贞人的同版关系，确定甲骨的时代。而甲骨卜辞大量存在的贞人记名，使这一方法十分准确和有效，为大宗甲骨的分期整理提供了依据。贞人的发现使甲骨文分期断代的解决始露端倪（图一五）。

在《大龟四版考释》中，董作宾提出了坑层、同出器物、贞卜事类、所祀帝王、贞人、文体、用字、书法共八项断代标准，虽然没有加以详细论证，但甲骨分期断代理论已初步具备。

董作宾虽然在《大龟四版考释》中提出了“贞人说”，并设计了分期断代的“八项标准”，但他尚没有将“八项标准”进行系统化和理论化。“贞人说”也只探讨了武丁一世的情况，未形成完整的贞人断代方案，所以董氏的理论还不能应用到全部卜辞分期的实践中去。欲解决分期问题，仍需要进一步研究。

（2）《甲骨文断代研究例》的构筑

1932 年，董作宾在原甲骨分期断代理论的基础上，经过进一步系统化和精密化，写成了其划时代的著作《甲骨文断代研究例》。

《甲骨文断代研究例》把《大龟四版考释》中所论述的八项断代标准，加以具体化和系统化，提出了甲骨断代十项标准，即：一、世系，二、称谓，三、贞人，四、坑位，五、方国，六、人物，七、事类，八、文法，九、字形，十、书体。这十项标准为甲骨分期断代提供了准确性高、操作性强的分期

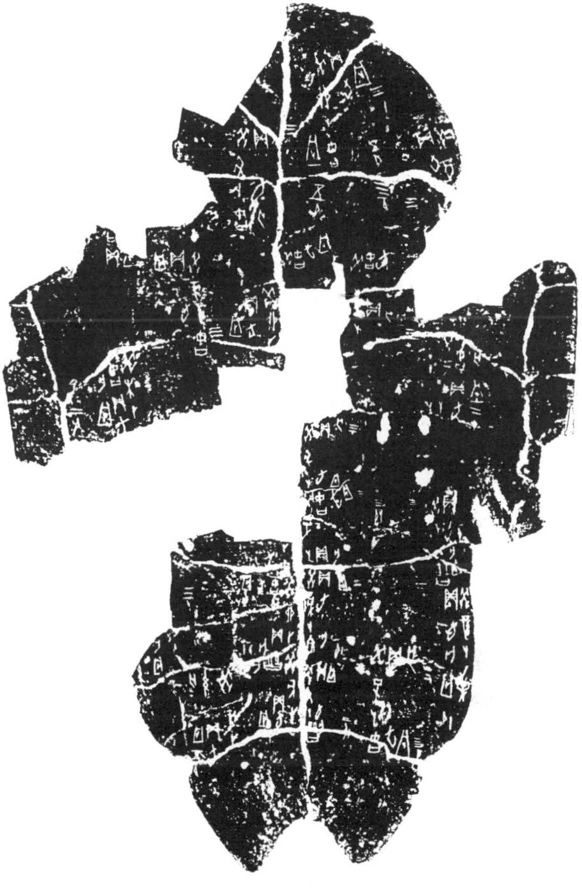

图一五 《殷虚文字甲编》2122

方法，使大部分甲骨都能按王世划归到具体时段内。董作宾按照这十项标准，将殷墟甲骨文划分为五个不同时期，即：

第一期，武丁及其以前（盘庚、小辛、小乙，四世四王）；

第二期，祖庚、祖甲（一世二王）；

第三期，廪辛、康丁（一世二王）；

第四期，武乙、文丁（二世二王）；

第五期，帝乙、帝辛（二世二王）。

“从此，罗、王以来把甲骨文作为晚商二百七十三年史料的一团‘浑沌’，被犁然划分为早晚不同的五期，从而有可能探索甲骨文所记史实、礼制、祭祀、文例方面的发展变化，把商代各王历史的研究建立在更为科学的基础上”[19]。

在十项标准中，最重要的是世系、称谓和贞人三项标准，是甲骨文分期断代的基础，也有学者称此三项标准为“第一标准”。世系，是指商人祖先的世次。世系虽然在甲骨文分期断代研究中不能被单独直接利用，但它是称谓、贞人等断代标准的根本依据，是三项标准的核心。世系的建立，使我们能够从纵的方面对甲骨的时代加以把握，是区分甲骨先后顺序的大前提（表一）。

称谓是占卜时商王对自己亲属的称呼。甲骨卜辞大多是商王占卜的记录，占卜一般由史官完成（偶尔商王也亲自占问），但占卜的主体则是商王，所以卜辞中对祖先的称谓，是以商王为中心确定的。商王称自己的父辈为“父某”，母辈为“母某”，兄辈为“兄某”，子辈为“子某”；祖父、祖母以上亲属均称“祖某”、“妣某”；辈次更远者，则径称其名谥。根据卜辞中商王对祖先及亲属的称呼，结合商代世系表，就可以将占卜王所处的时代确定下来。与商王时代相隔较近的亲属如父辈、母辈、兄辈、子辈，称谓关系明确，在确定甲骨时代时是较为可行和常用的。祖父母以上的祖先因称谓相同，都称“祖某”、“妣某”。商人又以天干为名，只有十个名字可供选择，周而复始，因此，常出现同名现象，容易混淆，所以用祖、妣断代困难较大。

**表一　　　　　《史记·殷本纪》所记商代世系**

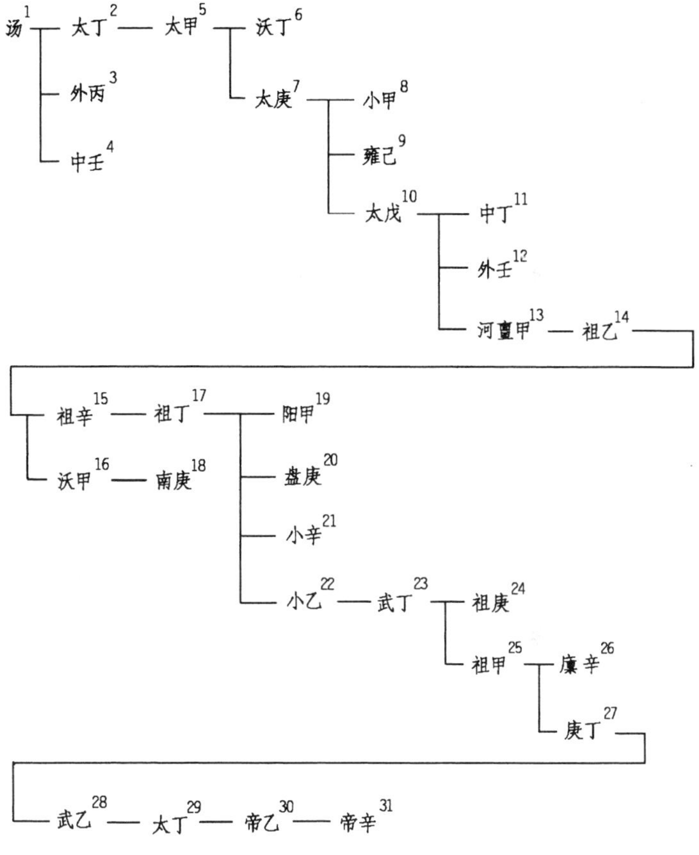


贞人，是代表商王占卜并记录史事的官员。董作宾把有系联关系的贞人称作“贞人集团”，并列各期贞人表，第一期有争、㱿、亘等11人，第二期有大、旅等6人，第三期有何、宁等8人，另有不能确定时代的贞人如逐、嘉等9人，因没有发现武乙、文丁以后的贞人，董作宾称这一时期为“不录贞人

的时期”。通过贞人的系联关系，可以成批整理甲骨材料，可行性和效率都很高。但有的贞人与其他贞人无系联关系，有的甲骨则根本不记贞人，所以仅凭贞人断代也有一定的局限性。

董作宾所说的坑位，实际是对殷墟发掘时将小屯村及其北地划分成的五个区的称呼。根据董作宾的观察，第一区内只有第一、二、五期甲骨，第二区出土第一、三期甲骨，第三区则只有三、四期甲骨。董作宾的坑位实际是指各出土甲骨的不同地区，并非考古学“地层”和“灰坑”，加以当时考古学尚处在发展阶段，地层学和类型学尚没有被完全掌握和利用，记录很不完备，以坑位断代有很大的局限性，只能为甲骨的时代划分提供旁证。

根据世系、称谓和贞人可以划分相当一部分甲骨的时代，对已确定时代的甲骨进行观察，可以发现卜辞中一些常用字在各期的变化，字形也就成为甲骨断代的一项标准。甲骨文中最常见也是最富时代变化的是“干支”字。另外还有一些常见且时代特征十分明显的字如“王”、“贞”、“侑”等，也常被用于分期研究。对于没有世系、称谓、贞人等可以凭靠的甲骨，字形便成为区分其时代的主要方法（表二）。

所谓书体，就是甲骨文的书写作风。由于时代和贞人不同，不同时期的甲骨文字的作风是不同的。董作宾把各期书法特点概括为“第一期的雄伟”、“第二期的谨饬”、“第三期的颓靡”、“第四期的劲峭”、“第五期的严整”。

方国标准，是通过考察不同时期所存在的方国，以及各国之间的关系来判断甲骨的时代。

所谓人物，就是甲骨卜辞中出现的史官、诸侯、臣属等人名。使用“第一标准”可以确定一部分甲骨的时代，从这些甲

**表二　　　　　　　　　常见字演化表**

骨中能够发现一批“当代”人物，利用甲骨上的人物，可以判断带有这些人名的甲骨的时代。

事类就是占卜的事情，诸如祭祀、征伐、卜旬、卜夕、田游等。每个时期的甲骨卜辞都有不同的风尚和特定的内容，根据卜辞所记事类的特点也可以断定甲骨的时代。

文法是指卜辞的语法、常用语及文例。各期卜辞有自身的语言特色，如第一到五期卜辞中都有贞旬卜辞，但各期有所不同。第一、二期贞旬多记贞人名，辞例为“干支卜，某，贞旬无亡祸”；第三期与一、二期基本相同，但个别不具贞人名，辞例为“干支卜，贞旬无祸”；第四期则不具贞人名，且有的省略“卜”字，作“干支，贞旬亡祸”；第五期多为王亲自贞旬，有的还注明年月和所在地，辞例有“干支王卜，在某贞，旬亡祸”、“干支卜，贞王旬亡祸。在某月。在某某”等形式。还有常用语，如一告、二告、三告、不玄冥等常见于第一、二期，三期以后则不见，而“吉”、“大吉”、“弘吉”、“驭釐”、“兹用”、“兹御”等，早期不见，却常见于三期以后。

《甲骨文断代研究例》中提出的“五期”分法和“十项标准”，至今仍是研究者普遍使用的基本方法。

《甲骨文断代研究例》的发表，是甲骨学形成的标志，甲骨学研究从此进入了一个全新的阶段。前辈学者艰辛追索的学术精神和他们高屋建瓴的学术成就，终于使甲骨学成为一门独立的新兴学科。

（3）《殷历谱》与“分派断代法”的提出

从1934年起，董作宾投入到商代历年研究中，经十余年的努力，一部商代历法巨著《殷历谱》于1945年出版。

历谱的编制是一项艰巨的工作，不仅需要对资料进行全面的汇集和整理，而且还需要精深的天文历法知识。个人知识再渊博，也难免受到限制。加之甲骨文是古代占卜记录，并不能提供完整的历法资料。所以，恢复商周历年的困难很大，研究的疏漏也在所难免。《殷历谱》出版后，并没有为学术界所普遍接受，不少学者提出了辩难和质疑。如陈梦家在《殷虚卜辞综述》中指出：“甲骨刻辞关于月日的记载虽然不少，但由于它们不联贯，不能恢复成某一年或二年的历谱。没有整齐的一两年历谱，便很难拟出某朝代的历法的具体内容。董作宾汇集了很丰富的甲骨材料，建筑在有限的殷代历法基础之上，他所作的《殷历谱》是工程浩大的著作，但其基础很不坚强。"

尽管如此，董作宾毕竟开辟了一个新的研究领域，为甲骨学研究找到了新的生长点。陈梦家在批评《殷历谱》的同时也认为："但这本书对于殷代历法提供了可能利用的材料，提供了若干假设，是研究殷代历法所不可缺少的。"就目前的认识来说，《殷历谱》的最大贡献并不在于对商代历法的探讨，而是在于"五种祀典"的发现。所谓"五种祀典"，是商王及王室贵族用翌、祭、𠭯、彡、壴五种祀典对祖先轮番和周而复始进行的祭祀，是商王朝最重要的祭祀制度之一。五种祀典对于研究商代的礼制、历法等有无可替代的意义。同时，《殷历谱》在整理祀典的研究中，提出了卜辞的分派现象，由此引发了对甲骨分期断代的更深入思索，也引发了对"文武丁卜辞之谜"的探索。

所谓分派，是董作宾认为甲骨文中各期的祀典并不相同，存在着差异和变化，并据此把晚商的祭祀制度划分为新旧两派。武丁时属于旧派，而至祖甲时代，祀典发生了变革，属于新派。新派经历廪辛、康丁、武乙时代，至文武丁时代发生了复古，属于旧派，帝乙、帝辛又恢复新制，为新派。

所谓"文武丁卜辞"是既与第一期武丁时卜辞有许多共同点，又具有一定晚期特征的一组卜辞，董作宾称之为"文武丁卜辞"，后来李学勤称之"非王卜辞"，贝塚茂树称之为"多子族卜辞"、"王族卜辞"，陈梦家则将其概括为"子组"、"午组"、"𠂤组"卜辞。《甲骨文合集》把这批卜辞分为甲、乙、丙三组，集中著录在第七册中。

这类卜辞，在第十三次殷墟发掘以前所获不多，所以董作宾在研究甲骨分期时没有给以较多的注意。董作宾认为"到了第四期，武乙、文武丁之世，便整个不录贞人了"，因此他称第四期为“不录贞人的时期”[20]。“文武丁卜辞”记有贞人，其中有贞人扶占卜祭祀父乙、母庚的记载（《甲编》2907）。武丁的父亲为小乙，母亲是母庚，虽然文武丁的父亲是武乙，也可称父乙，但据《戊辰彝》记载“武乙奭妣戊”，即文武丁的母亲是母戊而不是母庚。根据贞人和称谓，董作宾将这类卜辞划入武丁时代。第十三次发掘这类卜辞出土较多，在对这些新材料进行整理时，董作宾注意到这类甲骨在书法、字体、文法等方面，与武丁时代其他甲骨存在显著的差别。这一矛盾现象就成为难以解释的“谜”。

在撰写《殷历谱》的过程中，董作宾发现了晚商的祭祀制度新旧两派的变化。这一发现给董作宾解决文武丁卜辞之谜以很大启示，进而确定这批卜辞应是文武丁时代之物，之所以有早期卜辞的特点是文武丁时代进行了复古。这样，这类卜辞与武丁卜辞具有相似特征，书体、文法等又有所不同的矛盾就解决了。1949 年，董作宾在《殷虚文字乙编》序言中对此作了较详细的论述，认为已“揭穿了文武丁时代卜辞之谜”。

董作宾对“文武丁卜辞”的观点并没有得到学术界的广泛承认，但却引起了对这批卜辞的深入热烈的讨论，推动了甲骨分期断代研究的深入。关于学术界对文武丁卜辞的讨论情况，我们将在第四章第三节进行论述。

## （五）甲骨学研究的发展

### 1. 卜法文例与商代占卜的复原

（1）商代甲骨的来源和卜材的整治

骨卜之术起源很早，在河南舞阳贾湖所发掘的八千多年前的裴李岗文化遗址中就有占卜用的龟甲（图一六）。骨卜在古代社会生活中占有重要地位，至夏商时代，更成为国家政治生活中的重要内容，“王者决定诸疑，参以卜筮，断以蓍龟，不易之道也”。自两周以后，占卜逐渐衰微。到汉朝前期，人们已不能得其要领了。汉武帝时，“博开艺能之路，悉延百端之学，通一伎之士咸得自效”，“数年之间，太卜大集”[21]，占卜才又兴盛起来。《史记·龟策列传》对龟卜之法讲得十分详细，但这是汉代之制，与夏商周时代的卜法已相去甚远。

关于古代占卜用龟的情形，先秦文献中有所记载，都语焉不详，对于商代甲骨文更是只字未提。我们要知道商人占卜的具体情况，只能依靠对甲骨实物的观察。

商代占卜使用的主要材料是甲骨。甲，就是龟甲，以腹甲为主，也间或有背甲；骨，主要牛肩胛骨，也偶尔在牛头骨、鹿头骨、人头骨或虎骨等上面契刻记事文字。

殷人占卜频繁，甲骨用量极大。胡厚宣在1944年发表的《殷代卜龟之来源》中，曾对1899～1944年殷墟所出土的甲骨数量作了统计，认为有字龟甲数为80015片，有字卜骨为29595片。同时还有数量与之相当的无字甲骨和未用过的甲骨原料，那么“合有字甲骨与无字甲骨两者计之，其数量当为：甲160030、骨59190”。由于甲骨多是碎片，若“以龟甲十片为一全龟，兽骨五片为一副胛骨”推算，当为“龟16003、骨11859”个。胡厚宣还根据卜辞中以牛致祭和进贡龟甲的记录，推算用于祭祀的牛至少在9374头以上，进贡的龟甲约为12334版，与以碎片折合推算所得的结果“相去固不甚远”。后来的学者也有类似统计，推算从1928年到1997年间，殷墟科学发掘所得卜骨数为14763、卜甲数为27743，合计为42506版[22]。

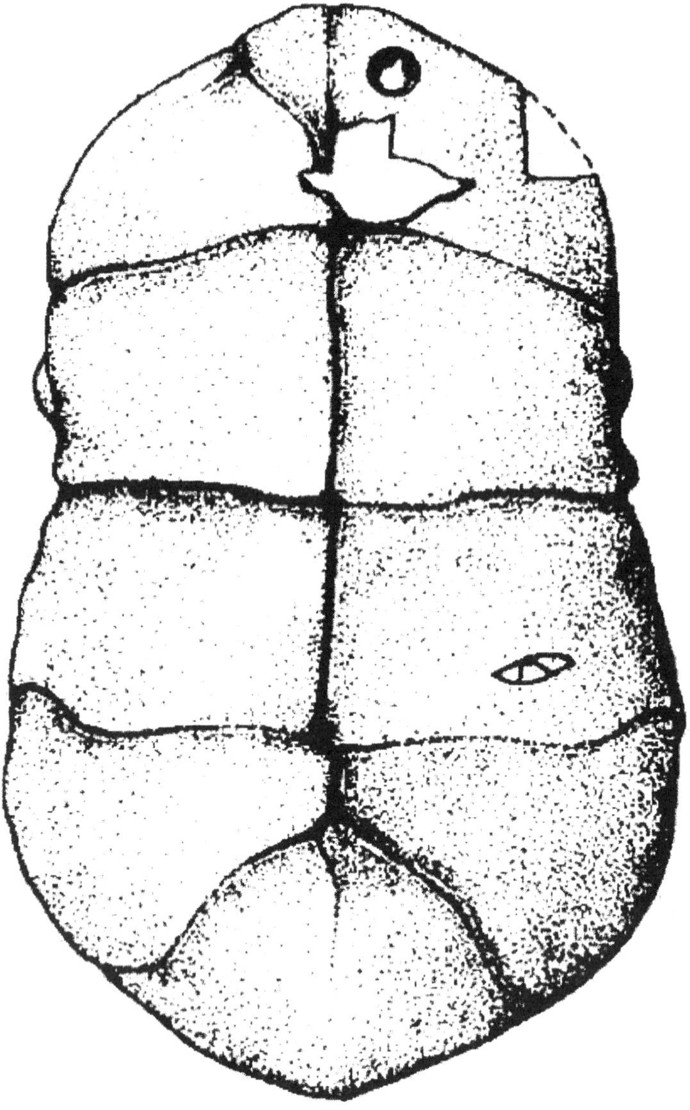

图一六 河南舞阳贾湖遗址出土甲骨

如此众多的甲骨是从哪里来呢？胡厚宣根据甲骨卜辞及先秦文献资料推论，“吾人以为殷代卜用之龟，大约即来自南方或西方也”。卜辞中有“贞龟不其南氏”（《合集》8994），“㞢来自南氏龟”（《乙编》6670），“西龟。一月”（《合集》9001）等记载，“氏”即致送、进贡之意，这几条卜辞是问南方或西方是否向商王朝进贡龟甲。古代文献也有大量南方、西方产龟、贡龟的记载。《尚书·禹贡》云：“九江纳赐大龟。”今本《竹书纪年》载，西周厉王时“楚人来献龟贝”。《庄子·秋水》云：“吾闻楚有神龟”。这些文献都记南方产龟，尤以楚地为盛。《逸周书·王会解》记载：“伊尹受命，于是为四方献令曰：……正西……龙角、神龟为献。”生物学家对殷墟出土龟甲的鉴定是：“此种中国胶龟仅产于南方，如福建、广东、广西、海南、台湾等地。”[23]

后来也有学者认为商代占卜用龟的来源是广泛和多元的，并非唯有南方、西方产龟、贡龟，“殷商王朝所用的龟甲，从东方北方来的，也并不是不可能”[24]。

商代的占卜用龟主要是边地方国向中央王朝进贡而来的。甲骨文中有大量进贡龟甲的记载，如“我氏千”、“雀入龟五百”、“唐入十”等。胡厚宣在《殷代卜龟之来源》中将有关进贡甲骨的记录作了统计，“知贡龟共491次，凡贡12334版”。

殷墟占卜所用的牛肩胛骨多为本地所产。商代畜牧业很发达，畜养了数量巨大的牛群。甲骨文中常有以牛祭祀的记载，有时甚至一次祭祀用牛达千头。用于祭祀的牛牲中当有一部分牛的肩胛骨被保存下来，供占卜之用。

另外，甲骨文中还有“禽见（献）百牛”的卜辞，是禽向商王朝进献一百头牛的记载，可见卜骨的来源具有多元性。

在占卜之前，龟甲和兽骨都需要加以整治。商代甲骨整治的步骤如下：

一、取材和攻治，即收取和初步整理卜用龟骨。《周礼·春官》："凡取龟用秋时，攻龟用春时。""攻龟"就是杀龟。在"攻龟"之前，一般要举行祭祀仪式，《周礼·春官》有"上春衅龟，祭祀先卜"，"衅"就是以牲血祭祀。甲骨文中也有祭龟的记载，如《甲编》2697"弜又（侑）龟"、《甲编》279"……燎龟……"、《甲编》234"辛丑卜，燎龟弋三牢"，都是占问是否侑祭或燎祭龟的记录。祭祀以后，把龟杀死，除去血肉，使之成为空龟壳，然后贮藏起来，以备进一步整理和使用。殷墟多次发现成批埋藏的未用甲骨，乃"攻龟"后留下的骨料。

殷墟发掘曾多次发现成批埋藏的未用牛肩胛骨，如1973年小屯南地的H99就是以放置骨料为主的窖穴，出土未经加工的牛肩胛骨31片，说明牛肩胛骨是有专门贮藏的。

二、削锯与刮磨。首先把龟壳从背甲与腹甲的连接处（即所谓"甲桥"）锯开，部分"甲桥"留在腹甲上。然后锯掉甲桥边缘的突起部分，并错磨成整齐的弧形，使腹甲较为平直。占卜多用龟腹甲，我们通常所说的卜甲就是指腹甲而言。腹甲内面称反面，在外靠地面的一面称正面，卜辞一般刻在正面。占卜有时也用背甲，背甲较大的，则从中间锯开，使之成为两块。有一种"改制背甲"，在剖开后，又锯去中脊凸凹较大的部分和首尾两端，使之呈鞋底形。削锯完成后，则进行刮磨，使龟版匀平变薄，最终达到平滑光润。

牛的左、右肩胛骨都可用于占卜。牛肩胛骨形似扇子，故称"扇子骨"。上端为骨臼，学名"关节窝"，骨臼的一边有突起的臼角，沿臼角至骨扇背面有向下突出的骨脊。臼角下的边缘我们称之为“内缘”，与之相对的边缘则称“外缘”。“外缘”正面有一道隆起，较内缘厚而圆。在整治时，先将骨臼切去一角，再将背面骨脊切去削平，最后将骨臼下部隆起的地方也尽量削平。我们通常把无骨脊的一面称为正面，有骨脊的一面称为反面，钻、凿施于反面。按商代卜骨的规律，我们面对胛骨正面，右边切去臼角者，即是右肩胛骨，左边切去臼角者，即是左肩胛骨。在削锯之后，还要把正、反面加以刮磨，使之平滑。

三、钻凿与制作。在削刮磨平之后，还要在龟甲和兽骨的背面施以钻凿，以使占卜灼烧时，能在甲骨的正面出现卜兆。

钻、凿，是指在甲骨背面人工制作的窠槽。圆窠形者称钻，“枣核形”者称凿，钻凿相连，通常作或形。凿、钻在卜甲上的分布，一般以龟甲的中线（俗称“千里路”）为轴，左右对称。右边，钻在凿之左侧；左边，钻在凿之右侧。牛肩胛骨背面的钻、凿，多在卜骨外缘较厚处的一侧，中部隆起处较少，往往排列零乱。一般情况下，左肩胛骨钻在凿之右侧，右肩胛骨钻在凿之左侧，钻总是向着骨脊。也有少量钻凿相对，向着骨中央的情形。在晚期甲骨中，如康丁、武乙、文丁时有骨面施凿的情况（图一七）。

经过取材和初步清理、削锯与刮磨、钻凿与制作等整治工作，占卜甲骨已准备就绪，可进行占卜了。

(2) 甲骨文例与卜辞同文

占卜时，用炭火灼烧钻处，甲骨因受热不均而发生破裂，裂纹称卜兆，是占卜者推定吉凶的依据。一般情况下，兆璺会沿钻、凿而行，作或形。因为钻凿排列有序，所以卜兆也有一定方向。总的说来，龟甲正面，以千里路为中心，卜兆兆枝都

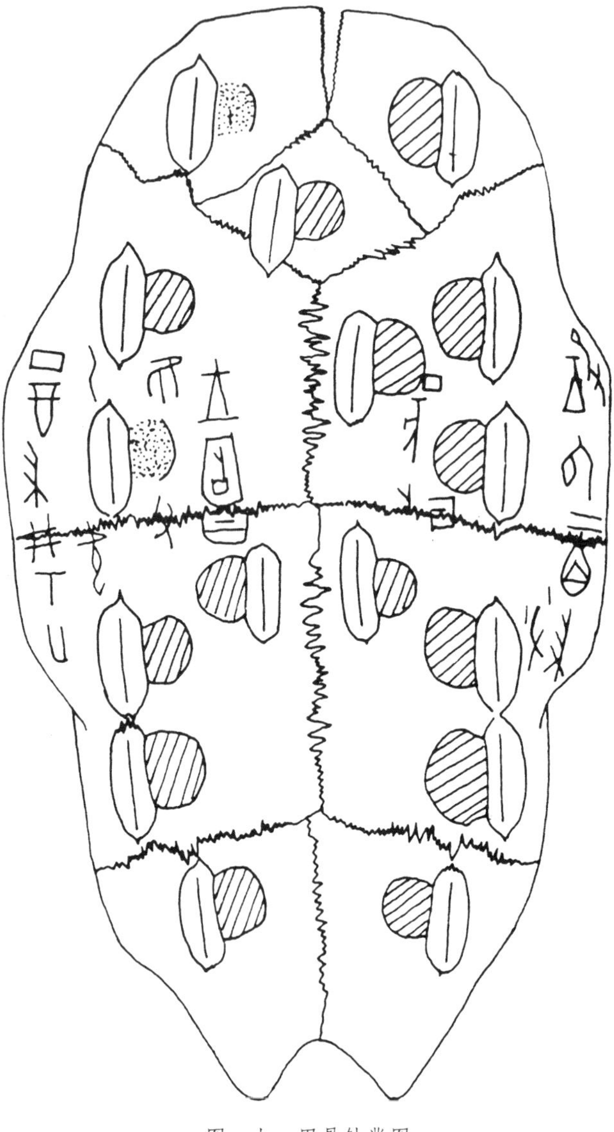

图一七　甲骨钻凿图

指向千里路，即左龟甲卜兆向右，右龟甲卜兆向左。而牛肩胛骨的卜兆则兆枝与骨臼臼角保持一致，即右肩胛骨卜兆向右，左肩胛骨卜兆向左。商人并非对所有事情都一事一卜，有时会一事多卜，并在卜兆旁记录占卜的次序，我们把这种记录占卜次序的数字称为兆序。

考释文字是通读甲骨文最基本的工作。但甲骨文并非结构井然的篇章，而是许多事项的无意组合。一版甲骨上有许多占卜事项混杂在一起，所以单纯认识文字还不足以通读所有刻辞，掌握刻辞在甲骨上的书写规律也是学习甲骨文必备的知识。

甲骨文的书写规律也称甲骨文例，主要研究刻辞在甲骨上的刻写部位及行款等情况。甲骨文例大体可概括为两种类型，一种是卜辞文例，一种是非卜辞的记事文例。

1928 年，胡光炜写成《甲骨文例》，分类详细，但对于所述文例不加区别，一并列举，十分繁复。胡氏对龟甲左右的区分，以龟为主，与人们的认识习惯相违背，不利于掌握。因此，胡氏虽较早研究了甲骨文例，但并未能总结出可用于把握全体的一般规律，无实用意义。

真正意义上的甲骨文例研究，是在殷墟发掘以后，董作宾等以甲骨实物为基础，经过精心考察建立的。1929 年，董作宾发表《商代龟卜之推测》，其中有“书契第九”一节，专论甲骨文例。该节把完整甲骨分成九部分（图一八），分别名以中甲、首左甲、首右甲、前左甲、前右甲、后左甲、后右甲、尾左甲、尾右甲。其对左右的定义，以人为主，即人面对甲骨，靠人左侧的一边称左甲，靠右侧的称右甲。这种划分符合认知习惯，有利于甲骨研究。董作宾选取 70 版甲骨排比总结，最后得出了龟甲书写的通例：“总而言之，沿中缝而刻辞者向

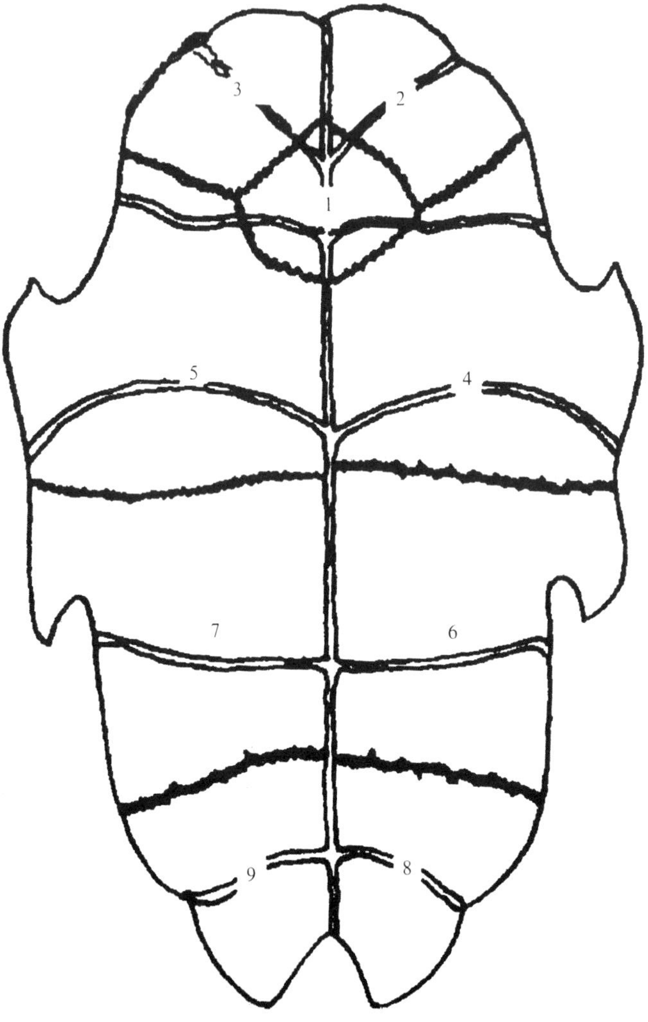


图一八 龟甲部位图

1. 中甲 2. 首右甲 3. 首左甲 4. 前右甲 5. 前左甲 6. 后右甲 7. 后左甲 8. 尾右甲 9. 尾左甲

外，在右右行，在左左行，沿首尾之两边而刻辞者，向内，在右左行，在左右行。如是而已。卜辞之文例，以下行为主，因分节段，不能不有所左右；故有下行而右、下行而左之分。其间行而完全向左或向右者，则变例耳。”[25]后来出土的新材料和研究表明，这一总结是正确的。

其后，董作宾又据殷墟前三次发掘所得211版卜骨，对牛肩胛骨上的卜辞文例进行了探讨，定其行文之通例云：“凡完全之胛骨，无论左右，缘近边两行之刻辞，在左方，皆为下行而左，间有下行及左行者。在右方，皆为下行而右，亦间有下行及右行者。左胛骨中部如有，则下行而右；右胛骨中部反是，但亦有下行而右者。”[26]

卜辞文例在甲骨上的行文规律被揭示出来，成为甲骨学研究的基础知识之一。后来胡厚宣在《甲骨学绪论》中作了进一步总结：“大体言之，除一部分特殊情形者外，皆迎逆卜兆刻辞。如龟背甲右半者，其卜兆向左，卜辞则右行；左半者，其卜兆向右，卜辞则左行。龟腹甲右半者，其兆向左，卜辞则右行；左半者，其兆向右，卜辞则左行。惟头尾及左右两桥边缘上之卜辞，则恒由外向内，即在右者左行，在左者右行，与前例相反。牛胛骨，左骨其卜兆向右，卜辞则左行；右骨其卜兆向左，卜辞则右行。惟近骨臼之一端，则往往两辞，由中间起，一左行，一右行，不拘前例。又龟腹甲背甲及牛胛骨，凡字多或字大者，往往不合文例，盖卜辞占地既多，情势使之然也。”

限于当时的条件，董作宾对甲骨文例的研究和总结，是对总体规律的把握，至于卜辞辞例的具体表现形式和个性特点，以及一版甲骨上各条卜辞之间的联系等，则未能予以阐述。1939年，胡厚宣发表《卜辞杂例》，对甲骨文中的夺字、衍字、误字、删字、添字、追刻、对贞、相间刻辞、两史同贞等现象进行了研究。所谓夺字，就是一条卜辞在契刻时遗漏了文字；衍字是多刻了文字；误字是在卜辞中刻错了字；卜辞中既然有漏字、多刻或误刻，商人就加以修改，这就出现了删字和添字；追刻则是指占卜应验后对占卜结果的追记；商人占卜常从肯定和否定两个方面重复卜问，称对贞；相间刻辞则是指内容完全不同的卜辞交错刻在一起；甲骨文中有两个贞人共同卜问的现象，这便是两史同贞。对刻辞具体形式和特征的研究，使甲骨文例研究的系统性和完备性前进了一步。

对甲骨刻辞具体文例形态进行研究的重要成果之一是同文卜辞的发现。殷人占卜并非都是一事一卜，许多时候是一事多卜，并且不仅在一版甲骨多次卜问同一件事，而且还在不同甲骨上卜问同一件事情，则同一卜辞，常刻于多块甲骨之上，这就是同文卜辞。

1947 年，胡厚宣发表《卜辞同文例》，对异版甲骨卜辞同文例进行了详细讨论，归纳了同文卜辞的 11 种类型：

①一辞同文，就是同一件事情在不同的甲骨上反复卜问，不同甲骨上所刻的卜辞文句完全相同，只是兆序有别而已。

②二辞同文，就是在不同的甲骨上反复卜问同二件事情。

③三辞同文，就是在不同的甲骨上反复卜问同三件事情。

④四辞同文，就是在不同的甲骨上反复卜问同四件事情。

⑤五辞同文，就是在不同的甲骨上反复卜问同五件事情。

⑥六辞同文，就是在不同的甲骨上反复卜问同六件事情。

⑦八辞同文，就是在不同的甲骨上反复卜问同八件事情。

⑧多辞同文，就是不同的甲骨上均有多条卜辞，各版刻辞皆一致。

⑨辞同序同，不同的甲骨不仅卜辞相同，而且兆序也相同。

⑩同文异史，即不同的甲骨上同卜一事，但占卜的贞人不同。

⑪同文反正，即不同的甲骨占卜同一件事情，有的甲骨正问，有的甲骨反问。

同文卜辞的发现和整理，为许多残缺的卜辞找到了补全的参考，也为研究甲骨卜辞的系联关系、整理甲骨材料以及研究商代卜法制度开辟了新途。

卜辞同文例被认识后，许多学者进行了探索，其中张秉权贡献最大。张秉权称同文卜辞为“成套卜辞”，也称“成套甲骨”，对同文卜辞研究作了有意义的补充和发展。

（3）卜辞与记事文字

绝大多数甲骨文是记录占卜事项的文字——卜辞，不过，在卜辞之外也有一部分与占卜事件本身无关的记事文字。

卜辞是占卜之后，在甲骨上契刻有关占卜的各项内容。一条完整的卜辞，包括叙辞、命辞、占辞、验辞四个部分。

叙辞，又称前辞，记录占卜的时间和负责占卜的贞人。

命辞，又称贞辞，记录此次占卜所问的内容。

占辞，即占卜者观察卜兆后所做出的判断。

验辞，是记录占卜是否应验的辞句。

以《甲骨文合集》6057片为例：

癸巳卜，𣪊，贞旬亡祸？王占曰：有祟，其有来艰。迄至五日丁酉允有来艰自西，沚㦰告曰：土方征于我东鄙，𢦏二邑。工方亦侵我西鄙田（图一九）。

辞中“癸巳卜，𣪊”，记载占卜的时间和贞人，为叙辞。

图一九 《甲骨文合集》6057

“贞旬亡祸”，问在未来的十天之内有无灾祸，是命辞。“王占曰：有祟，其有来艰”，即王看了卜兆后判断可能有灾祸发生，为占辞。“迄至五日丁酉允有来艰自西，沚貳告曰：土方征于我东鄙，𢦏二邑。工方亦侵我西鄙田”。五天以后的丁酉日果然应验，西方发生了灾祸，沚貳来报告说，土方来侵掠东部边境，工方骚扰西部边境，这是验辞。验辞是应验事情发生后补刻的。在殷墟卜辞中，如此完整的卜辞不是很多，多数没有验辞，也有的省去占辞和验辞两部分，更有甚者，连叙辞也予以省略，只刻命辞。卜辞具有叙辞和命辞两部分，是最常见的形式。

非卜辞的记事文例包括刻在占卜用甲骨上的记事文字和刻在非占卜用甲骨上的记事文字。在占卜甲骨上契刻的记事文字包括有关准备占卜材料的记事刻辞、表谱文字和其他记事文字；非占卜甲骨上的记事文字包括人头刻辞、鹿头刻辞、牛头刻辞、骨柶刻辞、虎骨刻辞等，这类记事文字数量极小（图二〇）。

图二〇　虎骨刻辞

有关准备卜材的记事刻辞，即记有关占卜前占卜材料的准备情况的刻辞，如记录甲骨来源和对甲骨的检视等。胡厚宣在1944年发表的《武丁时五种记事刻辞考》中对此论述颇详。这类卜辞主要包括甲桥刻辞、甲尾刻辞、背甲刻辞、骨臼刻辞、骨面刻辞五种类型。此外，胡厚宣还在1949年的《卜辞记事文字史官签名例》中，揭示了在记事之末，还常有史官签名的现象。

所谓“甲桥刻辞”，即是刻在甲桥背面的记事文字。主要辞例是：“某入”、“某入若干”、“某来若干”、“某氏”、“某氏自某”以及“自某乞”、“乞自某”、“某取自某”等。“入”即贡入，“来”即贡来，“氏”即致送，都是记录甲骨从何处贡来；“乞”即乞求、乞取，“取”即征收、征取之意，记录从某地或向某人收取甲骨。另外还有“某示”、“某示若干”等形式的刻辞，“示”即检视，记录甲骨整治之后，经某人检视验收的事情。

“甲尾刻辞”，一般契刻在龟的右尾甲上，因此学者也曾称之为“尾右甲卜辞”。甲尾刻辞主要有“某入”、“某来”等。甲尾刻辞较为简单，很少记录所入龟的具体数字，但也有记录某人“入二百二十五”的贡龟记录。

在龟背甲近中间剖开处常契刻一行记事文字，这就是“背甲刻辞”。其辞例有“某乞自某”、“某乞自若干”、“某乞自某若干屯”或“某入若干”、“某来若干”以及“某示”、“某示若干”、“某示若干屯”等。“屯”，即一对，当指左、右背甲各一为一屯，所谓“若干屯”，就是背甲若干对。

“骨臼刻辞”，即刻在骨臼上的记事文字。骨臼刻辞的辞例有“自某”、“自某乞”、“乞自某若干屯”、“某乞自某若干屯”、“某自某乞若干屯”、“某示”、“示屯若干”、“某示若干屯”、“某示某若干屯”、“某示若干屯又一”、“某示若干屯又一㞢”等。

“骨面刻辞”，有的刻在骨正面下部处，也有的刻在骨反面靠近边缘部分。骨面刻辞的辞例有“自某”、“自某若干屯”、“乞自某”、“乞自某若干屯”、“某乞自某”、“乞于某若干屯”、“自某乞”、“乞若干屯”等，也有作“某示”、“某示若干”、“某示若干屯”者。

表谱刻辞主要是“干支表”，也有“家谱刻辞”，但极罕见（图二一）。表谱文字有的杂刻在卜辞中间，有的刻在甲骨较偏僻处，也有的刻在废弃甲骨上。干支表常见，有人认为是习刻。所谓“家谱刻辞”记录的是商代的家族世系，十分罕见，最著名的是《库》1506片甲骨，此片记录了一个家族完整的世系。关于此片的真伪，于省吾认为此片是真，胡厚宣则力主其伪，至今尚无定论。

其他占卜用甲骨上记事文字，是指刻写在甲骨上却与占卜无关的记事文字，如甲骨常见的“义京卜辞”，“己卯宜于义京

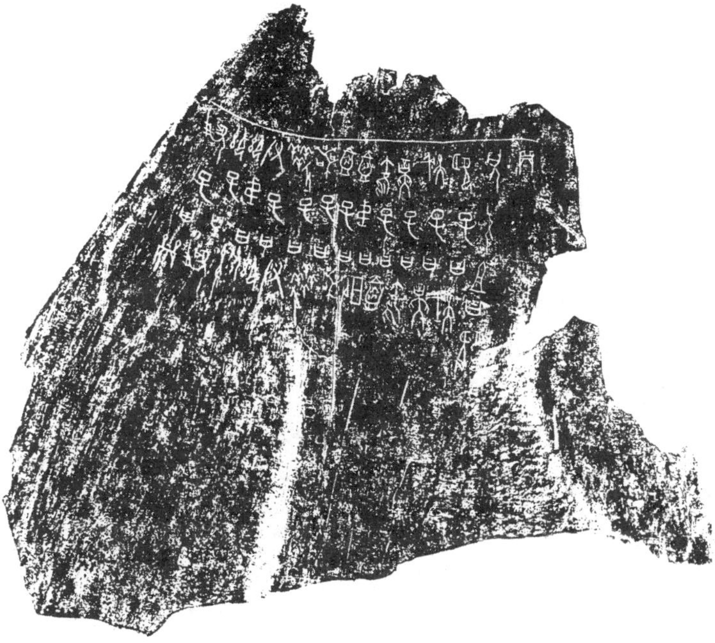

图二一　家谱刻辞

羌三卯十牛”。还有“左”、“右”等字。

非占卜用甲骨上的记事文字，是指刻在龟甲、牛肩胛骨以外的兽骨上的记事文字，包括人头刻辞、鹿头刻辞、牛头刻辞、骨柶刻辞、虎骨刻辞等。

“人头刻辞”，即刻写在人头骨上的记事文字。甲骨文中，以人为牲的记载很多，人头刻辞所用头骨可能就来源于此。

“鹿头刻辞”，是刻在鹿头骨上的记事文字，殷墟发掘共获得鹿头刻辞二版。

“牛头刻辞”是契刻在牛头上的文字，殷墟科学发掘只发现一件，记载了商王田猎获白兕之事。

“骨柶刻辞”是刻在骨制取食礼器——柶上的记事文字，共发现两件，一件著录为《佚》518，一件著录为《佚》427，后者又称“宰丰骨”，刻镂精美。

“虎骨刻辞”是指刻在虎骨上的纪念文字。一百年来，殷墟只出土了一件虎骨刻辞，记录了商王田猎于鸡录获虎的事情，是帝乙、帝辛时物。原骨现藏加拿大多伦多博物馆。

这类与占卜无关的记事文字，可视作殷商时代的“应用文”。在这类刻辞中，除了虎骨刻辞是自左下行向右外，其他大多是自右下行向左书写，可见中国传统的自右下行而左的书写方式由来已久。

**2. 甲骨文字的考释及理论化**

（1）文字考释途径的拓展

随着文字考释的进步，文字考释的方法和理论也不断完备。

孙诒让在《名原》中提出“略摭金文、龟甲文、石鼓文、贵州红岩石刻，与《说文》古籀互相勘校，楬其歧异，以箸渻变之原，而会最比属，以寻古文、大小篆沿革之大例”，总结了最早的理论方法。

罗振玉考释文字的方法，据其在《殷虚书契考释》序中说，是“由许书以溯金文，由金文以窥书契，穷其蕃变，渐得指归”。罗振玉在此总结的考释方法十分简单，但其在实际考释过程中运用的方法更加完备。罗振玉“曾尽心地想要平实的尽可能的用字形比较与偏旁分析的方法，照应到所释字在辞句中的位置或作用（人名、地名、物名或事类等等），将可读的（不一定是正确的）字胪列出来”[27]。

王国维在《殷虚书契考释》序文中提出了“会合偏旁之文，剖析孳乳之字，参伍以穷其变，比较以发其凡”的文字考释方法。后又在《毛公鼎考释》序中进一步阐述：“苟考之史事与制度文物，以知其时代之情状；本之《诗》、《书》，以求其文之义例；考之古音，以通其义之假借；参之彝器，一验其文字之变化；由此而之彼，即甲以推乙，则于字之不可释、义之不可通者，必间有获焉。”这种重视甲骨文字的具体历史语言背景，考察字形、字音、字义分化演变之迹，结合所有辞例进行释读的方法，不仅使王国维识出了较难认识的文字，而且在商史研究方面也收获甚丰。

继罗、王之后，在文字考释方面建树颇多的是郭沫若。郭沫若的考释方法，继承了王国维等人由文字审释到史料考证进而综合论史的路子，不仅吸收继承了传统考据学的研究成果，而且直接运用考据方法从事学术研究。

首先，郭沫若把唯物史观引入了甲骨文字考释。他在《甲骨文研究》的自序中说：“余之研究卜辞，志在探讨中国社会之起源，本非拘拘于文字史地之学，然识字乃一切探讨之第一步，故于此亦不能不有所注意。”从文字考释到史料考证进而综合论史，以唯物史观研究商代社会，是郭沫若考释的最大特色。

其次，郭沫若把近现代科学方法引入了甲骨文研究领域。1929年，他翻译了米海里斯的《美术考古学发现史》，从中吸收了近代考古学的成果和理论。他也阅读了安特生有关甘肃、河南彩陶的报告、北平地质研究所的关于“北京人”的报告及《安阳发掘报告》等中国早期的考古著作。另外郭沫若对医学、天文学等也予以关注。近现代科学方法开阔了郭沫若的思路，成为他进行研究的得力工具。

（2）文字考释与文字考释的理论化

罗振玉、王国维、郭沫若虽然总结了许多考释文字的方法，但他们对考释方法多是简单述及，或是表现于考释过程之中，并没有专门就考释方法加以论述，形成专门的文字考释理论著作。甲骨文字考释方法的理论化，到了唐兰、于省吾才有了比较系统的建树。

从1932年到1949年的十余年间，唐兰著成了《殷虚文字记》、《古文字学导论》、《卜辞时代的文字和卜辞文学》、《天壤阁甲骨文存》、《中国文字学》等著作，为甲骨学研究作出了巨大贡献。唐兰是首位把甲骨文字释读纳入古文字学领域进行系统研究并提高到理论高度进行规范的学者，他不仅释出了一百多个甲骨文字，而且总结出一套考释甲骨文字的理论方法。

唐兰在《殷虚文字记》中说：“最服膺孙君仲容之术，凡释一字，必析其偏旁，稽其历史，务得其真，不敢恣为新奇谬悠之说，十数年来，略能通贯其条例。”此后，唐兰对文字考释方法进一步探求，强调重视文字的形体构造，并“乃追溯原始，明其构造，蒐集历史，通其变化，遂作《导论》，粗立条理”[28]。

1935年，唐兰撰成了专门论述文字考释方法的《古文字学导论》。唐兰书中总结了四种考释文字的方法，即对照法或比较法、推勘法、偏旁分析法和历史考证法。文字考释理论开始系统化。

总结新方法的同时，唐兰还对一直被学术界奉为圭臬的“六书说”提出了挑战，认为六书“象形、指事、会意、转注、假借、形声，往往是分析不清的”，“从来就没有明确的界说，各人可有各人的说法。其次，每个文字如用六书来分类，常常不能断定它应属那一类”。1949年，唐兰撰成《中国文字学》，提出了“三书说”，把古文字分为三类：象形文字、象意文字、形声文字，认为“三书可以包括一切中国文字，只要把每一类的界限、特征弄清楚了，不论谁去分析，都可以有同样的结果”[29]。

中国古文字研究具有悠久的历史，但理论性著作很少。唐兰的《中国文字学》及《殷虚文字记》、《古文字学导论》等书，是文字理论研究一个重大突破。

于省吾考释文字成绩斐然，先后考释甲骨文字300多个，高出于同辈学者之上。这与他充分吸收前人学说，总结出一套有效的文字考释理论有关。

于省吾“在清代汉学家用考据学所得的优秀成果基础上”，“运用辩证法，对文字的点画或偏旁以及和音义的关系”[30]进行分析。他在《双剑誃殷契骈枝初编》序中说：“契学多端，要经识字为其先务，爰就分析点画偏旁之法，辅以声韵通假之方。”在《双剑誃殷契骈枝二编》序中又说：“考名识字，必须先定形，形定而音通，形音既塙，其于义也，则六通四辟，核诸文理与辞例，自能䜣合无间矣。至于形之定，在于分析偏旁，分析偏旁不可失于点画，失则貌似臆断之说兴；不可滞于点画，滞则拘挛固执之见成。”

于省吾强调文字形、音、义之间的联系，主张考释文字严格从字形审释出发，还十分重视“考名识字”、“辅以声韵通假之方”等其他方法，对古文字进行全面综合的考察。

**3. 商史研究的新成果**

(1)《中国古代社会研究》与古史研究的新天地

1929年9月，郭沫若的第一篇关于甲骨文的著作《卜辞中之古代社会》完成，意图说明商代社会的“真实的情形”。接着，郭沫若又草成《周金中的社会史观》，认为周代已是奴隶社会。1930年，郭沫若将上述两篇与另外三篇论文编在一起，题名为《中国古代社会研究》出版。

尽管书中许多论述并非不刊之论，尚有不足之处，但它却对中国古代历史和现实社会中的许多问题提出了新的思路，开创了史学研究的新领域。首先，《中国古代历史研究》第一次就中国历史发展的一般规律进行了总结。该书把中国社会划分为原始共产制、奴隶制、封建制和资本制四个阶段，在中国史的研究中明确提出社会经济形态的更替是不依人们意志为转移的自然历史过程。其次，该书对材料的整理和使用，既继承了传统考据学的优良传统，又以唯物主义作为指导思想，为史料的整理树立了一个范本。第三，《中国古代社会研究》宣扬唯物史观，指出各种社会经济形态的产生、发展和衰亡的历史过程，阐明了私有制和剥削制度的消灭是历史必然。这为当时中国的社会变革提供了思想武器。

（2）全面彻底整理甲骨与《甲骨学商史论丛》

殷墟的大规模发掘，使学者能够把甲骨卜辞内容与考古现象相结合，为全面整理甲骨文材料和系统研究殷商历史准备了条件。许多学者在这方面作出了努力，其中以胡厚宣最富成绩。

在研究中，胡厚宣十分重视甲骨文材料的全面性，“于是乃发愤搜集所有国内外公私已否著录之材料，先做一总结之研究”。“十年以来，凡已出版之书，必设法购置；其未出版之材料，知其下落者，必辗转设法，借拓钩摹。国内国外，公私所藏，虽一片不遗，虽千金莫惜。而中央研究院先后发掘所得大版碎片近三万，以工作关系，玩之尤为熟悉。迄今所得见之材料，约七八万片，以视全部材料，所差不过十之一、二或二、三而已”[31]。在揣摩大批甲骨材料的基础上，胡厚宣欲“对甲骨文字作一通盘总括之彻底整理”，《甲骨学商史论丛》正是这一计划的开篇之作。

《甲骨学商史论丛》分初集、二集、三集三部，以其极高的学术价值，在国内外享有盛誉，日本、香港、台湾曾几次重印此书。

《论丛》初集共四册，约四十万言，收入《殷代封建制度考》、《殷代婚姻家庭生育制度考》、《殷代之天神崇拜》、《甲骨文四方风名考证》、《论殷代五方观念及中国称谓之起源》、《年岁称谓考》、《殷人疾病考》、《殷人占梦考》、《武丁时五种记事刻辞考》、《殷代焚田说》、《殷代卜龟之来源》等十余篇文章。

《论丛》二集分上、下两册，约二十五万言，上册收入《卜辞中所见之殷代农业》，下册收入《气候变迁与殷代气候之检讨》、《甲骨学绪论》、《甲骨学类目》等。

《论丛》三集全一册，即《甲骨六录》，著录中央大学、华西大学、于省吾等六家所藏甲骨670片。

《甲骨学商史论丛》一书，涉及了甲骨学商史研究的各个领域，不仅论述了商代社会的经济基础，而且还论及了商代社会的上层建筑领域；在甲骨学研究方面，则对甲骨卜辞的规律等作了论述，并对甲骨学史进行了梳理和总结。另外还刊布了传世甲骨，为学者的研究提供了新的资料。可以说，《论丛》涉及了商代政治、经济和文化的各个方面，并探讨了甲骨自身的诸多问题，是甲骨学殷商史研究的百科全书式的著作。

《论丛》在不少地方纠正了前人的旧说，如《殷代焚田说》，推翻了以往学者引用卜辞中的焚字所论证的“殷人为使用烧田耕作法”的成说，得出了甲骨文“焚”字应为“殷人常烧草以田猎”的结论。《卜辞下乙说》考定“下乙”为商王祖乙，为殷代名王，而非地名。《年岁称谓考》一文，证明商代岁、祀、年通称，从而纠正了《尔雅·释天》“夏曰岁，商曰祀，周曰年”的错误认识。

《论丛》还在不少方面提出了新的见解。如《殷代婚姻家族宗法生育制度考》，不仅论证了殷代的婚姻制度，还发现了殷代已有宗法制度。《殷代封建制度考》，论述了周代五等爵的来源、畿服说的演变以及殷、周间制度的传承关系，否定了殷周之际制度剧变的说法。《五种记事刻辞考》及《卜龟之来源》，对当时所能见到的有关五种记事刻辞进行研究，考察了商代采集与贡纳甲骨的制度，以及商代的南北交通问题等。《论丛》中的不少论述，发前人所未发，使人耳目一新。

在甲骨材料整理方面，《论丛》不仅公布了一批甲骨材料，而且在甲骨辨伪、确证古籍方面作出了贡献。如《甲骨文四方风名考证》等文，不仅据《乙》4548、4797、4876和5161的缀合论证了刘体智旧藏的四方风名大骨是真品，还论证了自来多数学者视为荒诞不雅驯之言的《山海经》以及《夏小正》、《尧典》等，其中有不少地方，亦确有远古史料之依据。因此《论丛》一书，不仅充分“发掘”和印证了甲骨文的史料价值，而且还通过甲骨文的论证，又“发掘”和印证了我国古文献的价值。

《甲骨学商史论丛》出版以后，引起极大反响，日本学者白川静评价此书是“斯学空前的金字塔式论文集，是继董先生《甲骨文断代研究例》之后又一划时代的著作”[32]。

**注　释**

[1] 罗振常《洹洛访古记》。

[2] 董作宾《民国十七年试掘安阳小屯报告书》，《安阳发掘报告》第1期，1929年。

[3] 张岂之《中国近代史学学术史》第474～507页，中国社会科学出版社1996年版。

[4] 李济《安阳》，《中国学术经典·李济卷》第550页，河北教育出版社1996年版。

[5] 董作宾《安阳侯家庄出土之甲骨文字》，《田野考古报告》第1册，1936年。

[6] 据张秉权《甲骨文与甲骨学》，国立编译馆1988年版。

[7] 王宇信《甲骨学通论》，中国社会科学出版社1989年版。

[8] 董作宾《殷虚文字乙编》自序，《田野考古报告》第4册，1939年。

[9] 董作宾《殷虚文字甲编》自序，《田野考古报告》第4册，1939年。

[10] 王宇信《建国以来甲骨文研究》，中国社会科学出版社1981年版。

[11] 王宇信《甲骨学研究一百年》，《殷都学刊》1999年第2期。

[12] 胡厚宣先生原注：“书中所书，不一定全部为战后出土，也有的是战前所

出，今始编印的。”
[13] 王汉章《古董录》，《河北第一博物院画报》第 50 期，1933 年。
[14] 罗振玉《殷虚书契》序，《罗雪堂先生全集》第 4 编第 3 册，台湾大通书局影印本，1972 年。
[15] 罗振玉《殷商贞卜文字考》序，玉简斋石印本，1910 年。
[16] 王国维《说殷》，《观堂集林》，中华书局 1959 年版。
[17] 王国维《古史新证》第 2 ~ 3 页，清华大学出版社 1994 年版。
[18] 王宇信、杨升南主编《甲骨学一百年》第 136 页，中国社会科学出版社 1999 年版。
[19] 王宇信《甲骨学研究一百年》，《殷都学刊》1999 年第 2 期。
[20] 董作宾《甲骨文断代研究例》，《中国现代学术经典·董作宾卷》，河北教育出版社 1996 年版。
[21]《史记·龟策列传》。
[22] 刘一曼《安阳殷墟甲骨出土地及其相关问题》，《考古》1997 年第 5 期。
[23] 卞美年《河南安阳遗龟》，《中国地质学会会志》第 17 卷第 1 号，1937 年。
[24] 严一萍《甲骨学》上册，第 2 页。
[25] 董作宾《商代龟卜之推测》，《安阳发掘报告》第 1 期，1929 年。
[26] 董作宾《骨文例》，《中央研究院历史语言研究所集刊》第 7 本第 1 分册，1936 年。
[27] 陈梦家《殷虚卜辞综述》第 59 页，中华书局 1956 年版。
[28] 唐兰《天壤阁甲骨文存考释》，《燕京学报》第 25 期，1939 年。
[29] 唐兰《中国文字学》第 79 页，上海古籍出版社 1979 年版。
[30] 于省吾《于省吾自传》，《中国现代社会科学家传略》第 3 辑，山西人民出版社 1983 年版。
[31] 胡厚宣《甲骨学商史论丛》自序，齐鲁大学国家研究所 1944 年版。
[32] 白川静《胡厚宣氏的商史研究》下篇，《立命馆文学》第 103 号，1953 年。

# 四 甲骨文的继续科学发掘与甲骨学的『深入研究阶段』

新中国成立以后，甲骨学研究进入一个新的时期。殷墟科学发掘恢复，新的刻辞甲骨有所出土。关于甲骨分期、商代社会性质等问题的讨论热烈展开，许多甲骨学重要著作发表。但继之而来的“文化大革命”造成了全国文化的衰退，甲骨学研究也受到严重阻碍，文革后才重新展开。1978～1982 年间出版的十三巨册《甲骨文合集》，是一部大型甲骨资料汇编，极大地促进了甲骨学研究的推广和发展，为甲骨学研究的繁荣奠定了基础。

## （一）科学发掘甲骨文的继续出土

### 1. 殷墟甲骨文的陆续出土

1950 年春，殷墟科学发掘恢复。在此后的时间里，虽受“文革”影响曾稍有中断，总的说来，发掘工作基本是有计划地进行着。在这一时期内，在揭露大量商代遗址的同时，也出土了许多甲骨文，具体情况如下：

1950 年，在四盘磨西地 SP11 内出土有字卜骨 1 片，上刻有由三行数字组成的小字，文句与卜辞的通例不合，“可能系易卦一类文字”[1]。

1953 年，在大司空村，从殷墓的填土中，获得有字卜甲 2 片以及无字甲骨 58 片。

1955年，在小屯村东南的窖穴H1发现刻辞卜骨1片，上刻“丁卯。癸未卜，王其入商弗每。弘吉”字样，属康丁时物。

1957年，在薛家庄南地发现1小片刻辞龟甲，上刻1字。

1958年，在小屯村西灰坑H215中，出土龟背甲1片，上刻11字，辞句不连贯，属习刻。

1959年，在大司空村又发现2片卜骨，一片未切臼角，整治粗糙，止面刻“辛贞在衣”4字。另一骨上刻有“文贞”2字，字体纤细。二骨都是武丁时的遗物，学者认为此二骨文字系习刻。同年，在苗圃北地探方T17内，发现卜骨1片，上刻“祖乙。卜……子其弹申”7字。

1961年，在苗圃北地探方T216发现龟背甲1片，其上刻6字，属习刻，字体近“自组卜辞”。

1962～1964年，在苗圃北地探方T263、T246各发现1片刻辞卜骨。

1971年，在小屯西地探方T1第七层发现卜骨21片，其中有字者10片，属第三、四期廪辛、康丁、武乙、文丁时物。同年，在后岗殷墓M48内出土字骨1片，骨呈扁平长条形，两端残缺，上刻2字，一为“又”字，另一字残缺不全。这是殷代墓葬中第一次出土甲骨文。

1972年，在小屯西地发现刻辞卜骨3片，卜甲1片。

1973年，在小屯南地发现了一批刻辞甲骨，总数达5000余片。具体情况我们将在下一节中论述。

1974年，在苗圃北地发现刻辞龟腹甲1片。

另外，从1967年至1977年十年间，考古工作者还在小屯村北、村中、村南，先后采集刻辞甲骨14片，包括卜骨19

片，卜甲 4 片。其中 13 片发表在《小屯南地甲骨》的附录中[2]。

**2. 1973 年小屯南地甲骨的成批出土**

1973 年，考古工作者在小屯南地获得刻辞甲骨 5000 余片，这是解放后殷墟出土甲骨文数量最多的一次。

1972 年 12 月，小屯村村民在小屯南地发现破碎刻辞甲骨，即向中国科学院考古研究所安阳工作队报告。1973 年 3 月至 10 月，安阳工作队在小屯南地进行了两次大规模发掘，发现刻辞甲骨 5041 片，包括卜甲 70 片，卜骨 4959 片，牛肋骨 4 片，未加工骨料 8 片，后来在整理过程中缀合了 530 片，实得刻辞甲骨 4511 片[3]。

这批刻辞甲骨，一部分出土于近代扰乱坑、扰乱层或隋唐墓的填土中，这部分都是小片甲骨，共 1847 片。还有一部分出土于殷代的文化层和房基夯土中，共 150 片。大部分刻辞甲骨出土于殷代的灰坑中，“这次发掘共发现殷代灰坑 123 个，其中 64 个灰坑出刻辞甲骨，少者一片，多者数百片乃至上千片”，其中灰坑 H24，一坑中即出土刻辞甲骨 1315 片。在大多数灰坑中，卜骨、卜甲与陶器碎片、灰烬、兽骨等夹杂在一起，甲骨也多是碎片，估计可能是当时被人们作为废物遗弃的。但在少数灰坑中，甲骨集中地大量出土，并有许多大块的卜骨，其他遗物则很少，如 H17，出土刻辞卜骨 136 片，卜甲 2 片，坑内填纯净黄土，成堆的甲骨层层叠压在一起，卜骨中间没有其他遗物，只在坑的底部有极少量陶片，H24 也有类似情况。此外，还发现个别专门存放卜骨骨料的灰坑。众多情况表明，这些甲骨坑与解放前发现的 YH127 坑一样，可能都是有意储存甲骨的窖穴。

小屯南地甲骨的时代包括甲骨文第一、三、四、五期。第一期和第五期甲骨数量不多，各只有20片左右，绝大部分甲骨是三、四期的遗物。小屯南地甲骨不仅数量多，而且卜辞的内容也十分丰富，涉及商代的祭祀、农业、田猎、征伐、天象等各个方面。其中有许多新的人名、称谓、地名、方国名，新的字和词以及关于军旅编制、天文现象、百官制度等方面的新材料，为甲骨文和商代历史的研究提供了一批宝贵资料。

小屯南地甲骨除丰富的刻辞内容外，还有不少新特点，主要是：基本完整的大版刻辞胛骨达100多版，是自1928年殷墟发掘以来所见大版完整牛肩胛骨最多的一次；卜骨多而卜甲少，在5000多片甲骨中，字甲只有70片，其余全为字骨，在集中出土甲骨的灰坑中尤其如此，这为商代的卜甲与卜骨分别埋藏提供了证据；这批甲骨，绝大部分是康丁、武乙、文丁时代的遗物；甲骨出土的地层关系十分明确，并常与陶器共存，对甲骨文的分期断代与殷墟文化的分期研究具有很重要的价值。

**3. 甲骨文出土时空的扩大**

除殷墟继续出土甲骨文外，在其他地区也有甲骨文出土。同时，甲骨文的时代也不再局限于商代，许多地区发现了西周甲骨文。甲骨文出土的时间和空间不断扩大，甲骨学研究的领域也得到了拓展。

1953年，河南郑州二里岗发现了2片有字甲骨。一片是牛肋骨，是在扰土中找到的，上刻“又土羊。乙丑贞。从受……七月”等字，可能是习刻。另一件系考古发掘所得，出土于探沟CIT30，为用牛肱骨制成的骨器的残部，上刻一“㞢”字。1954年，又发现了1片卜骨，上面的文字难以识别。郑州出土甲骨的时代，有人认为应是第四期武乙、文丁时，也有人认为应属郑州二里岗期——即早于殷墟的商代中期。

此外，还发现了西周甲骨，其出土情况是：

1951年，陕西邠县发现一块牛肩胛骨的上部，背面施钻灼13处，正面呈兆。这一肩胛骨背面修整得很薄，钻处大而浅，灼痕较少，但未切臼角。

1954年，山西省洪赵县坊堆村遗址的第五号探沟出土了一片刻辞甲骨。这是一片完整的左肩胛骨，上面刻有“化宫鼎三止又疾贞”八字，笔画纤细，与殷墟卜辞明显不同，卜骨的整治方式与殷墟甲骨也差异颇大。学者根据卜辞字体和卜骨形制，推断这片甲骨可能属于春秋或较晚的东西，后被鉴定为西周之物。

1956年，在陕西丰镐遗址的张家坡出土西周有字甲骨。其中一片是牛肩胛骨，出土于探方T1的第五文化层中。在骨上卜兆附近有刻纹极细的文字，文字由数字组成，并有用以指示兆位的符号。还有一片是用兽类的肢骨做成，制作较粗。残存两个圆孔，在骨面上相当于钻孔的部位，刻有笔道很细的近似文字的记号。另一片上也刻有类似文字的记号。丰镐遗址是西周王朝的都城遗址，在这里发现的有字卜骨，也是西周时的遗物。

1975年，北京市昌平县白浮村的燕国墓地出土了一批西周时期燕国的甲骨文。考古工作者在白浮村发掘了3座西周木椁墓，墓中有刻字卜甲。在一座西周M2人骨架的上方，“发现数片残碎卜甲，既有腹甲，也有背甲。契刻文字两小片，有‘贞’、‘不止’刻辞。甲片经过修磨，为方凿，不同于殷代的圆凿”。另一座 M3 “在椁室右侧中部出龟背、腹甲”，“从残片看数量比 M2 多，均在百片以上”。其中一片刻“其祀”二字，一片刻“其尚上下韦驭”。此外，还有一片上刻有“史告”等字样。

1977 年，陕西岐山、扶风间的周原遗址又有重要发现，在岐山县凤雏村出土了一批西周甲骨文，这是迄今为止所发现的最大的一宗西周甲骨。考古工作者在凤雏村南发现一座大型宫室建筑基址，在建筑基址西厢房第 2 号房间的一个窖穴里，从编号为 77QEF1H11 的灰坑内，出土甲骨 17000 余片，其中卜甲 16799 多片，均为龟腹甲。而卜骨 300 多片，为牛肩胛骨。在同一基址的窖穴 H31 内，也发现了一批西周甲骨，共 413 片。H11 共清洗出有字甲骨 293 片，H31 共清洗出有字甲骨 10 片。这批甲骨陆续以摹本及照片形式发表，到 1982 年公布了全部 304 片有字甲骨。

历年来各地出土的西周甲骨，扩大了甲骨学者的研究范围，使他们把眼界放宽到殷墟甲骨文以外。西周有字甲骨的出土，为研究西周早期的历史提供了弥足珍贵的史料，并促进了西周甲骨学这一新分支学科的形成。

## （二）甲骨文的著录与著录的科学化

### 1. 科学发掘甲骨文的最科学著录——《小屯南地甲骨》

1980 年，中国社会科学院考古研究所编辑的《小屯南地甲骨》上册图版部分出版。《屯南》著录了 1973 年小屯南地出土甲骨 4589 片以及 1975～1977 年在小屯一带采集的甲骨 23 片，共著录甲骨 4612 片。甲骨按出土时的单位，如坑（H）、房基（F）、墓葬（M）、探方（T）等为序编纂。书前附有凡例、前言、图版号及拓片顺序号目录表、龟甲统计表、背文统计表等。1983 年，《小屯南地甲骨》下册出版，主要内容为释文、索引及卜骨的钻凿形态等。

《小屯南地甲骨》按出土单位著录甲骨，这是在甲骨学史上第一批可与出土地层及有关遗物互相联系起来的甲骨文字资料，为甲骨文分期断代的考古学考察提供了坚实的依据。考古发掘的地层关系对于甲骨断代至关重要，早在 1933 年董作宾就提出以“坑位”作为分期断代标准之一，但当时所谓的“坑位”，并不是考古学意义的地层关系，而是出土甲骨的大体方位。后来《甲编》、《乙编》虽按出土顺序号著录所获甲骨，但关于当时发掘情况的总报告迄今尚未发表，甲骨的地层关系以及伴出器物的情况很难核查清楚。而《屯南》著录的甲骨，则记有清楚的地层关系、共出器物等，可以方便查考。《屯南》不仅介绍了甲骨的出土情况，还对地层、出土陶器、甲骨刻辞进行了综合考察，为判断甲骨的时代早晚提供了根据。书中关于甲骨断代的探讨，促进了学术界对“文武丁卜辞之谜”和“历组”卜辞认识的深入，强化了武乙、文丁卜辞的细区分，推动了甲骨分期研究的前进。

《小屯南地甲骨》的摹本、释文和索引，为研究提供了极大方便。在甲骨研究中，学者多是依据拓本进行的，由于摹拓或印刷等原因，著录甲骨常有漫漶不清的情况，所以摹本和释文就成为学者辨明材料的必要参考。《屯南》在编纂过程中对字迹不清者进行了临摹，共刊布摹本四百多片。同时，《屯南》在图版出版后很快就出版了释文，有利于研究者对材料的利用。尤值一提的是，《屯南》编制了各种索引，为读者提供了极大的方便。此前的甲骨著录书索引和工具书多以《说文》部首为序，查找困难。岛邦男的《殷虚卜辞综类》改以甲骨文字本身的部首为序，是一个极大的改进。《屯南》在《综类》的基础上进一步改善和提高，索引部首增达171部，还增加了人名、地名索引。

《小屯南地甲骨》的另一贡献在于它对甲骨钻凿形态的研究。《屯南》刊布甲骨钻凿摹本图版107例、拓本图版325例，并将能看出钻凿形态的甲骨都做了统计。由于时代久远，人们对甲骨的整治和占卜的具体方法已知之甚少。《屯南》的编纂者通过对甲骨实物和钻凿形态的研究，对卜骨钻凿制作工艺和钻凿形制有了新的发现。更重要的是，《屯南》为研究甲骨分期断代提供了新依据。书中将1973年小屯南地甲骨的钻凿进行分类，论述了凿型变化与甲骨的时代先后，使甲骨分期断代又进了一步。

《小屯南地甲骨》著录甲骨数量多，卜辞内容丰富，编纂体例科学，“其著录号与出土层位、钻凿形态、释文、有关索引等项浑然一体，互相呼应，给不同需要和从不同角度查找研究材料的学者提供了极大方便。而将甲骨的钻凿形态的拓本全部公布，并将凿、钻的制作工艺和钻凿的种种形态与分期断代相联系，对甲骨学断代研究的发展做出了一定的贡献。《屯南》一书比《甲编》和《乙编》二书前进了一大步。因此我们说，它是科学发掘所得甲骨的一部最科学的著录书”[4]。

**2. “先分期，再分类”著录甲骨的新体例与传世甲骨的结集**

随着甲骨学的日益发展，甲骨文资料的分期断代和分类整理也越来越科学和缜密，甲骨文的著录方法也日益改进和完善。

甲骨文的分类首先是从文字内容分类开始的。1904 年，孙诒让的《契文举例》在考释甲骨文字的同时，也对甲骨文按内容进行了初步划分，分为月日、贞卜、鬼神等十类。这一思路，对以后的学者具有启发性的意义。后来的许多著作如罗振玉的《殷虚书契考释》、叶玉森的《研契枝谭》等，都基本沿用了这一体例。甲骨文著录的分类编排，必须在甲骨文字考释和研究发展到一定阶段才能进行，而且其分类的难度相对较大。1925 年，才由王襄印行了第一部按分类编排的甲骨文著录书《簠室殷契征文》，其所分的十二类基本可以概括当时所见卜辞的内容。1933 年，郭沫若出版的《卜辞通纂》一书，是第二部分类编排的著录书。此书分类虽然不多，但其分类考释较为准确，各类编排的次序也十分科学，为以后甲骨的分类著录提供了一个范例。

随着殷墟发掘的进行和考古学的成熟，学者对甲骨的时代划分也越来越明确。1933 年董作宾《甲骨文断代研究例》确定的甲骨分期的基本框架，逐渐为学术界所接受，并运用到具体研究实践中去。

1937 年，抗日战争爆发，殷墟发掘被迫停止，甲骨的搜集和整理遇到了巨大的困难，公布资料较少。抗战胜利后，甲骨学者重新搜集、整理甲骨材料，发表甲骨材料甚多。

解放伊始，胡厚宣就于 1951 年出版了《战后宁沪新获甲骨集》、《战后南北所见甲骨录》，于 1954 年出版《战后京津新获甲骨集》。《战后宁沪新获甲骨集》著录甲骨摹本 1143 片，《战后南北所见甲骨录》著录甲骨文摹本 3276 片，《战后京津新获甲骨集》著录甲骨文拓本 5624 片。可以说，上述三书的出版，是新中国大规模集中材料、整理材料、刊布材料的

“序幕”。

从1947年到1956年，在复旦大学任教的胡厚宣，经常利用寒暑假到各地寻访甲骨，其行程几乎遍及全国。每到一地，他“于公私所藏，续有所见，随手描摹，或施墨拓，日又渐积，就多了起来。略加整理，我想还是把它发表出来，好供大家研究的方便”[5]，这便是1955年的《甲骨续存》。该书共收录甲骨拓本、摹本3753片。此书的完成为胡厚宣日后主持编纂大型甲骨文资料汇编《甲骨文合集》打下了坚实基础。

1946年胡厚宣出版的《战后平津所获甲骨集》一书，收甲骨537片。此书著录体例采取了“先分期，后分类”的编排方法。《宁沪》、《南北》、《京津》和《续存》四书，也依此方法编纂。胡厚宣对这一方法不断阐述，在《战后宁沪新获甲骨集》的《述例》中说：“甲骨摹本，以时代为序，一曰盘庚、小辛、小乙、武丁时期；二曰祖庚、祖甲时期；三曰廪辛、康丁、武乙、文丁时期；四曰帝乙、帝辛时期”，“每期甲骨，再分以类别，按其性质，序为：气象、农产、祭祀、田猎、征伐、行止、灾祸、杂项等科”，对分期和分类作了具体的表述。在《战后南北所见甲骨录》中仍分四期，并进行了细化，“类别按其性质列为：来源、气象、农产、祭祀、神明、征伐、田猎、刍鱼、行止、卜占、营建、梦幻、疾病、死亡、吉凶、灾害、诸妇、多子、家族、臣庶、命唤、成语、纪数、杂类等项”。其后的《京津》、《续存》的著录都是按四期、二十四类编排。

甲骨文“先分期，后分类”的著录方法，不仅能清楚表明每片甲骨的时代，而且把同一类资料汇集在一起，十分便于研究者使用。这一编纂方法，极大地影响了后来的甲骨著录工作，许多著录书都按这一方式编纂，其科学性得到了学术界的认同。

**3. 甲骨学史上里程碑式的著作《甲骨文合集》**

随着甲骨学的发展，甲骨文的学术价值日益为学术界所重视。不仅甲骨学、历史学、考古学利用甲骨材料，其他许多学科如古代医学、古代农学、古代天文学以及古生物学等都从甲骨文方面“溯本求源”，进行研究。甲骨学成为一门与多门学科有着密切联系的学科。甲骨学自身和其他各学科的发展，要求有一套内容全面、编纂合理、检索方便的甲骨资料汇集。而学术界面临的情况却是，虽有多种甲骨著录书出版，但其中不少著作印数较少，难以寻觅。更有许多书籍系国外发行，十分难得，致使许多学术研究机构甲骨书籍极为缺乏。另外，这些著录书本身存在着许多问题，或是印刷不精，文字模糊；或是摹写失真，字体有误；或是拓印不全，难见原骨全貌。而且由于甲骨多几经转手，多人传拓编印，各书所录甲骨往往相互重复，材料显得庞杂。同时，甲骨和拓本资料非常分散，国内的25个省市自治区、40个城市、95个机关单位、44个私人收藏家、台湾、香港地区以及日本、英国、加拿大、美国等国家都有收藏，其具体情况十分复杂，一般都被列为珍品或善本，常人难以寓目。把甲骨文资料完整系统地提供学术界，已是一件非常必要和迫切的工作。

1956年，国家制定的科学研究十二年远景规划把编纂《甲骨文合集》列入国家重点科研项目，并于1959年把这一课题交由中国科学院历史研究所（现中国社会科学院历史研究所）承担。历史研究所接受课题后，组成了以郭沫若为主任委员的编辑委员会，并成立了《甲骨文合集》编辑工作组，由胡厚宣任总编辑，于1961年正式开始编辑工作。《甲骨文合集》的编纂，经历了许多曲折，曾几次停顿。经过众多学者的努力，从1978～1982年《甲骨文合集》共十三巨册全部出齐。《甲骨文合集》是建国以来学者全面整理、刊布甲骨文材料所取得的丰硕成果。

《甲骨文合集》分十三册，著录甲骨41956片，其中第一至第十二册著录的是拓本，共39476片，第十三册为摹本，著录2480片。所收甲骨，按先分期、后分类的体例编纂。甲骨的分期沿用了董作宾的五期分法。每期之内，再按卜辞内容分四大类二十二小类。四大类为：一，阶级和国家。二，社会生产。三，科学文化。四，其它。二十二小类为：一，奴隶和平民。二，奴隶主贵族。三，官吏。四，军队、刑罚。五，战争。六，方域。七，贡纳。八，农业。九，渔猎、畜牧。十，手工业。十一，商业、交通。十二，天文、历法。十三，气象。十四，建筑。十五，疾病。十六，生育。十七，鬼神崇拜。十八，祭祀。十九，吉凶梦幻。二十，卜法。二十一，文字。二十二，其他。

《甲骨文合集》的资料来源非常广泛，包括了自甲骨文发现以后八十多年来出版的几乎全部著录书一百八十多部，以及大量国内甲骨实物的拓本和照片，其收集资料的广泛性和丰富性可以说是前无古人。《合集》面对如此丰富的材料，力求编成“一部基本上能囊括十五万片甲骨中对商代历史文化有研究价值的甲骨材料总集”。“《合集》一书共著录了41956号甲骨，约占全部十五万片甲骨的四分之一强。可以说，凡是有研究价值的材料，都已收入《甲骨文合集》一书中了”[6]。“它可以使研究者应用《合集》的资料时，能以较少的时间掌握有关的全部东西，并且没有遗珠之憾”[7]。著录所用的拓本、摹本，也精心选择，尽量提供最清晰的材料，并补充以前缺录的甲骨反面、骨臼等处的拓本或摹本，以使资料更加完整。

《甲骨文合集》所著录的甲骨还经过了精细的审核和整理，编辑者用六十多种著录书以及所获得与著录书相关的大量拓本、照片相对勘，在除去重片方面做了大量工作。“仅就著录书粗略统计，共校出重片六千多，重片次达一万四千多。这是一项繁琐而艰巨的工作，它的完成，可以说对旧著录书作了一次清算”[8]。

“在前人缀合的基础上，《合集》又缀合了两千余版，不但数量多，而且质量也很高，有的还补充了前人缀合的不足，改正了某些错误”[9]，为学术研究提供了许多较为完整的新资料。

《甲骨文合集》的出版，成为甲骨学史上的一个分水岭，此后出版和发表的甲骨学论著不论从数量还是质量上，都较以前有很大的增长和提高，甲骨学研究从此进入了全面深入发展的阶段。因此，《甲骨文合集》“继往开来，是一部甲骨学史上里程碑式的著作”[10]。

## （三）甲骨学研究的“深入发展”

### 1. 1971 年小屯西地甲骨的出土与“习卜制”的讨论

甲骨文本身是殷人占卜的遗物，所以对商代占卜制度的研究一直是学者关注的问题，一事多卜、正反对贞、卜辞同文等问题的提出和讨论，促进了对当时占卜制度的认识。而对“习卜制”的讨论则历时最久，其结果也使人们对商代占卜制度有了更深入的了解。

早在1933年，郭沫若就发现了“癸未卜，习一卜。习二卜”。他推测说：“疑古人以三龟为一习，每卜用三龟，一卜不吉，则再用三龟，其用骨当亦同然。言‘习一卜’、‘习二卜’者疑前后共卜六骨也。[11]”1934年，唐兰在《殷虚文字记》中提出了不同看法，“习声与叠、袭相近，故有重义、惯义。……卜辞云：‘习一卜’、‘习龟卜’者，习，重也”。1950年，李亚农也对这一问题进行了讨论，认为“郭氏以习为名词，恐有未谛。《书·大禹谟》‘卜不习吉’，《金縢》‘一习吉’，传并注‘因也’，因一卜，因二卜。殆即依据第一卜或第二卜以行事之意”[12]。1956年，张秉权发表《卜龟腹甲的序数》，对龟甲上所刻序数加以研究，提出了殷人占卜“五龟一组”的说法，其实也是对郭沫若“卜用三龟为一习”的否定。但张秉权既没有申述卜龟腹甲的序数与卜数的区别，即这些数字包括记录“占卜先后次序”的序数和记录“一件事占卜次数多寡”的卜数，也没有把“五龟一组”的现象与“习卜”联系起来考察，对“习卜制”的探索就此止步了。1959年，饶宗颐撰成《殷代贞卜人物通考》一书，开始将“卜用五龟”和“习卜”并加讨论，“按习，即袭，重也。习卜非吉，《易·蒙卦》所谓‘再三渎，渎则不告’。《诗·小旻》所谓‘我龟既厌，不告我犹’是也。殷墟卜辞恒见‘习卜’语。著于刻辞，以昭其事，……似殷人通制，卜用五龟。惟考之周之礼制，则通常卜用三龟，……然殷人实以卜五龟为多，每龟所占兆象，今不可悉考”。1961年，屈万里重提唐兰的说法，认为“习……于此当读为《尚书·金縢》‘习吉’之习，重也。习一卜，意盖谓重卜一次也”[13]。

60年代对于甲骨文“习卜”的讨论没有什么进展。1971年，小屯西地甲骨的发现，才又一次引起对“习卜制”的热烈讨论。1971年12月，小屯西地掘得卜用牛肩胛骨，共21枚。这些卜骨重叠堆放，井然有序，骨臼大多向东，只有3枚向北。甲骨可大致分为3组，西南一组3枚，东南一组3枚，北面一组12枚（图二二）。

郭沫若根据小屯西地甲骨的埋藏情况提出，“我四十年前的揣测，似乎已由出土实物而得到证明了，即是卜骨或卜龟甲是以三枚为一组，一次卜用三龟或三骨”[14]。1972年，裘锡圭对此提出异议，他认为“习”同于《礼记·曲礼上》“卜筮不相袭”的“袭”，进一步推论“卜辞所谓习卜当指骨卜和龟卜的相袭。‘习一卜’就是说卜问一件事时骨和龟各卜一次，‘习

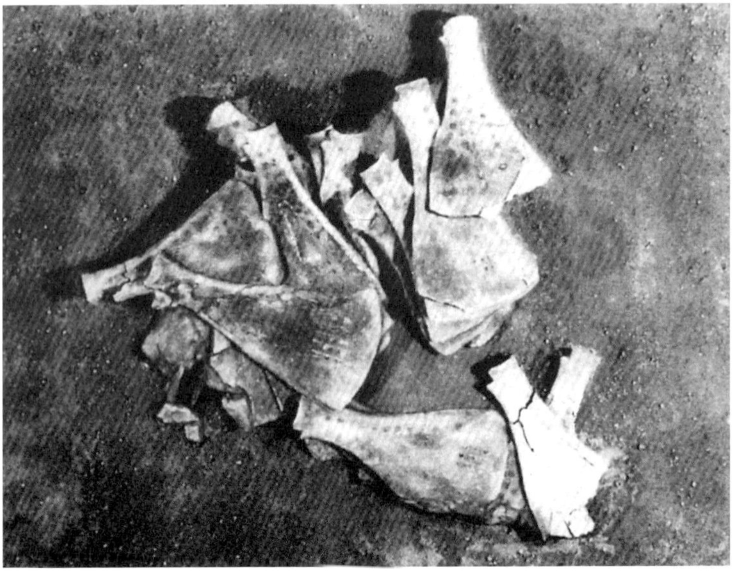

图二二　小屯西地甲骨出土情况

二卜’就是骨和龟各卜二次”[15]。裘氏一方面注意到甲骨文有“习四卜”的记录，如以三骨为一习，则需十二骨，而“记卜兆次序的数字”恰恰没有超过“五”以上的。裘氏的观点没有被学术界广泛承认，讨论一直延续到了八九十年代。

1981年，柳曾符《释“习卜”》一文提出殷人“其一事常多卜，但常卜于同版。凡同卜于异版的，所用的材料则常或同为龟甲或同为兽骨，即偶有龟甲兽骨并用的，亦只可作特例看待，并无骨甲轮卜之限，和‘习卜’之释无关”，“习一卜”、“习二卜”是廪辛、康丁时期的兆辞，习字意为连续，“习卜”意即“连续获得吉兆”。

1987年，宋镇豪先后发表《殷代“习卜”和有关占卜制度的研究》、《论古代甲骨占卜的“三卜制”》二文，一改以往学者或只从商代龟卜方法和骨卜习惯的角度，或只从文例文法方面进行探讨的方法，把“习卜制”、“三卜制”等纳入占卜制度的全面考察当中进行讨论。宋镇豪认为，“习者，袭也，重也，因也，习卜是后因前的占卜”[16]。习卜是由于某种原因，占卜者对同一事情沿袭前一次占卜，重行占卜，可用同一骨也可用他骨。习卜之制，是为了使甲骨占卜的结果更适应事情的变化，更符合当事者的主观意愿。这显示了“不违卜筮”的观念逐渐削弱。而商人占卜用骨数量的制度也逐渐规范化，卜用三骨和王朝设立三卜之官的制度逐渐确立。这一观点得到了许多学者的赞同。

**2. 分期断代研究的深入**

这一时期，甲骨分期断代研究更加深入。被广泛讨论的问题主要有非王卜辞、文武丁卜辞、分派整理法等，有的问题得到解决，有的问题则直到今天仍然是争论的焦点。备受学者关注的“历组卜辞”问题也是这一时期提出的，但其讨论则主要是在80年代进行的，所以我们放到第五章论述。

（1）关于“非王卜辞”的提出和“文武丁时代卜辞之谜”的探索

这一时期关于甲骨文分期断代问题的讨论十分热烈，“文武丁卜辞”是学者十分关注的焦点。

“文武丁卜辞”问题是董作宾提出的。这批卜辞的称谓系统与第一期武丁卜辞类似，但其书体、字形、事类等方面却又具有晚期特征，形成了难解的“文武丁卜辞之谜”。后来董作宾提出卜辞有“分派”现象，并根据这一理论把这批甲骨划入文武丁时期，并认为自己“揭穿了文武丁时代卜辞之谜”（参第三章第四节）。但是，董作宾的这一观点并未得到广泛认同，学术界就这批卜辞的时代问题进行了长期讨论。

1953年，日本贝塚茂树和伊藤道治发表《甲骨文研究的再检讨——以董氏的文武丁时代之卜辞为中心》，提出了“多子族”卜辞和“王族”卜辞的说法。所谓“多子族”，是殷王朝强有力的部族，“其成员是属于殷王族的为数众多的王子”及其属下的部族。多子族拥有占卜权，并有负责占卜的贞人集团，“子、余、我、㣈、𠭰等同版贞人群构成了多子族贞人集团”。这个集团为多子族占卜所留的卜辞，就是多子族卜辞。所谓“王族”，是隶属于历代商王的强族，王族也有一个以“王为首的扶、㠯、勺、叶五个贞人集团”。王族进行占卜留下的卜辞，即王族卜辞。作者经过缜密论证，认为王族卜辞应属于武丁时代，“并以此为媒介，进一步也将晚期的多子族卜辞提升到第一期”[17]。

胡厚宣也注意到了这批卜辞。他在1955年出版的《甲骨续存》一书的序文中说：“因见这期卜辞有父丁、子庚的称谓，父丁即祖丁，子庚即盘庚，疑皆属武丁以前，即盘庚、小辛、小乙时之物”，但一直没有就这一问题进行专文论述。1983年出版《甲骨文合集》时，这一批卜辞被作为“第一期附”收录，表明胡厚宣认为这批卜辞应属早期。

陈梦家较早注意到了“文武丁卜辞时代之谜”，并进行了全面、系统的研究。他将这批卜辞分为𠂤组、子组、午组三组，进行了全面整理。陈氏认为：

𠂤组卜辞的贞人有𠂤、扶、勹等，他们常有共版关系。𠂤组卜辞有的称谓与第一期宾组相同，两组所同的父甲、父庚、父辛、父乙是武丁所以称其父辈阳甲、盘庚、小辛、小乙者，两组都是武丁时代的卜辞。字体、文例方面，𠂤组一方面遵守宾组的旧法，一方面已产生了新形式。𠂤组的纪时法和宾组也是大同小异。𠂤组某种卜辞形式，或同于宾组，或为𠂤组所特有，或下接祖甲卜辞。因此，“𠂤组大部分和宾组发生重叠的关系，小部与下一代重叠，它正是武丁和祖庚卜辞的过渡”[18]。

子组卜辞的贞人有子、余、我、㣈、𠂤𠂤、史等，称谓主要同于宾组和𠂤组。尤为重要的是，这组卜辞中有子𦣞，而子𦣞系武丁晚世之人。在语法方面，有的句子形式同于宾组、𠂤组，也有自己所特有的形式。在出土“坑位”方面，子组𠂤组和宾组常常出于一坑，而同坑中很少武丁以后（可能有祖庚）的卜辞，则子组𠂤组应该是武丁时代的。

午组卜辞只有两名贞人，二人并没有系联关系，但其字体却属一系，都喜用尖锐的斜笔，与武乙、文丁时代的书体作风不同。其称谓有的同于宾组，有的同于𠂤组、子组，也有一部分是午组卜辞所独有的，称谓中的“下乙”与武丁时宾组卜辞相同，足证午组属于武丁时代。

但董作宾对“文武丁卜辞”的时代划分依然受到一些学者的支持。1958 年，岛邦男写成《殷虚卜辞研究》一书，对董作宾的论点作了补证，把这类卜辞划入文武丁时代。1958 年，李学勤发表《帝乙时代的非王卜辞》一文，总结了这批卜辞的特征，认为这批卜辞应为“帝乙时代的非王卜辞”。

1963 年，姚孝遂发表《吉林大学所藏甲骨选释》一文，文中刊布了一片著录为《殷虚书契前编》3·14·2 的甲骨。这片甲骨在《殷虚书契前编》的拓本曾经过剪辑，只保留了干支表部分，干支表是典型的子组卜辞的字体。姚孝遂重新墨拓的拓本未经剪辑，十分完整，甲骨上端有贞人“争”的残辞“□□卜，争，［贞旬亡］祸”。子组干支表与宾组贞人“争”共版，说明子组卜辞与宾组时代相去不远，应属武丁时代。

1964 年，邹衡在《试论殷墟文化分期》中，分析了自组、子组、宾组等卜辞的出土情况，判断其绝对年代大体相当于武丁时代，或稍有前后。

1973 年，小屯南地大批甲骨的出土，为“文武丁卜辞之谜”的解决提供了新的材料。小屯南地的发掘，“证明陶器分期与卜骨、卜甲的时代是一致的”，而且发现了出土自组甲骨并有典型层位关系的 T53(4A) 地层，为甲骨断代提供了可靠的考古学依据。

在 T53(4A) 层内，共发现 8 片甲骨，7 片刻有文字，其中一片卜甲上记有自组贞人“扶”，其他 6 片虽然没有记录贞人，但从字体、文法以及钻凿形态分析，也属于自组卜辞。另外，T53(4A) 层出土的陶片形制和小屯南地早期器形相似。

肖楠根据T53(4A)的层位关系，认为“‘自组卜辞’的时代绝不可能是在第三期以后（即廪辛、康丁以后）和武丁以前，而是属于武丁时代”，并根据T53(4A)层正面又叠压早期灰坑（H112、H113）的情况，判断“从这些迹象看来，‘自组卜辞’的时代似属武丁晚期”[19]。

以小屯南地甲骨的发现为契机，学术界对“文武丁卜辞”展开了热烈讨论。1980年，《小屯南地甲骨》出版，其序言称自组卜辞与宾组卜辞在出土地层、称谓、卜辞内容、文例、字体等方面有许多共同之处，“因此他们在时代上基本是一致的，都属武丁时代”。同时，认为“二者虽都是武丁卜辞，但在时间上不一定是平等关系，可能是先后关系”。对于午组卜辞，则“根据地层、灰坑叠压打破关系，午组卜辞的时代稍晚于自组卜辞”。而卜辞的内容、叙辞、字体等方面，也有不少地方与武丁卜辞相近。因此，午组卜辞的时代可“大体确定在武丁时代”。

1981年，李学勤发表《小屯南地甲骨与甲骨分期》，揭示了他对“非王卜辞”的新认识。“自1960年后，我们逐渐改正了这个错误的意见”，赞成把这类卜辞划入武丁时代，同时指出自组、午组“都不是武丁最晚的卜辞”。

同年，谢济在全面整理材料的基础上，进一步论证了“文武丁卜辞”的时代。他称这种卜辞为“另种类型卜辞”，即“不同于所谓宾组正统派王室卜辞”的卜辞，并断定这批卜辞属于一期。他还考察“另种类型卜辞”的贞人，发现王贞和叕贞能够直接联系武丁宾组和武丁另类卜辞。他还指出，二告、叶朕事、叶我事、祸凡有疾、祸凡等兆辞成语，同时出现于另类卜辞与宾组卜辞中，却“并不出现在四期武乙文丁甲骨上，就从这方面排除了武丁另类卜辞为武乙文丁卜辞的可能性”。在事类方面，宾组卜辞和另类卜辞有许多相同之处，而不少内容却为武乙文丁时所没有的。这些都说明另类卜辞与宾组卜辞在时代上具有一致性，应同属于武丁时期。

随着新证据的发现和研究的深入，学术界对这批甲骨的认识逐渐趋同，这些卜辞应属于武丁时代的观点已普遍为学术界所接受，“文武丁时代卜辞之谜”的谜底被正式揭穿了。

（2）“不惮烦琐，再申述之”的分派新法

董作宾提出甲骨文断代的“五期”分法和“十项标准”，取得了巨大成功。但董作宾并没有就此止步，而是进行了更进一步的探索。1945 年，董作宾撰成《殷历谱》一书。在写作《殷历谱》的过程中，他“乃得一更新之方法，即所谓分派之研究。此一方法须打破余旧日分为五期之说，即别分殷代礼制为新旧两派，以武丁祖庚上世，及文武丁为旧派，以祖甲至武乙、帝乙、帝辛为新派”，从而提出了分期研究的“分派”整理法。董氏认为分派的方法，对于甲骨研究更具指导意义，“用分派的眼光看卜辞，和用分期眼光看卜辞，即迥然有异。前者可以看见卜辞所能代表的文化和殷代二百七十年的礼制变革、政潮起伏，有豁然开朗、峰回路转、柳暗花明的意境，后者但知分甲骨为五堆，东摭西拾，断章取义，仍是暗途摸索，黑漆一团。两者相比，真不可道里计了”[20]。

分派整理甲骨的方法，却没有得到学术界的认同。对此，董作宾并不灰心。他说：“在我自己，最近十年以来，无时不注意到印行的甲骨新资料，不但未发现过对于分派研究的反证，同时又感到合于这种研究方法的证据日益增多，更加强自己的信念。”[21]他呼吁学术界用新的方案整理研究甲骨文，但响应者寥寥无几。

在分派方案提出三十多年后，董作宾又说：“环顾海内外，治甲骨文字者，尚多未能深深了解余之提案。故不惮烦琐，再申述之，冀能与大家共同讨论，觅得一正确之方法，进而整理全部卜辞。”[22] 1957年，董作宾将于前一年发表于日本《日本书道全集》的《卜辞之时期区分》，更名为《为书道全集详论卜辞时期之区分》，发表在《大陆杂志》第14卷19期上。此文代表了董作宾“分派新法”的最系统意见，是对原“分期断代”法的修正，其对应关系见“分派新法”表（表三）。

**表三　董作宾“分派新法”表**

| 分　派 | 分　期 |
|---|---|
| 第一段　旧派前期　盘庚、小辛、小乙、武丁、祖庚 | 第一期 |
| | 第二期　（遵循古法，共111年） |
| 第二段　新派前期　祖甲、廪辛、康丁 | 第二期 |
| | 第三期（改革新制，共47年） |
| 第三段　旧派后期　武乙、文武丁 | 第四期（恢复古法，共17年） |
| 第四段　新派后期　帝乙、帝辛 | 第五期（恢复新制，共98年） |

董作宾对新旧两派的差异进行了比较，“分派新法，我曾分为四项，加以申说：子、祀典，丑、历法，寅、文字，卯、卜事”。

在祀典方面，旧派每祀必卜，祭祀种类繁多，受祭祖妣数量也较多，祭祀的时日不定；新派的祭祀已趋制度化，“新派的五种祀典，分‘彡、翌、祭、壹、劦’，都是秩然有序的”。此外新、旧派都有一些特有的祭祀方式。在历法方面，旧派历法置闰时，不置于当闰的月下，而是放在年尾，称“十三月”；新派则把应闰之月放在当闰月之时，重列一个月名，不再使用“十三月”。月名也有所不同，旧派称一岁中太阴名为一至十二月；新派则打破了数字组织，称第一个月为“正月”。在纪日方面，旧派以干支纪日为独立系统，不受年月限制；新派则把干支与月联系起来，组成干支日加“在某月”的纪日形式。在纪时方面，新旧派都称白天为“日”，黑夜为“夕”，但旧派把一日分为七段，有明、大采、大食、中日、昃、小食、小采等专名；新派也有中日，其他纪时名词则已不使用，而以“朝”代“大采”，“暮”代“小采”，“朝”之前有“兮”，“暮”之后有“昏”。文字的演变，以干支字等常用字最为显著，诸如“王”字，旧派写王字上无横画，而新派必加横画。

在卜事方面，董作宾将之分为20类。旧派与新派共有的八类：1. 卜祭祀，2. 卜征伐，3. 卜田猎，4. 卜游猎，5. 卜享，6. 卜行止，7. 卜旬，8. 卜夕。但为旧派所专有的十二类：9. 卜吉，10. 卜匄，11. 卜求年，12. 卜受年，13. 卜日月食，14. 卜有子，15. 卜娩，16. 卜梦，17. 卜疾病，18. 卜死亡，19. 卜求雨，20. 卜求启[23]。

另外，旧派有卜辞以外的记事文字，记录甲骨的贡纳、整理等事项，新派则没有这类记事文字。新、旧两派在甲骨的使用和书写作风方面也有明显不同。

尽管董作宾对分派理论不断加以完善，但学术界对这一方案的响应者却不多。因此，“分派”整理法还只是停留在理论探讨的基础上。之所以如此，是因为董作宾的新、旧派四期划分，反倒不如原来的“五期”精密；强调新、旧派制度的演变，却忽略了甲骨文本身的演变；近年的讨论证明董作宾提出的“文武丁卜辞”实际是武丁时代之物，董氏借以立论的

“复古”的“文武丁时代”卜辞已不复存在，分派之说已从根本上动摇；此外，“从历史发展的观点看，‘复古’之说是不能成立的。历史上的‘复古’是政治制度和意识形态范围的现象。很难想象文丁‘复古’竟使文字的结构、占卜的事项，甚至妇、子、朝臣的名字，都恢复到了和四代前的武丁时期相同”[24]。

**3. 殷商考古学研究的深入**

（1）殷墟文化分期与绝对年代的推定

甲骨文研究与考古学的发展有着十分密切的关系。殷墟科学发掘，不仅发现了大量遗迹、遗物和刻字甲骨，而且为甲骨分期提供了新的依据和方法，推动了甲骨学研究的发展。而甲骨文分期研究的深入，又为殷墟发掘提供了断代依据，使学者可以根据发掘中出土的甲骨文确定建筑或遗物相当于某一王的时代。甲骨文成为遗址分期的一个重要参考。

殷墟科学发掘发现了王陵区、宫殿基址、祭祀场、墓葬等大批遗存，这批资料本身的分期断代问题也成为学者关注的对象。很早开始，就有学者开始探索这一问题，但所做的工作大多都是零碎和片面的，殷墟文化遗存一直没有较精确的分期。

1964年，邹衡发表《试论殷墟文化分期》，通过对陶器和铜器的研究，探讨殷墟遗址和墓葬的分期与年代，并进一步探索殷墟文化分期。该文从分析器型变化较显著的陶器和铜器入手，结合一部分典型地层和器物的共存关系，确定遗址和墓葬的分期，进而综合殷墟各期的遗物、遗迹特征，对殷墟各期文化内容的差异进行了全面分析。邹衡把殷墟文化分为四个时期，并依据甲骨文分期研究的成果确定了四个时期的绝对年代。第一期“约相当于甲骨第一期以前”，是“盘庚、小辛、小乙时代”；第二期“约相当于甲骨第一、二期，即武丁、祖庚、祖甲时代”；第三期“约相当于甲骨第三、四期，即廪辛、康丁、武乙、文丁时代”；第四期“约相当于甲骨第五期，即帝乙、帝辛时代”[25]。

中国社会科学院考古研究所安阳工作队的学者根据解放以后的发掘材料，对殷墟遗址文化进行了分期。起初，他们根据1959年在大司空村发掘得到的材料，把殷墟文化分为两期即大司空村一期和大司空村二期，并对其年代进行了初步推断[26]。不久，又根据在大司空村发掘的新资料，在原分两期的基础上划分为四期，这四期基本代表了殷墟文化的发展序列。70年代，有学者根据小屯发现的早期陶器与“自组卜辞”共存的现象和妇好墓及M18墓的资料，提出武丁一代跨越殷墟文化第一、二两期的看法。殷墟文化四个时期的具体年代，也不断修正。在《新中国的考古发现和研究》中，殷墟文化一期遗存约相当于武丁时代或稍早，即公元前13世纪后期至12世纪初；二期约相当于祖庚、祖甲前后；三期遗存则属康丁、武乙、文丁时代，约公元前12世纪后期至11世纪初；四期遗存为帝乙、帝辛时代，约公元前11世纪中叶。后来《殷墟的发现与研究》又作了进一步的阐释，“殷墟文化第一期早段是属于盘庚迁殷以后的，其绝对年代约相当盘庚迁殷到小辛、小乙时代”，“殷墟文化第一期偏晚阶段的年代约相当于武丁早期”；第二期也分早、晚两个阶段，“第二期早段的上限可到武丁时代（约为武丁晚期）”，第二期晚段“大致相当祖庚、祖甲时代”；第三期的年代约相当于廪辛、康丁、武乙、文丁时代；第四期属帝乙、帝辛时代[27]。

还有学者把殷墟文化划分为三期，具体又有两种观点。一种以小屯南地发掘材料为依据，把殷墟文化划分为小屯南地早、中、晚期。一种以苗圃北地发掘材料为依据，把殷墟文化划分为苗圃一、二、三期。

在殷墟文化分期研究中，甲骨文分期断代研究的成果发挥了重要作用，把考古遗存与甲骨卜辞相比较，成为判断殷墟文化分期的有效工作方法，“而甲骨学与考古学研究的互相渗透，必将使我们对殷代早期的历史和文化面貌有更进一步的认识”[28]。

（2）社祀遗址·王陵区祭祀场·殷人服象

1959、1960、1965年，南京博物院在江苏铜山县丘湾遗址进行了三次发掘，发现了商代的社祀遗址。

商代社祀遗址位于丘湾遗址偏南部，面积75平方米。社祀遗址中心竖立着四块未经人工制作的石块，深深插入地中。中间一块最大，略呈方柱形，高1米，宽、厚约0.23米，南、北、西三面各一石块以此方形大石为中心矗立，石块周围葬有人骨20具、人头骨2个和狗骨12具，这些骨骸均头向中心的石块。人骨和狗骨可分两层。人骨没有墓圹，也没有葬具和随葬品，葬式均俯身屈肢，双手反缚在背后。情况表明，这里当是一处祭祀地点。

1973年发表的《江苏铜山丘湾古遗址的发掘》认为，“这四块大石是有意识放置的，而不是一种自然现象”，结合对甲骨卜辞的考察，推论“在商代晚期，奴隶主阶级曾经在这里举行过祭祀。……中间用石头砌成祭坛，把被绑的奴隶和狗布置在祭坛的四周，祭祀仪式举行过之后，这些奴隶和狗均被处死，然后就地加以掩埋”。

这处祭坛遗址，当是商代的“社”。在古文献和甲骨文中，常见关于商代之社的记载。一般来说，商人以木为社，但也有以石为社的情况，如《淮南子·齐俗论》，《周礼·夏官·量人》、《吕氏春秋·贵直论》中都有关于“石社”的记载。闻一多、陈梦家也考订“主以石为之，社主亦以石为之”。丘湾遗址当即这种以石为社进行祭祀的遗存。根据甲骨文和古文献的记载，铜山丘湾一带古属“大彭国”。很可能，大彭国归附于商朝，在与商进行政治、文化交流的同时，也接受了商人的祭社之礼并在当地立社祭祀。

由于目的的不同，祭社时会举行不同的祭仪。丘湾遗址北有小河，南距睢水不远。《左传·僖公十九年》记有“次睢之社”，杜预注说：“此水次有妖神，东夷皆社祀之，盖杀人而用祭。”丘湾遗址的地理位置正与“次睢之社”相近。甲骨文中有许多关于御祭的记载，是御除灾殃的祭仪。丘湾社祀遗址，很可能是大彭国为了避免睢水之神的祸害而进行御祭的遗留[29]。

江苏铜山丘湾遗址，是我国第一次发现的商代社祀遗址，对于研究商代历史具有重要意义。

对殷墟的考古研究也有重大突破，这就是王陵区“祭祀场”的考定。

早在殷墟第十二次发掘中，在殷王陵墓葬东区，曾发现1228座小墓，有近2000具遗骨，当时的发掘者认为这是附属于大墓的殉葬坑，后来考定为祭祀坑。解放后的考古发掘也屡次发现类似的埋葬坑，其中以1976年春发掘的武官村北地祭祀坑数量最多。此次武官村北地共发现祭祀坑250座，清理了191座，内埋人骨1178具（图二三）。这250座祭祀坑分布集中，排列规则，可分为22组。紧邻这批祭祀坑的南部，就是解

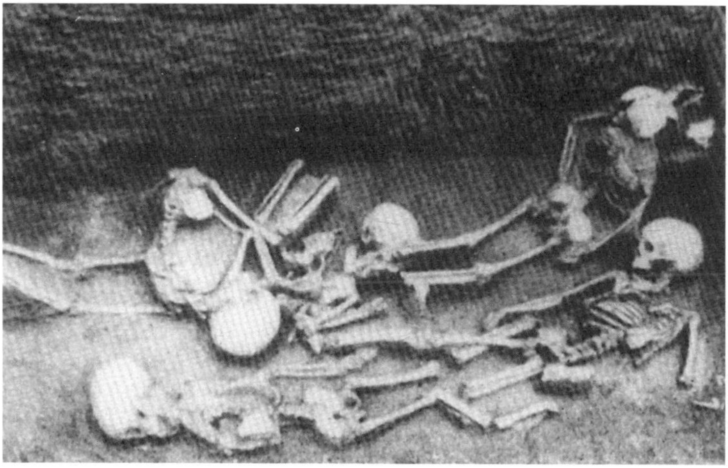

图二三　武官村北祭祀坑

放前发掘的1400号大墓和近千座小墓以及1950年发掘的17个“排葬坑”。在数万平方米内，形成了一个规模宏大的祭祀场所。

甲骨文中有大量用人作牺牲的记载，为研究考古发掘发现的祭祀坑提供了丰富材料。1974年，胡厚宣发表《中国奴隶社会的人殉和人祭》，对甲骨文中的人牲进行了统计。在从盘庚迁殷到帝辛亡国的273年间，“共用人祭13052人，另外还有1145条卜辞未记人数，即都以一人计算，全部杀人祭祀，至少亦当用14197人”。关于“牺牲”的性质，也曾有学者进行了深入研究，认为祭祀用的“人牲”和陪葬用的“人殉”有着本质的区别。“人牲”是商人为求福消灾向神灵进献的祭品，其身份大多是战俘；“人殉”则是原始社会对威望较高家长的“从死”义务的延续，主要是死者生前的妻妾、奴仆。

二者性质不同，不可混淆[30]。

1976年武官村北地祭祀坑的发掘，推动了这一研究的前进。1977年，杨锡璋、杨宝成发表《从商代祭祀坑看商代奴隶社会的人牲》一文，根据武官村北地祭祀坑的情况结合甲骨文材料，推断这一数万平方米的葬区应是商王室的公共“祭祀场”。在甲骨卜辞中有：

贞御唐、大甲、大丁、祖乙百羌百宰。

《佚》873、《续编》1·10·7

贞㞢□用自咸、大丁、［大］甲、大庚、下乙。

《粹》173、《京津》628

以上所记两次祭祀都是用羌为牺牲祭祀先王，而所祀都是盘庚迁殷以前的祖先。卜辞中还有：

甲午，贞乙未酒高祖亥［羌］□［牛］□，大乙羌五牛三，祖乙羌□［牛］□，小乙羌三牛二，父丁羌五牛三，亡它，兹用。　《南明》477＋《安明》2452

从上面卜辞可以看出，虽然王亥、汤、大丁、大甲、大庚、祖乙等都是盘庚迁殷以前的先王，他们的墓葬并不在殷墟，但在殷墟受祭。所以，“殷代贵族奴隶主祭祀他们的祖先时，并不一定要在其祖先大墓附近进行，而是在一个特定的专门用于祭祀的场所进行。在举行祭祀活动时，每一次祭祀可以祭一个祖先，亦可祭几个祖先，可祭盘庚以后的各先王，亦可祭盘庚以前其墓葬不在殷墟的历代先公先王”。而武官村北地的祭祀坑及其附近数万平方米的祭祀遗迹，“可能就是当日商王室专门用于祭祀祖先的一个公共祭祀场所”。

关于商代祭祀的研究和对人牲的探讨，对认识商代社会的发展阶段和社会性质具有巨大意义。

王陵区象坑的再发现，还为“殷人服象”增加了新证据（图二四）。

在1935年的第十二次殷墟发掘中，曾在王陵区东区发现象坑一个，坑长5.2米，宽3.5米，深4.2米，内埋一象一人。1978年，在王陵区西区东南又发现象坑一个。坑长2.4米，宽1.7米，深1.8米，内埋一象一猪，象体高1.6米，身长约2米，身上佩带一枚铜铃，门牙尚未长出，系一幼象。另外，殷墟考古发掘中，还发现不少象牙骨制品以及象造型的雕像。

《吕氏春秋·古乐》云：“商人服象，为虐东夷”，记载了商人驯象用于对东夷人的战争。甲骨文中也有关于象的记载，一

图二四　殷墟出土玉象

类是关于野生象的，如“丁未卜，象来涉，其呼𪊽射”（《屯南》2539），是要射猎涉水而来的野象；一类是关于驯养的象的，如“于癸亥省象，易日”（《合集》32954）、“贞令亢省象”（《合集》4611），“省”为察看、省视之意，当是视察驯养的象。另外，甲骨文中的“为”字，从手牵象，罗振玉释曰：“意古者役象以助劳，其事或尚在服牛乘马以前。”[31]

考古资料、文献资料和甲骨文证明，“商人服象”是可信的。

（3）殷墟族墓地的考定与妇好墓时代的确定

商代普遍存在着家族组织，据《左传·定公四年》记载，周初分封时，周王曾把商人整族分封给各国诸侯，鲁国有“殷民六族”，卫国有“殷民七族”，晋国有“隗姓九宗”。甲骨文中也有关于商代族的卜辞，有王族、多子族、三族、五族、大左族等名称。

与文献和甲骨文记载相对应，考古发掘也发现了商人分族的资料。从1969年到1977年，考古工作者在殷墟西区发掘清理了939座墓葬。这些墓葬的排列有一定规律，发掘者根据墓穴的自然分布情况，把墓地划分为八个墓区。各墓区之间有明显的界线，各墓区的墓向、葬式和随葬陶器组合形式都有一定的差别。各墓区共出土青铜器数百件，其中43件器上刻铭文，这些铭文大多是族徽，同一墓区中各墓随葬铜器上的族徽往往相同，与其他墓区则不相同。发掘者据此推定：“具有一个特定范围的墓地，保持着特定的生活习俗和埋葬习俗的各个墓区的死者，生前应属不同集团的成员，这个不同集团的组织形式可暂称为‘族’。……不同墓区就是不同‘族’的墓地。”[32]殷墟西区族墓地表明，殷代存在着族的组织，他们生时聚族而居，死后则聚族而葬。

殷墟西区墓葬的发掘，为研究殷代的社会结构、族群组织形式等提供了重要实物资料，对文献和甲骨文关于商代分族的记载作了有益补充，推动了甲骨学殷商史的深入研究。

在殷墟还发现了著名的妇好墓。

1976 年，在小屯村北略偏西约 100 米处，发掘了一座保存完好的中型商代贵族墓，这就是著名的妇好墓。妇好墓为长方形竖穴墓，没有墓道，墓口南北长 5.6 米，东西宽 4 米，墓壁平整光滑，墓底距墓口 7.5 米。墓内有木椁，椁内有棺，棺上有多层相间的漆皮，上覆麻布和薄绢，十分考究，棺底铺有朱砂。墓内殉葬 16 个人和 8 只狗。妇好墓随葬品非常丰富，共出土器物 1928 件，其中铜器 468 件，玉器 755 件，石器 63 件，宝石器 47 件，骨器 564 件，象牙器 3 件，陶器 11 件，蚌器 15 件。墓内还葬海贝近 7000 枚。墓中所出的 476 件青铜器中，190 件上铸有铭文，其中二分之一为“妇好”，研究者认为“妇好”当是此墓墓主，故称此墓为妇好墓（图二五）。

图二五　殷墟妇好墓出土三联甗

妇好墓铜器上的铭文，是殷墟第一次发现能与甲骨文、古文献相印证的科学发掘材料，为商代历史研究提供了重要资料。妇好墓发现之后，学术界曾就其时间问题展开讨论。由于甲骨文第一期和第四期卜辞中都有关于“妇好”的记录，所以产生了两种不同的意见。一种意见根据第四期卜辞也有妇好，妇好墓中又有大量传统观点认为出现较晚的复层花纹的铜礼器，推论妇好墓墓主当是第四期的妇好。大部分学者则认为妇好墓应属武丁时代。第一期有关妇好的卜辞达二百四五十条，其活动涉及军事、祭祀、生育等各方面，地位十分高贵。第四期卜辞的妇好，则仅有五六条记载。而妇好墓随葬品丰富，出土的陶爵和铜器具有晚商前期的特征，墓中的骨、石制作的笄、梳以及武器、礼器等，正好反映出墓主应为地位较高的一名女性。因此，此墓墓主应当是武丁之妻妇好[33]。后来，考古工作者在妇好墓附近发掘了17号墓和18号墓，在这两墓中发现了武丁时代的陶器以及许多与妇好墓相同的铜礼器，在其中两件铜器上铸有“子渔”铭文，而妇好和子渔都是武丁卜辞中的重要人物。因此，妇好墓属于武丁时代成为学术界的共识。

在对妇好墓进行研究的过程中，有学者提出了“历组卜辞”的问题，认为传统“五期”分法划入第四期的“历组卜辞”，应是第一期武丁时代的遗物，由此引发了甲骨学界关于甲骨分期断代的另一次大讨论。对此，我们将在第五章第三节加以叙述。

殷墟妇好墓保存完整，地层明确，出土器物丰富，为殷墟文化分期确立了一个标尺，也为殷墟布局和商代礼制的研究提供了宝贵资料。妇好墓的发现和其时代的确定，对考古学和历史学的发展都有十分重大的学术意义。

**4. 文字起源的探索与文字考释的新途径**

（1）关于中国文字起源的讨论和“异形文字”的争论

甲骨文提供了三千多年前的文字资料，人们在从甲骨文窥探殷商历史的同时，也在思索这种成熟系统的文字自何而来，中国文字起源成为学者们关心的热点。

早在20世纪30年代，唐兰在《殷契佚存》的序言中就对文字的起源进行了探讨，认为中国文字起源于炎黄时代，提出了文字起源于图画说。在同文中，唐兰还引证了甘肃辛店彩绘陶片，推测说：“辛店期之陶器文字，其在诸帝之世邪?”。1935年，唐兰又根据这一陶片提出“原始文字”之说，认为中国文字起源于六七千年前[34]。孙海波接受了这一说法，他在1935年出版的《古文声系》中，提出文字形成的四种形式，即图绘、象形（象事、象意）、假借、转注。

进入20世纪60年代以后，考古工作的新发现，尤其大批陶器刻划符号的发现，引起了探索中国文字起源的新热潮。李孝定撰成《从几种史前和有史早期陶文的观察蠡测中国文字的起源》等多篇论文，对中国文字的起源进行探讨。李氏认为汉字起源于公元前4000年前，半坡陶器刻符是最早的文字雏形；半坡陶文已有文字发展过程中出现较晚的假借造字法，同时由于陶器并非文字的常规载体，其所保留的只是当时文字的一小部分，所以当时文字应比我们所预料的完备得多。李氏并根据史前陶文与后世铭刻的比较，认为汉字的起源是一元的。1972年，郭沫若发表《古代文字之辩证的发展》，认为中国文字的起源应当归纳为指事与象形两个系统，而指事系统应当先于象形系统，即刻划符号先于图画，并认为半坡遗址和龙山文化的陶文是汉字的原始阶段。于省吾认为半坡遗址和仰韶文化的陶器刻符就是“简单文字”，而龙山时期则“已经有了由更早的简单独体字演化成的复体字”[35]。1975年，唐兰在《关于江西吴城文化遗址与文字的初步探索》中指出，半坡陶器刻符过于简单，尚不能断定是符号还是文字。至大汶口文化方才形成“图画文字体系”，出现了已“规格化”了的“意符文字”。裘锡圭则认为汉字是由原始社会晚期出现的象形符号吸收当时的一些记号发展起来的，考古材料中有两类符号可用于观察文字的起源，一类是仰韶、马家窑、龙山等文化的几何形记号，一类是大汶口文化的象形符号，后者是“原始文字的先驱”[36]。1978年，张光裕发表《从商周文字谈龙》，把中国文字的起源和发展分为三个阶段，即以陶文为代表的草创阶段、以金文为开端以甲骨文为简型的演进阶段和以小篆、楷书为代表的定型阶段。

80年代以来，考古发掘获得了大量刻纹陶器，更推动了对这一问题讨论的深入。

1981年，陈昭容在《从陶文探索汉字起源问题的总检讨》中，肯定了李孝定关于半坡陶文的论点，认为史前陶器刻符虽尚不完备，但有一部分应是固定的字，一部分经约定俗成向文字转化，一部分则永远停留在了记号的层面上。1984年，高明发表《论陶符兼谈汉字的起源》，把史前陶器刻划分为两类，一类为“陶符”，只是一种记号，而另一类则是“陶文”，是较为原始的汉字形体。李学勤也认为史前陶器刻符是文字的前驱[37]。但也有不少学者认为不能把陶符认作原始文字。汪宁生认为真正的文字应从表音开始，有记录语言的功能，而大汶口陶符的具体情况难以明断，不能认作是文字的开端。1998

年，饶宗颐出版《符号·初文与字母——汉字树》一书，认为仰韶、半坡陶符有20多个与腓尼基字母相同，所以相当一部分中国史前陶器符号应属于“字母型符号”，只有标记作用，无关于文字。但由于汉字发展中“语、文”分离，最终走了一条形义声文之路，没有发展为标音文字。

在本章第一节我们曾介绍1950年殷墟四盘磨SP11探坑内发现一片甲骨，上刻三行由数字组成的文字，形如“”“”“”，与卜辞文例不合。在张家坡、周原等地出土的甲骨以及传世器物上也常有类似文字出现，引起了学者们的关注。

1957年，唐兰撰成《在甲骨金文中所见的一种已经遗失的中国古代文字》一文，分析了殷墟、丰镐遗址出土的“异形文字”，认为这是一种丰镐地区的某个古代民族所创造的已失传的文字。根据这种文字由近似一至八的数字组成，却没有“九”字出现，唐兰认为这种文字与商周时代的数目字属于同一系统，它先于商周文字，商、周民族在创造文字时吸收了其数字的书写形式。郭沫若则认为这是“刻划文字”，它与彩陶上的刻划符号属于同一系统，属于汉字起源阶段的指事系统，所以，这种文字产生很早，“在仰韶文化的彩陶上已见其萌芽”，商周时代甲骨、金文上的刻划，只是其“遗留”而已[38]。裘锡圭则认为这些刻划还只是“由数字组成的记号”，它既可以用来记数，又可以用作族或个人的标记，而某些记号“很可能还有其他表意作用”，其中一些符号则被后来的文字所吸收[39]。

虽然关于“异形文字”的说法较多，但都没有得出可信的结论。真正取得学术界广泛认同的解释出现在70年代末。有学者把“异形文字”与周易结合起来，研究取得了突破。

其实早在1950年，郭宝钧在讨论四盘磨SP11内的甲骨时，就提出“可能系易卦一类文字”[40]，惜未作深入探讨。1978年11月，古文字学术讨论会在吉林大学召开，张政烺在会上作了题为《古代筮法与文王演周易》的报告，提出了商、周甲骨和金文中这种由数字组成的符号就是“八卦”，这一论断得到大多数学者的支持。后来张政烺先后发表了《试释周初青铜器铭文中的易卦》、《殷墟甲骨文所见的一种筮卦》、《易辨——近年来我用考古材料研究周易的综述》等文章，对相关问题作了深入探讨，其观点为学术界广泛接受。长期困扰学术界的“异形文字”之谜终于解开。

（2）文字考释的新成果和文字考释新途径的开拓

文字考释作为甲骨文研究的基础工作，一直是甲骨学的重要课题。从新中国建立到70年代末，甲骨文字的考释也取得了相当大的成绩。

在这一时期，出版的文字考释专著有杨树达的《积微居甲文说·卜辞琐义》、《耐林庼甲文说·卜辞求义》、《积微居小学述林》，朱芳圃的《殷周文字释丛》，马薇庼的《薇庼甲骨文原》，于省吾的《甲骨文字释林》，台湾鲁实先的《殷契类选》、严一萍的《甲骨金文丛考》、田倩君的《中国文字丛释》，日本白川静的《甲骨金文学论丛》十集等。关于文字考释的论文也时有发表，主要有于省吾的《释奴婢》、《释尼》，张政烺的《释甲骨文中俄、隶、蕴三字》、《卜辞裒田及其相关诸问题》，杨向奎的《释“不玄冥”》等，其中不少文章考释精到，立论明确，是甲骨文字考释中的名篇。

这一时期在甲骨文字考释方面贡献较为显著的是于省吾。1979年，于省吾出版《甲骨文字释林》一书。该书分三卷，上卷是将《双剑誃殷契骈枝三编》中的论文加以删订或重写而成，中、下卷是经改写或重写的《双剑誃殷契骈枝四编》中的文章以及解放后发表的文字考释论文经修订集册而成的。《甲骨文字释林》是于省吾研究甲骨文字的总结性著作，共收文字考释论文190篇，考证和阐释文字达300个，是当代甲骨文字考释的力作。

于省吾的另一重要成绩是对文字考释方法的突破和总结。1973年，于省吾发表《关于古文字研究的若干问题》一文，对其考释方法作了申述。“甲骨文和金文是客观存在的有形可识、有音可读、有义可寻的”，“其形、音、义之间是互相联系的”，考释古文字应严格从字形出发，注意文字的“形义之归”，探索古文字的演变规律。1979年，于省吾在《甲骨文字释林》序言中又说：“我们研究古文字，既应注意每一个字本身的形、音、义三方面的互相联系，又应注意第一个字和同时代其它字的横的关系，以及它们在不同时代的发生、发展和变化的纵的关系”，同时在文中对古文字形旁互用以及若干语法现象进行了归纳，总结了许多极具指导意义的理论。

于氏还对形声字的来源进行研究，认为随着文字的发展，某些独体象形字具有了表音功能。这种表音独体象形字，界于象形和形声字之间，可称为“独体形声”，是形声字的雏形，然后逐渐演化为形符和声符相配合的形声字。

于省吾强调文字形、音、义之间的联系，主张考释文字严格从字形审释出发，还十分重视“考名识字”、“辅以声韵通假之方”等其他方法，这些在实际研究中都极富成效。

于省吾在考释方法上的另一项成绩是，为结合历史社会史实考释文字树立了典范。他于1973年发表的《释羌、苟、敬、美》是这方面的代表。在文中，于省吾否认了《说文》以羌字为“从人从羊，羊亦声”的说法，认为是因为羌族有戴羊角的习惯，反映在甲骨文字中便是的字形，只是后来误写为从人从羊，并一直沿袭了下来。于省吾收集了十余条相关卜辞，通过对羌人社会生活的考察，对这一说法进行了翔实的论证，为论点提供了坚实的依据。于氏提出，在文字考释方面，“不应孤立地研究古文字，需要从社会发展史的角度，从研究世界古代史和少数民族志所保存的原始民族生产、生活、社会意识等方面来追溯古文字的起源，才能对某些古文字的造字本义有正确的理解，同时也有助于我们去正确译读某些古文字资料”。实践证明，这一理论对文字考释具有非常重要的指导意义。

**5. 唯物史观指导下的甲骨文商史研究**

（1）关于商代社会性质的再讨论

从20世纪20年代起，学术界就开始了关于商代社会性质问题的讨论。郭沫若在《中国古代社会研究》中推论，商代虽然出现了阶级分化，但还处于氏族社会末期；吕振羽、翦伯赞则主张商代已进入奴隶社会；陶希圣、梅思平等则认为中国没有经历奴隶社会，把殷商时代划归“原始帝国时期”。抗日战争爆发后，虽然国邦多难，学人流离，但对学术的追求热情并没有削减，关于商代社会性质的争论依然进行。具体的研究情况，按当时的政治形势大致可分为国统区和延安边区两部分。在国统区内，吕振羽、翦伯赞分别出版了《中国社会史纲》、《历史哲学教程》，对商代奴隶社会进行了更细致的探讨；郭沫若则不断修正自己的学说，确立了商代为奴隶社会的观点，并在《古代研究的自我批判》和《青铜时代》中作了系统的阐述；侯外庐依然主张商代仍处在氏族社会的末期。在延安边区内，争论的焦点基本也是集中在商代是氏族社会还是奴隶制方面。尹达主张商代社会仍是氏族社会，而谢华、叶蠖生等则主张是奴隶社会。在此一阶段的争论中，出现一种新论点，即胡厚宣在《殷非奴隶社会论》中，根据甲骨文材料，提出商代已进入封建社会。

关于商代社会性质的讨论，在40年代后期以后趋于沉寂。解放后，又掀起了新的热潮。

建国后不久，郭沫若就发表《读了〈记殷周殉人之史实〉》，对商代奴隶社会进行探讨，由此掀起了中国古代史分期研究的热潮。学者们对商代社会性质的认识大致有四种观点：

一、原始社会末期说，以尚钺、于省吾为代表。尚钺认为，商代的社会组织“邑”，是以血缘关系为基础的氏族公社[41]。于省吾则认为商代处于军事民主主义时期，奴隶制的生产体系尚未形成[42]。

二、由原始社会向奴隶社会过渡说，以侯外庐为代表。侯外庐认为殷代处在野蛮末期的畜牧兼农耕的阶段，并有向奴隶社会转化的迹象[43]。

三、由原始社会向封建社会过渡说，以童书业、范义田为代表。这种观点认为古代中国由于原始公社制残余的存在和奴隶制没有充分发展等原因，导致封建制度的早熟，因此商代处于由原始社会向封建社会过渡的阶段[44]。

四、奴隶社会说。这种观点得到大多数学者的支持。郭沫若、范文澜、田昌五等人都认为商代已进入奴隶社会，但对于商代处于奴隶制的哪一发展阶段并没有形成统一意见。该说基本可以分为两种观点：

一种观点认为商代处于奴隶社会的“低级阶段”。孙海波认为商代的氏族组织尚未解体，农村公社是基本生产组织，主要生产者是公社成员，奴隶在生产中不占主要地位，土地为国家所有，商品货币经济关系微弱，土地和其他财产还不能自由流通，因此，商代社会“还是停滞于奴隶制的早期阶段”[45]。徐喜辰认为，商代还存在着农村公社的残余，殷商王朝其实是“奠基在土地名义上王有，而实际上公社所有的基础”上的“东方专制主义国家”[46]。王玉哲也认为,“甲骨卜辞中的‘邑’，实是公社的遗制”，商代土地属国家所有，掌握在商王的手中，土地还不能自由买卖，因此没有容纳大量奴隶的环境。所以“商代的奴隶制正像古代东方其他的国家一样，其发展是很缓慢的，有商一代始终停滞在低级阶段”[47]。束世澂也基本持同一观点。

另一种观点则认为商代已是奴隶社会的“高级阶段”，主要以唐兰和李亚农等为代表。李亚农认为，商灭夏以后，商人生产力的迅速发展，为大规模使用奴隶劳动开辟了广阔途径。而灭夏战争和后来武丁等王进行的对外战争，又为商代提供了丰富的奴隶来源。与此同时，商部落内部的自由民，由于负债或“犯罪”，也沦为奴隶。于是，商代社会出现了庞大的奴隶队伍。而考古资料和甲骨卜辞表明，殷代曾杀大量奴隶。李亚农由此推论“殷代的社会是高级阶段的奴隶制社会”[48]。唐兰则不仅认为商代已处在奴隶社会的“高级阶段”，而且认为商代已是“奴隶制社会后期”。他在《关于商代社会性质的讨论》中认为商代“已经是奴隶社会的极盛时期”。后来，他又对整个中国古代奴隶社会进行探讨，认为“从我国的情况来看，阶级的起源，约在一万年前；到了六七千年前，大汶口文化等古老文化的时代，早已是文明时代，已经有了初期的比较强大的奴隶制国家了”。“两昊两帝（笔者按，为太昊、少昊、黄帝、炎帝）时期，定为我国古代奴隶制国家的前期，从颛项时期进入中期”，“虞舜时代已到了这个奴隶制国家的极盛时代，奴隶制国家中期也就到此为止”。至于“儒家所谓三代盛世，实际上已经是奴隶制社会的后期了”。这时的商代社会，“生产力发展，经济高涨”，是奴隶制的强国[49]。

学者对商代社会性质的探讨，促进了古代社会史的深入研究，也为后来的甲骨学殷商史研究提供了良好的基础，推动了学术的繁荣和发展。

（2）众和众人的社会身份与商代阶级斗争研究

在讨论商代社会性质的过程中，甲骨卜辞中的“众”和“众人”的身份成为确定商代社会性质的关键，逐渐引起学者的重视。学者对“众”和“众人”的身份进行了深入讨论，形成了几种不同的观点，大致可分为以下几种：

一、“奴隶”说。这种观点认为众和众人是农业奴隶，在王及王的代理人“小臣”的管理下，从事农业劳动。甲骨文中“王大令众人曰：劦田，其受年。十一月”（《前编》7·30·2）、“贞叀小臣令众黍”《前编》4·30·2）等正是这一事实在甲骨文中的反映。殷墟发掘曾发现数百甚至上千把石镰集中存放的情况，也说明劳动者不占有生产工具，应是奴隶。甲骨文中常有占卜“众”会不会逃跑或伤亡的卜辞，反映了众、众人和社会上层之间存在着对抗。而《曶鼎》铭文中有把众和臣用以赔偿的记载，《尚书·盘庚》中则说“奉畜汝众”、“汝共作我畜民”，都表明众和众人的身份是奴隶[50]。郭沫若、李亚农等人都持这种看法。

二、“自由民”说。这种意见认为众是众人的省称，其身份是自由农民。由于中国是东方类型的早期奴隶制社会，所以自由民不仅在事实上被剥夺了财产，而且是社会生产的直接承担者，实际社会地位并不比奴隶高出许多。斯维至、徐喜辰等持这种观点。

三、“家长制家庭公社成员说”。于省吾认为“王大令众人曰劦田”，说明当时父权制大家族公社仍保持着原始的集体耕作制度，众和众人是家长制家族公社的成员。赵锡元也认为殷代尚未进入阶级社会，众“只能是家长制家庭公社的成员”[51]。

四、奴隶主说。这一类观点把众和众人区别开来，认为众人是自由的公社成员，是殷代的基本生产者，众则是属于统治阶级的一个阶层，是由地方选拔出来的，称“王众”或“王臣”，既是军队的基干力量，又是统治阶级上层统治自由民和奴隶的依靠力量[52]。

在对商代社会性质、社会成员身份等问题的讨论中，商代为奴隶社会说渐渐占据了主导地位。与此相应，商代的阶级关系和阶级斗争也被学者纳入了研究范围。

这类学者认为商代已建立了强大的王权国家，组成了以国王为首，由各级官吏、贵族组成的奴隶主统治阶级，其下是各种奴隶，为商代的社会结构勾勒了一个较为清楚的轮廓，为探讨商代的阶级关系提供了条件。

学者们认为，奴隶已是商代的主要生产者，他们参加农业生产、狩猎和征战活动。奴隶主对广大奴隶进行残酷的压榨和剥削，不仅剥夺他们的劳动成果，还对奴隶进行任意的人身伤害。商代社会中存在着奴隶主阶级和奴隶阶级的尖锐对立。

奴隶主阶级的残酷统治，引起广大奴隶的反抗斗争，胡厚宣的《甲骨文所见殷代奴隶的反压迫斗争》和齐文心的《殷代的奴隶监狱和奴隶暴动——兼甲骨文“圉”、“戎”二字用法的分析》等，都对商代的阶级斗争进行了深入研究。

甲骨文中有大量奴隶逃亡的记载，如卜辞中有：“癸丑卜，争，贞旬亡祸。王占曰：有祟有梦。甲寅，允有来艰，左告曰：有𡚽刍自益，十人有二。”这条卜辞是说，癸丑这天占卜，问十日内有没有祸患。王判断说：恐怕有灾祸。第二天，果然有一个名叫左的人来报告说，有十二个畜牧奴隶从益这个地方逃跑了。对于奴隶的逃亡，商王会派人追捕，如卜辞中有：“癸酉卜，亘，贞臣得。王占曰：其得唯甲乙。甲戌臣涉舟延陷弗告。旬有五日丁亥幸。十二月。”这条卜辞是说，癸酉日占卜，问能否抓住逃跑的奴隶。王判断说，可能到甲日或乙日才能抓到。第二天甲戌日臣的舟陷在了河里，但没有人报告，直到十五日后的丁亥日才抓到。逃亡的奴隶一旦被抓回，将受到惩罚。商代已有了一定的法律，甲骨文中常见的刑罚有伐、刖、劓等。

面对奴隶主阶级的迫害，奴隶在逃跑之外，还进行暴动对抗。甲骨文中有关于奴隶“焚廪”反抗的记载：“［癸巳卜］，争，［贞］旬［亡］祸。二。王占曰：有祟，叀光其有来艰。迄至六日戊戌，允有［来艰］，有仆在叀，宰在□，其□薅，亦（夜）焚廪三。”（《合集》583）卜辞的大意是说，癸巳日占卜，问十天之内有无灾祸。王判断说，在叀、光两个地方，可能会有灾祸发生。到第六天戊戌日，果然有事发生，仆奴在叀地，宰奴在某地薅草时，夜里他们焚烧了三个“神廪”。甲骨文还有监狱暴动的记载：“［王占曰：有祟］……乙卯有酘，……僬。庚申亦有酘，有鸣雉，疛圉羌戎。”据齐文心的研究，辞中的“疛圉”是设在疛地囚禁羌奴的监狱，戎作暴动解，“有酘”、“有鸣雉”等都是不吉利用字，表明奴隶主对奴隶的暴动十分惧怒[53]。

关于商代社会性质、社会成员身份和阶级斗争的研究，推动了中国古史研究的前进。

（3）商代的王权神化与商王朝疆域的研究

国家权力是社会上层建筑的核心部分，众多学者都在这方面进行了深入探索，为弄清商代的权力结构做出了贡献。

据研究，商王朝已建立了强大的国家机器。商王朝建立了较完备的官吏制度，按职司的不同，商代官吏可分为臣正、武官、史官三大类，其中臣正是事务官，主要有某臣、某臣正、小臣、王臣、小藉臣等，武官主要有马、多马、来、多亚、射、多射等，史官主要有尹、多尹、乍册、卜某、多卜、史、北史等。商王通过这一官僚机构实现对全国的统治。商王朝还建立了庞大的军队，甲骨文里关于商代军事情况的记载，其中有征集兵员三千、五千甚至一万三千人的记载，并设立了左、中、右三军的建制，商代兵种有车兵、徒兵、马兵、射兵等。军队是商王朝确保内部安全和对外御敌或扩张的重要工具。商代还建立起了监狱，并制定了刑罚，后世的五刑——墨、劓、宫、刵、大辟等在甲骨文中都有所反映。

商代的国家机器已相当完备，而处于这一权力系统顶峰的则是商王。商王不仅控制着官僚机构和军队，而且还是全国土地的所有者，广大范围内的人民皆是他的部属。据胡厚宣研究，商王自称“余一人”，这一称呼可能自商汤时即已有之，到盘庚、武丁时代最为兴盛，表现出商王“以天下之大，四海之内，唯天子一人为至高无上，唯我独尊”[54]的形象。

商代王权的强大，在意识形态领域的反映便是对上帝的信仰和对王权的神化。商人的信仰系统是多神的，既有上帝、日、东母、西母、云、风、雨、雷等天神，也有社、四方、四戈、四巫、山川等地祇，还有先公、先王、先妣、诸子、诸母、旧臣等人鬼。商人已具备了至上神观念，这便是甲骨文中的“上帝”。甲骨文中的上帝极有权威，是具有人格特征和意志的神灵，有着掌握主宰世间一切的权能。同时，甲骨文中的上帝还有臣下，如帝史、帝臣、帝五工臣等，构成了天上的权力结构系统。从甲骨文中的记载可以看出，“上帝”正是商王的集权专制在“天国”的反映。而“帝廷”，则是商代现实社会中的官僚机构在意识领域的映像。不仅如此，商王还把其祖先与上帝联系在一起。甲骨文中常有先公、先王“宾于帝”的记载，即商王的祖先可以配祭上帝。到商代后期，则直接把直系父王称为“帝”。商王王权神化的现实手段，则以掌握祭祀权和占卜权为主，商王通过对神、人之间沟通手段的独占，达到其神化自身加强王权的目的。

完备的国家机器使商王朝能够在广大范围实行有效的统治。《诗经·商颂·殷武》云：“昔有成汤，自彼氐羌，莫敢不来享，莫敢不来王，曰商是常。”即商汤时，商朝不仅控制了黄河中下游地区，还征服了西方的氐、羌少数民族地区。经过一系列战争，特别是武丁时期的对外征战，商朝的疆域不断扩大。

根据甲骨文记载，自武丁至文丁时期，商王朝的主要敌人在北方和西北，包括羌方、𢀛方、鬼方、龙方、御方、马方、基方、黎方等方国，其地在今山西、陕西等地区。武丁以后，商王朝的军事行动大为减少，这时交战的主要方国有𠭯方、缌方、危方等，其地在今山西、陕西、安徽和江苏等地。到帝乙、帝辛时期，曾大规模征伐人方，主要在今河南、安徽境内。商王朝通过连年征战，不仅加强了对原有领土的控制，而且扩大了疆域。商朝成为一个“邦畿千里，维民所止，肇域彼四海”的幅员辽阔的大国。

这一时期内考古资料也为商代的疆域情况提供了大量资料和依据。商文化的分布，北到辽宁喀左和内蒙古的克什克腾，西到陕西直至甘肃，西南到四川，南到湖南石门、宁乡，东南到江西清江，东到山东海阳。在如此广大的范围内，都存在着大量与中原商文化十分相似的文化遗存，表明商王朝在政治、经济和文化等方面都有巨大而广泛的影响。

通过对甲骨文资料和考古材料的整理和研究，学者们认为商王朝的统治范围包括了现在的河南、山东、河北、辽宁、山西、陕西、安徽、湖北等省的一部分或大部分地区，而其政治、经济、文化等方面的影响，则远远超过了这一区域，为以后统一多民族国家的形成打下了基础。

（4）商族鸟图腾与商族早期历史的追索

甲骨文虽然是商代晚期的占卜记录，但其中保留了大量有关商人早期历史的资料，为研究商族的早期社会状况提供了珍贵材料。学者们根据甲骨文，结合金文、文献和民族学材料进行综合研究，加深了对商族早期历史的认识。

“图腾崇拜”是世界范围存在的现象，人们认同自己与某种动物或植物同类同祖，并对这种动物或植物加以保护和崇拜。《诗经·商颂·玄鸟》有“天命玄鸟，降而生商”，《郑笺》说“天使鳦下而生商者，谓鳦遗卵，娀氏之女简狄吞之而生契”，而契即是商族的始祖。这说明当时商人尚处于“民知其母，不知其父”的母系氏族社会阶段，而商人的图腾则是玄鸟。商代的青铜器也有可资为证的材料，如《玄鸟妇壶》，“玄鸟妇”三字合文，表明作壶的贵妇家族以鸟为图腾。第五期甲骨文中有商王娶戎女为妇的记载，说明商代从先世契母简狄一直到乙辛时期还与有娀氏保持着婚姻关系。

契辅佐大禹治水有功，被舜命为司徒，“封于商，赐姓子氏”。随着生产力进一步发展，“相土作乘马”、“王胲（亥）作服牛”，畜牧业逐渐从其他产业中分离出来。随着行业的分化，商品交换发展起来。王亥赶牛到有易部落进行交易，被有易之君绵臣所杀，牛群也被夺走。后来王亥之子上甲微联合河伯部落打败了绵臣，夺回了牛群。

这些史实在甲骨文中也有反映。王亥作为商族早期历史上的一个特殊人物，在甲骨文中屡次出现，是甲骨卜辞中商人的高祖之一，商人的图腾鸟形标志就契刻在他的头上。在商人心目中，王亥具有作祟时王，影响农业生产和军事活动的权能，所以他受隆重祭祀。尤其在合祭时，对于大乙、上甲以前的各位先公只祭王亥，王亥“乃祭礼之最隆者”[55]。

王亥之所以受到后世的尊崇，主要因为他是上甲之父。上甲在商人历史上是一位有作为的君主。据文献记载，上甲组织了对有易部落的战争，“假师于河伯，以伐有易，克之，遂杀其君绵臣”[56]。上甲微打败有易，获得了大量财富和人口，加强了王权，而且加速了商族向阶级社会前进的步伐。因此，商人对上甲予以隆重祭祀。《国语·鲁语》说：“上甲微能帅契者也，商人报焉。”报祭是一种高规格的祭仪，“禘郊祖宗报，此五者，国之祀典也”。在甲骨文中，上甲占有特殊的地位，卜辞中凡商王合祭祖先，都是自上甲开始，帝乙、帝辛时代的周祭也是从上甲开始。商代王室以日为名的祖先谱系也是从上甲开始。这也说明，商族历史上存在着前后两个不同时期：上甲以前，商族还是部落组织，最高统治者还是部族首领；从上甲开始，商族进入奴隶制国家阶段，上甲也成为商族的第一个王。

甲骨文中不仅保留了商族早期文化的迹象，还保存了许多亲属称谓，也可以作为研究商族或历史上的亲属制度的资料。在甲骨文中，商王对祖先已有了直系和旁系的严格区分，这说明商代的父权制已确立起来。但甲骨文中商王对父辈祖先，不论叔、伯或生父，都称“父某”，对女姓则通称“母某”，这种称谓是母系制度下的称呼方式。商王在王位继承的方法上，传子和传弟并行，而传弟制正是昔日母系氏族社会的孑遗。这些说明商代社会中存在某些母系社会的遗风。

李学勤利用甲骨文资料对商代亲属制度做了更细致的研究，认为商人最复杂的亲属称谓由三部分组成，即区别字、亲称和日名。区别字是加于祖先名字前以区别同名祖先的字，有大、小、高、后、文、武等；亲称主要有祖、父、妣、母、兄等；日名则指商人名中的天干字。以“后祖乙”为例，后字是区别字，祖是亲称，而乙字便是日名。关于日名的来源，学者有多种说法，大致有生日说、死日说、祭名说、次序说等。李学勤则认为“日名有些像谥法，是在死后选定的，和生日死日无关。祭祀日依日而定，并不是日名依祭祀日而定”。同时李学勤对商代王位继承法也提出了自己的见解，“认为在殷代子继为常，弟及为变。其所以有弟及的现象，或因政治的需要，或因有争位的变乱”，并认为必须区分由商人亲属称谓字而推出的称谓制度与当时实际存在的亲族制度的不同[57]。

张政烺对商代的族组织进行了研究，认为中国古代氏族组织和军队的编制中存在着一百人团体和千人团的团体，存在着以百家为族的十进制氏族组织[58]。张先生的议论虽然是从“中国的铜器时代和铁器时代初期，即野蛮时代的初期阶段和最高阶段，这约略相当于历史上的夏商周和春秋时代”这样的历史分期方法出发，但他对商代族组织的论述依然有许多值得我们吸收和接受的地方。后来殷墟族墓地的发现，证明张氏的观点并非言之无据。

## 注　释

［1］郭宝钧《1950 年春殷墟发掘报告》，《中国考古学报》第 5 册，1951 年。

［2］中国社会科学院考古研究所《殷墟的发现与研究》第 151～161 页，科学出版社 1989 年版。

［3］同［2］，第 154 页。

［4］王宇信《甲骨学通论》第 278 页，中国社会科学出版社 1993 年版。

［5］胡厚宣《甲骨续存》，群联出版社 1955 年版。

［6］同［4］，第 283 页。

［7］晁福林《评〈甲骨文合集〉》，《中国史研究》1985 年第 2 期。

［8］王贵民《一部大型的甲骨文资料汇编——〈甲骨文合集〉》，《中国史研究动态》1979 年第 9 期。

［9］同［7］。

［10］同［4］，第 285 页。

［11］郭沫若《卜辞通纂》附录一，第 13 页，日本东京文求堂 1933 年版。

［12］李亚农《殷契摭佚续编》第 58 页上，商务印书馆 1950 年版。

［13］屈万里《殷虚文字甲编考释》第 142 页，“中央研究院”历史语言研究所 1961 年版。

［14］郭沫若《安阳新出土的牛胛骨及其刻辞》，《考古》1972 年第 2 期。

［15］裘锡圭《读安阳新出土的牛胛骨及其刻辞》，《考古》1972 年第 2 期。

[16] 宋镇豪《夏商社会生活史》第524页，中国社会科学出版社1994年版。
[17] 贝塚茂树、伊藤道治《京都大学人文科学研究所藏甲骨》序论，京都大学人文科学研究所1959年版。
[18] 陈梦家《殷虚卜辞综述》第147页，科学出版社1956年版。
[19] 肖楠《安阳小屯南地发现的“自组卜甲”》，《考古》1976年第4期。
[20] 董作宾《殷历谱》自序，台北艺文印书馆影印本，1964年。
[21] 董作宾《为书道全集详论卜辞时期之区分》，《中国现代学术经典·董作宾卷》，河北教育出版社1996年版。
[22] 同 [21]。
[23] 同 [21]。
[24] 李学勤《小屯南地甲骨与甲骨分期》，《文物》1981年第5期。
[25] 邹衡《试论殷墟文化分期》，《北京大学学报》1964年第4、5期。
[26] 中国科学院考古研究所安阳发掘队《1958~1959年殷墟发掘简报》，《考古》1961年第2期。
[27] 中国社会科学院考古研究所《殷墟的发现与研究》第37~39页，科学出版社1994年版。
[28] 同 [27]，第39页。
[29] 王宇信、陈绍棣《关于江苏铜山丘湾商代祭祀遗址》，《文物》1973年第12期。
[30] 姚孝遂《“人牲”和“人殉”》，《史学月刊》1960年第9期。
[31] 罗振玉《增订殷虚书契考释》，东方学会石印本，1927年。
[32] 中国社会科学院考古研究所安阳工作队《1969~1977年殷墟西区墓葬发掘报告》，《考古学报》1979年第1期。
[33] 王宇信、张永山、杨升南《试论殷墟五号墓的妇好》，《考古学报》1977年第2期。
[34] 唐兰《古文字学导论》，北京大学讲义石印本，1935年。
[35] 于省吾《关于古文字研究的若干问题》，《文物》1973年第2期。
[36] 裘锡圭《汉字形成问题的初步探索》，《文物》1975年第2期。
[37] 李学勤《中国和古埃及文字的起源——比较文明史一例》，《文史知识》1984年第5期。
[38] 郭沫若《古代文字之辩证的发展》，《考古学报》1972年第1期。
[39] 同 [36]。
[40] 郭宝钧《1950年春殷墟发掘报告》，《中国考古学报》第5册，1951年。

[41] 尚钺《先秦生产形态之探讨》,《历史研究》1956 年第 7 期。
[42] 于省吾《从甲骨文看商代社会的性质》,《东北人民大学学报》1957 年第 2、3 期。
[43] 侯外庐《中国古代社会史论》, 人民出版社 1955 年版。
[44] 童书业《与苏联专家乌安·约瑟夫维奇商榷中国古史分期等问题》,《文史哲》1975 年第 3 期。
[45] 孙海波《从卜辞试论商代社会性质》,《开封师院学报》1956 年创刊号。
[46] 徐喜辰《商殷奴隶制特征的探讨》,《东北师范大学科学集刊》1956 年第 1 期。
[47] 王玉哲《试述殷代的奴隶制度和国家的形成》,《历史教学》1958 年第 9 期。
[48] 李亚农《殷代社会生活》, 上海人民出版社 1955 年版。
[49] 唐兰《中国有六千年文明史——论大汶口文化是少昊文化》,《大公报在港复刊三十周年论文集》。
[50] 郭沫若《奴隶制时代》第 22~23 页, 人民出版社 1973 年版。
[51] 同 [42]; 赵锡元《试论殷代的主要生产者“众”和“众人”的社会身分》,《东北人民大学人文科学学报》1956 年第 4 期。
[52] 束世澂《夏代和商代的奴隶制》,《历史研究》1956 年第 1 期。
[53] 齐文心《殷代的奴隶监狱和奴隶暴动——兼甲骨文“圉”、“戎”二字用法的分析》,《中国史研究》1979 年创刊号。
[54] 胡厚宣《释“余一人”》,《历史研究》1957 年第 1 期。
[55] 王国维《殷卜辞中所见先公先王考》,《观堂集林》, 中华书局 1959 年版。
[56]《山海经·大荒西经》郭璞注。
[57] 李学勤《论殷代亲族制度》,《文史哲》1957 年第 11 期。
[58] 张政烺《古代中国的十进制氏族组织》,《历史教学》第 2 卷第 4 期, 1951 年。

# 五 甲骨学的『全面深入研究阶段』

进入20世纪80年代以后，与中国改革开放不断深入的社会总趋势同步，甲骨学研究也进入了一个大发展时期。特别是《甲骨文合集》的出版，为全面的甲骨学研究提供了基本资料，使过去研究资料匮乏的局面得以改观。而殷墟考古的新发现又推动了甲骨学考古学考察的加强。老一辈学者不断推出新作的同时，年轻一代的甲骨学家也逐渐成长起来。这一时期发表的论文的数量和质量，以及对问题认识的广度和深度都大大超越了以前各个时期。因此，这一时期的甲骨学研究，称为“全面深入研究阶段”。

## （一）甲骨文出土时空的继续扩大

这一时期中国考古工作正规有序地进行，有许多重要的新发现，甲骨文不断出土，为甲骨学研究提供了新的资料和新的课题。

**1. 1991年花园庄东地甲骨文的新收获**

20世纪80年代至今，殷墟甲骨间有出土。

1985年，在苗圃北地以西约200米的商代墓葬M8的填土中，发现卜骨1片，上刻四字，属习刻。

1985年秋，在小屯村西北地的发掘中，在商代晚期的一个灰坑中发现2片刻辞卜甲。

1986年春，在小屯村中，发现刻辞卜骨8片，但都是小片。

1989年，在小屯村中发掘出土有字甲骨294片，其中字骨293片，字甲1片。大多是小片，字数较少，但其中有军事方面的重要材料。

1991年，中国社会科学院考古研究所安阳工作队在安阳花园庄东地发掘了一个甲骨埋藏坑，出土了大量刻辞甲骨，为近年来发现甲骨最多者（图二六）。

甲骨出土于花园庄东地探方T4内的灰坑H3内。H3坑口距地表1.2米，坑近规整的长方形，长2米，宽1米。坑底距地表3.35～7米，长1.9米，宽0.9米。坑内的堆积分为四层：第一层浅灰土，厚6米，出少量陶片、兽骨和木炭粉；第二层黄色夯土，厚0.6米，土质纯净，坚硬，不出遗物。第三层深灰土，厚0.9米，在此层中部出现甲骨堆积；第四层黄土，厚0.4米，也有甲骨堆积。甲骨层跨第三层和第四层，厚0.8米，其上部的甲骨多为中、小碎块，可能是受到上面填土压力所致。中、下部则主要出大块或完整的甲骨。甲骨出土时不很规整，卜甲与卜骨、龟腹甲与背甲、大块的与小块的、有字的与无字的相杂处，彼此叠压得十分紧密，甲骨中间几乎没有空隙，卜甲的甲首和卜骨的骨臼也没有一定的方向。甲骨有的竖立，有的平放，有的斜置，其中竖立甲骨主要分布在坑边，但以平放者最多，大多反面向上，露出钻、凿、灼的痕迹。

花园庄东地H3共出甲骨1583片，其中卜甲1558片，有刻辞卜甲574片，其中腹甲557片，背甲17片；卜骨25片，上有刻辞者5片。共计出土刻辞甲骨579片。

图二六　花园庄东地出土甲骨

花园庄东地甲骨以大版的卜甲居多，其中完整的卜甲755版，另外还有大量半甲和大半甲。而有刻辞的完整甲骨达300多版，占有字甲骨总数的50%以上。H3甲骨的时代约当武丁中期，其字体细小、工整，并有字口涂朱或涂墨的现象，许多腹甲有边缘穿孔的现象，是研究甲骨文和全面窥探商代占卜制度的宝贵资料。

花园庄东地甲骨是继1936年YH127坑和1973年小屯南地甲骨之后，殷墟甲骨的又一次重要发现，有极其重要的学术价值。首先，花园庄东地出土甲骨虽属于武丁时期，但许多刻辞的字体与后期甲骨相类，使甲骨学者认识到以字体断代需要进行全面的考察和比较，才能得出正确的结论，对甲骨文分期断代研究的认识更加深入。其次，这批甲骨的主人不是商王，而是子，这对于研究商代的非王卜辞和商代上层贵族的组织结构具有重要意义，为研究“非王卜辞”及商代家族形态提供了珍贵资料[1]。

花园庄东地甲骨的前期整理工作已基本结束，预计几年内可发表，相信这批甲骨一旦公之于世，必将会促进甲骨学的发展。

**2. 郑州与桓台甲骨的发现**

作为时代较早的商代都城，郑州商城有无甲骨文一直是人们关注的问题，进入20世纪80年代以来，郑州曾两次发现甲骨文，引起了学者们的重视。

1989年秋，在河南省水利第一工程局发掘工地的商代灰坑中，发现了一块动物肢骨，正面下方刻有两个文字，字作“⺊卩”、“弜”形，刻痕较浅，笔画柔和无棱角，刀锋不明显，可能属习刻，其时代属二里岗上层时期。

1990年夏，在郑州电力学校的灰坑H10中，发现一片残骨，系动物肩胛骨做成了骨料，骨料正面偏上部刻有两个文字，作“弜”、“𠀠”形，刻痕也较浅，刀锋不明显，波折圆缓。

水利工程局刻字甲骨发现之初，曾有学者推测是随意刻划。电力学校刻字甲骨发现后，其第一字与水利工程局刻字甲骨的第二字相同，说明文字并非随意刻划。学者的认识进一步加深，有人认为：从字的写法和结构看，确实是人为有意识地刻划上去的文字；其文字稚拙，刻写浅缓，反映出刻写工具和文字都具有一定的原始性；刻写者可能是经过训练的文吏，但所刻文字不是祭祀时所用的规范文字，可能是当时民间流行的一种文字；文字属习刻，文字内容不具史料价值，但刻字甲骨的发现对研究当时的占卜制度和文字构成有着非常重要的意义[2]。

1997年，山东桓台史家遗址出土了刻字甲骨，这是我国迄今所发现的最早的甲骨文。

史家遗址面积25万平方米，其文化内涵包括了龙山文化、岳石文化和商代文化三个时期，刻字甲骨出于岳石文化层（图二七）。

迄今为止，史家遗址共发现刻字甲骨5片。其中2片出于岳石文化时期的祭祀坑中，一片甲骨正面文字作“六卜”形。这两片甲骨均系羊肩胛骨，未经任何修整，但留有灼烧痕迹，由于残缺，保留文字较少。文字刻划较深，刀锋明显，当属占卜所记的卜辞。

史家遗址所发现的甲骨文，使甲骨文的时代更为提前，为研究东夷文化及其与中原文明的关系提供了重要的资料。

图二七　山东桓台史家遗址木构祭祀坑

### 3. 西周甲骨在多处地点出土

这一时期，西周甲骨也屡有新的发现。

1979 年，在距凤雏村不远的扶风县齐家村出土了刻辞西周甲骨。1979 年 9 月，齐家村在平整土地时，就发现过西周卜骨，其中一件刻有文字。不久，又在村东土壕畔发现刻字龟甲版一件。1979 年冬天和 1980 年春，陕西周原考古队在甲骨出土地点进行了小规模的清理发掘，发掘出土甲骨十余片，在附近采集数片，共发现甲骨 22 片，其中 15 片上刻有文字。齐家出土的西周甲骨较为完整，为西周卜甲、卜骨整治特点的研究提供了重要资料。另外，在扶风县强家村遗址还采集到一片西周卜骨，上面刻有三字[3]（图二八）。

1991 年，河北省邢台市南小汪遗址出土了西周刻字甲骨。甲骨出土于灰坑 H75 中，系牛肩胛骨经修磨制成，残长 8.7 厘米，宽 3.1 厘米。正面现存两组卜辞，一组完整，有十个字：“邵曰巳四白驰騩陟其事”；另一组已残缺，仅存一个“其”字。同坑出土典型的西周陶器，所以这片甲骨属西周时期[4]。

1996 年，北京房山琉璃河燕都遗址发现西周甲骨。出土甲骨的灰坑 H108 呈不规则形状，南北长 4～8.4 米，东西宽 4～8 米，深 0.2～1.1 米，坑底不平，东北部坑底呈斜坡状。坑内堆积可分 3 层，第一层土质较硬，土色驳杂，甲骨就出于此层。H108 共出土甲骨数十片，刻有文字者 3 片。一片为腹甲残片，刻有“其叡□□”四字，另一片为腹甲甲首部分，正面刻有“成周”二字，第三片为龟右尾甲，上刻“用贞”二字。这 3 片甲骨，背面均有双联方凿，灼痕明显，是典型的西周甲骨。

北京地区发现西周甲骨的地点还有房山镇江营西周燕文化遗址。甲骨出土于探方 T0226 内，为牛肩胛骨的上部，残长 13

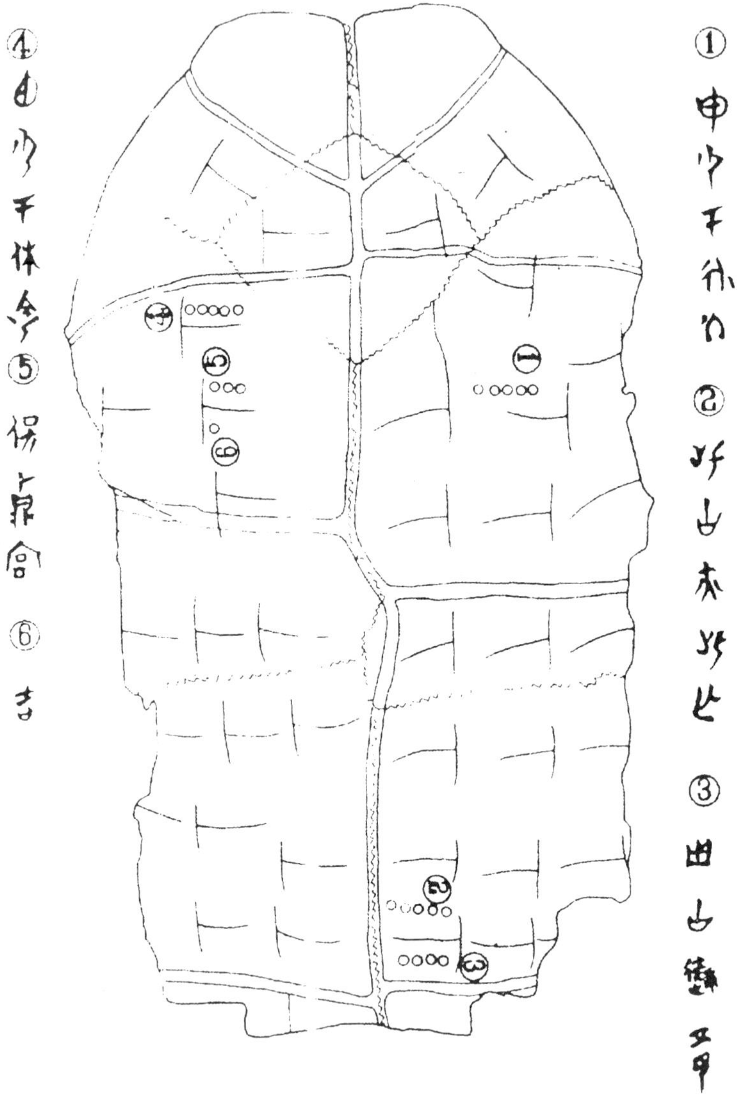


图二八　陕西扶风齐家出土西周甲骨

厘米，宽9厘米左右。正面和背面都经过修整，在骨面上有由6个数字组成的“筮数”，分两行排列。

从以上地区西周甲骨的出土情况看出，在西周王朝边缘地区的诸侯国国都遗址和远离政治中心的地方邑落也有刻字甲骨出土，这表明西周时期使用甲骨进行占卜的情况比较普遍，启示我们今后在各诸侯国遗址也有可能发现西周甲骨。

**4. 殷以前文字资料的寻觅**

甲骨文已是一种成熟系统的文字。甲骨文以前的文字情况如何，也是学者探求的课题，而各地大量陶文的发现和出土为研究提供了珍贵资料。

陶文研究起步很早。早在19世纪70年代，著名学者陈介祺就开始收藏、拓印和研究陶文。后来潘祖荫、王懿荣、刘鹗等都加入到其中。但当时的收藏和研究的陶文多系购买所得，而且以战国及其以后的遗物为主。科学发掘陶文和用上古陶文探索文字的起源问题，在近几十年才受到学者的关注。陶文分布地域很广，遍及黄河流域、淮河流域和长江流域。有陶文刻划的遗址也很多，青海柳湾、西安半坡、临潼姜寨、蚌埠双墩、莒县陵阳河和大朱村、诸城前寨、宜昌杨家湾、吴县澄湖、余杭南湖、邹平丁公、高邮龙虬庄等遗址都有出土。各地陶文大多只是单一刻划“文字”，出土多字陶文的遗址很少，主要有邹平丁公、高邮龙虬庄等。

1992年1月，山东邹平丁公遗址发现了一片刻字陶片。陶片出土于灰坑H1235，文字是在对陶片进行清理时发现的。H1235坑口呈圆形，口径2.22～2.44米，底径2.3～2.6米，深0.4米，底部和周壁较为规整。坑中出土陶片1400多片，均属龙山文化时期。刻字陶片宽3～3.4厘米，长4.6～7.7厘米，厚0.35厘米，在内面刻有竖行的文字5行11字。另外，陶片左上角有一刻画极浅的笔画，左下角一短线伸出陶片之外[5]（图二九）。

1993年，江苏高邮龙虬庄出土刻字陶文。龙虬庄遗址年代约相当于龙山文化末期至夏初，比邹平丁公遗址略晚。龙虬庄陶文刻在陶盆口沿的内壁上，共8个文字，分左右两行，每行4个，左边一行形近文字，右边一行则近于图形。

另外，在传世器物中也有多字陶文。美国哈佛大学沙可乐博物馆藏有一件良渚文化黑陶壶，上有刻符。学者认为这些刻纹应是相当成熟的文字记载，而且与甲骨文字属于同一系统，李学勤还释出“巫戍五俞”等字句。

在陶文之外，河南舞阳贾湖遗址还发现了刻在甲骨上的刻符。舞阳贾湖是一处相当于裴李岗文化时期的新石器时代遗址，共出土刻符甲骨3片。一片为完整龟腹甲，长16厘米，宽8.5～10厘米，上刻一“ꝏ”，另一片为腹甲碎片，长4～5

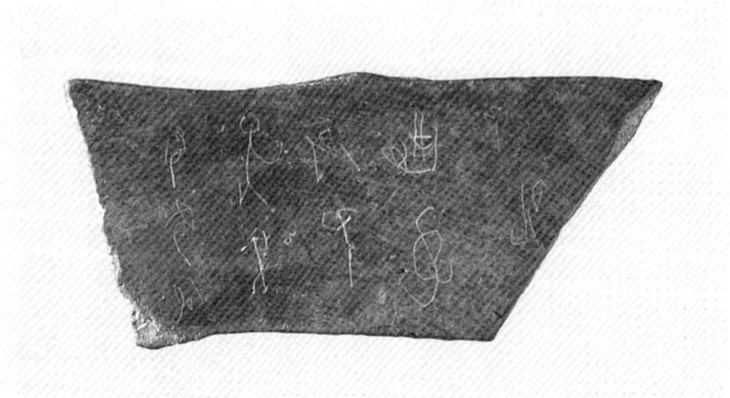

图二九 山东邹平丁公龙山城址出土刻字陶片

厘米，宽 4～4.5 厘米，上刻一“曰”，第三片为背甲碎片，长 2～2.3 厘米，宽 1.5～2 厘米，上刻“[illegible]”[6]。

陶文分布范围广，出土数量较大，已形成中原陶文、良渚陶文、巴蜀文字等几个相对独立的区系。大量陶文和其他上古文字的出土，推动了甲骨文以前文字的认识以及文字起源的研究，学者对甲骨文字的起源和演变的认识将更加深入。

## （二）甲骨文集大成著录的推出

### 1. 甲骨文材料的全面整理与《殷墟甲骨刻辞类纂》

甲骨文是甲骨学研究的基本资料。但甲骨是珍贵的文物，所以除少数收藏家或发掘者外，大多数学者只能根据拓本进行研究。

自 1903 年《铁云藏龟》出版以来，至今已出版甲骨文著录书籍一百多种，著录甲骨达十余万片。这些著录书为学术研究提供了丰富的资料，促进了甲骨学的发展。面对如此大量的材料，学者在就某一课题进行研究时，须承担繁重的材料搜集整理工作。后来的著录书，如《甲骨文合集》等采取了“先分期、后分类”的著录方法，但在研究有关课题时，资料搜集仍然极为繁琐，资料收集困难的情况没有得到最终解决。收集甲骨著录书籍，分门别类地集中整理甲骨文字资料，编辑完善的索引——类书的编纂成为甲骨学研究发展的急需。

1967 年，日本学者岛邦男的《殷虚卜辞综类》是对甲骨文进行全面总括整理的第一部大型甲骨文辞例索引工具书。《综类》把当时公布的所有甲骨文材料加以分解，摹出原形，然后综合归纳，分编于 164 个部首之下。以部首为纲，将构形相同或相似的字集于其下，并列出目次表。在目次表中，每一单字之下又注明其在本文中出现的页数，以备检索。该书以每一条卜辞中出现的关键字为“龙头”，按部首和目次分类集中，将甲骨文单字与卜辞内容有机地结合在一起。书后还备有《检字索引》和《汉字索引》，以方便查找。

自20世纪70年代以来，《综类》一直是甲骨学研究最常用的工具书之一，其价值和贡献是难以评估的。随着时间的推移和新材料的不断整理公布，尤其《甲骨文合集》出版之后，《综类》无法与新材料配套的矛盾已十分明显。而且，《甲骨文合集》出版以后，甲骨文字成为多种学科利用的资料，《综类》只摹原形不作隶释，使许多非专业学者只能望“文”兴叹，难以利用。新的形势要求编纂一部新的甲骨文索引工具书。1989年《殷墟甲骨刻辞类纂》的出版，解决了这一问题。

《殷墟甲骨刻辞类纂》分为部首表、字形总表、类纂、亲属称谓表、贞人表、索引等几部分。其中类纂部分是本书的正文，集中了卜辞辞条与其释文。《类纂》部首表共列甲骨文字形部首149个，比之《综类》有所删改和修正。在每个部首之下，右方注明部首的索引页码，左方注明部首在类纂中的页码。《类纂》的字形总表摹写所有甲骨单字，在每一原字下隶定出现代汉字，标注其字号及其在正文中的页数。字形总表列甲骨单字3639个，再加上附于某字之后未编号者976个，《类纂》实收甲骨单字4615个。《类纂》的正文部分以部首为纲，以字形总表为目，把相关刻辞辞条按类集中，分类收集了20多万条卜辞。此书内容宏富，是甲骨文发现以来系统全面整理的最新成就。在书后还附有部首索引、笔画检索、拼音检索等索引，为使用甲骨资料提供了方便。

《殷墟甲骨刻辞类纂》是反映90年甲骨著录和整理成果的总结性工具书，它收录内容丰富，索引齐备，具有较强的便捷性和实用性，是学者研究甲骨文的必备参考。《殷墟甲骨刻辞类纂》出版后，受到海内外学者的关注和欢迎，几度再版，对这一时期甲骨学研究的全面深入发展做出了贡献。

**2.《乙编补遗》和《合集补编》是甲骨文的世纪总结**

随着甲骨文发现一百周年的到来，学者开始对甲骨学发展的历程和研究专题进行总结，甲骨文原始材料的整理也成果颇著。在甲骨学一百周年前夕，推出了两部总结性的大型甲骨著录书——《殷虚文字乙编补遗》和《甲骨文合集补编》。

1936年3月至6月进行的殷墟第十三次至十五次科学发掘，共出土有字甲骨18405片，是研究甲骨学的珍贵资料。董作宾等从这批甲骨中选出9105片编为《殷虚文字乙编》。《乙编》是著录科学发掘材料最多的甲骨著录书，为推动甲骨学的发展做出了贡献。

1995年，“中央研究院”历史语言研究所把殷墟第十三次至第十五次发掘所得甲骨，除去《殷虚文字乙编》著录过的以外，全部加以整理，编纂为《殷虚文字乙编补遗》一书出版。《殷虚文字乙编补遗》共著录甲骨9390片，是近年来著录甲骨最多的大型材料汇集书之一。《乙编补遗》继承了《乙编》的编纂体例，即每一片甲骨的编号分为著录号、发掘次数、甲骨的种类（龟还是骨）和发掘编号四部分。

《乙编》著录的甲骨是经过挑选的，选入的都是片大字多的甲骨。片小字少的甲骨则没有收录。而凡发掘出土的材料都有其信息价值，甲骨也是如此。更重要的是，甲骨碎片是从完整龟甲骨或兽骨上断裂下来的，有缀合的可能性。而这批甲骨除原先碎裂外，又经过抗日战争时期的辗转流徙，所以碎裂和可以缀合的可能性更大。《乙编补遗》的出版，则把所有被遗漏的碎片发表，为缀合提供了素材，使第十三次至第十五次发掘所得甲骨的完整复原成为可能，为全面整理这批甲骨材料以及全面考察这批甲骨所反映的文化背景奠定了基础。

《殷虚文字乙编补遗》的出版，是解放前殷墟科学发掘所得甲骨材料已基本发表完毕的标志，从而使通盘考察殷墟十五次发掘成果，进行全面的反思和总结成为可能。

在整理传世甲骨材料的过程中，也存在着类似的情况。《甲骨文合集》所收录的也都是比较重要的甲骨，被忽略和遗漏的甲骨也为数不少。为了弥补这一缺憾，1995 年国家重点课题“甲骨学一百年”启动后，成立了《甲骨文合集补编》编辑组，开始对《甲骨文合集》未著录的甲骨进行整理。

1999 年，《甲骨文合集补编》出版。《合集补编》共收录殷墟甲骨 13450 片，殷墟以外遗址所出甲骨 316 片，实际共收甲骨 13766 片，是近年来著录甲骨最多的著作。书中对殷墟甲骨的编纂依然沿用了《甲骨文合集》体例，按先分期后分类的方法编排。

《甲骨文合集补编》是继《甲骨文合集》之后又一部大型甲骨资料汇编，《合集补编》对甲骨学的贡献主要表现在以下三点：

一、向学术界集中公布了大批材料。《合集补编》的资料来源十分广泛，包括原编纂《合集》使用后余下的甲骨材料，80 年代以后发表的除《小屯南地甲骨》和《英国所藏甲骨集》、《甲骨续存补编》以外的所有甲骨拓本、摹本和少量照片，以及少量收藏者提供的未公开发表的材料，《合集补编》

将其中的有价值者基本都予以收录。另外，著录材料的范围不再局限于殷墟，对河南郑州商城遗址、山东桓台史家遗址、河南舞阳贾湖遗址等地出土的甲骨刻文以及各地出土的西周甲骨都予以著录，甲骨文材料在时间上和空间上都得到了扩大。

二、集中著录了学者们的缀合成果。缀合可以大大提高研究资料的价值，因此缀合是整理甲骨的一个重要方面。《合集补编》吸收海内外的缀合成果，著录了大量缀合甲骨。同时，《合集补编》还纠正了《合集》中的一些误缀，增强了材料的准确性。

三、释文和检索为使用者提供了很大的方便。《合集补编》图版出版的同时，也出版了《释文》和各种检索表等辅助材料，为使用提供了方便。

社会科学研究的一项重要工作是搜集材料，材料是否完备常常是影响一个课题或学科发展的重要因素。《甲骨文合集补编》把大量甲骨文资料集中在一起，为研究者提供了方便，使其节约了时间和精力，对学术研究的功绩是显而易见的。

随着《乙编补遗》的出版，解放前十五次科学发掘所得甲骨已基本公布，这一时期科学发掘所得的甲骨文可以在《甲编》、《乙编》及《乙编补遗》的基础上进行通盘全面的思考和总结。而《甲骨文合集补编》与《甲骨文合集》相得益彰，使传世甲骨文资料得以集中，从而为今后的甲骨学研究提供了更为全面、翔实的资料，对学科的发展有着不可估量的意义。

**3.《合集释文》和《来源表》的推出**

1978～1982年，《甲骨文合集》出版，大大推动了甲骨学的发展。甲骨文已不再仅仅是甲骨学家研究的资料，许多其他学科也需要从甲骨文中搜集必要的资料。甲骨文应用领域的扩大以及大批非甲骨学专业学者的需要，使为《甲骨文合集》作出释文成为甲骨学研究需着重考虑的问题。此外，甲骨学学科基础建设的完备性也需要对《甲骨文合集》作出准确的隶释。有学者在这方面曾作出过努力，如姚孝遂主编出版了《殷墟甲骨刻辞摹释总集》等，但书中存在着因拓本不清等原因导致的种种舛误。这一问题一直没有得到妥善的解决。

《甲骨文合集》编辑组的学者们早在1980年就提出了作释文的设想，并开会加以讨论。1999年，由《甲骨文合集》编辑组学者们隶释的《甲骨文合集释文》终于出版。

《甲骨文合集释文》依照《合集》的片号顺序，对所录41956片甲骨逐片作出释文。对同一片上有多条卜辞者，编号注明各条卜辞的顺序。甲骨文材料的隶释采用学术界较公认的说法。对没有考释过的字，则由全体编写人员讨论决定，如形不成统一意见，则按原形摹画。对于残辞但能知其文字者，用“残辞互补法”加以补全，但对于漫漶不清，不能辨识者，则予以注明，不勉强隶释。对兆序、兆辞等按分属关系予以整理。对于涂朱、涂墨、分期错误、贴版错误等事项也加以说明和标注。

《甲骨文合集释文》的出版，为正确使用《合集》材料提供了可靠的参考资料，为研究使用提供了方便，解决了对某些难以辨识甲骨的争论，也改变了非甲骨学者利用甲骨文材料举步维艰的局面，推动了甲骨文的多学科利用。

1999年出版的《甲骨文合集来源表》对《甲骨文合集》所录甲骨的来源作出说明，不仅具有很强的可靠性，而且还为我们提供了许多有关甲骨的其他方面的信息。《甲骨文合集来源表》分上、下两册。上册是《甲骨文合集》图版所收录的材料来源出处，共七项内容：即合集号、著拓号、选定号、重见号、拼合号、现藏单位及备注等，按图版顺序对各片的有关内容作了扼要说明。合集号，即《合集》图版之编号；著拓号，是与合集号相对应的最早著录书或未曾著录而由《合集》最先采用的拓本号，均依原书或拓本编号列入。选定号，是《合集》图版所选用的著录书或拓本的编号。重见号，列出重见的著录书，按出版年月先后顺序列入。拼合号，记录《合集》缀合版的各分片的拓本号。上编后附有《合集》所使用之著录书、拓本以及现藏单位的简称和全称表；下编是从著录书号查《合集》号的索引，以出版年月为序，后附书名简称表。

《甲骨文合集来源表》为人们提供了《合集》材料的来源情况，使我们对甲骨资料的总体分布和整理情况有了大致的了解，为以后的整理工作指明了方向和范围。同时，《来源表》提供了甲骨的流传和著录情况，从中可见甲骨流传著录史。

《甲骨文合集释文》、《甲骨文合集来源表》和《甲骨文合集》一起构成了一个甲骨文材料的较完备系统，为全面研究甲骨文提供了条件。这一资料系统的建立，将大大提高甲骨文的利用率，促进甲骨学的全面发展。

**4. 西周甲骨文的结集**

陕西岐山凤雏宫殿基址所出西周甲骨最为重要，从一定意义上说，学者们的西周甲骨学研究，主要是对凤雏所出西周甲骨的研究。凤雏宫殿基址所出西周甲骨是分几批公布的。1979年陕西周原考古队《陕西岐山凤雏村发现周初甲骨文》将有字甲骨 32 片，按内容分卜祭、卜告卜年、卜出入、卜田猎、卜征伐、人名官名地名、月象及记时法、杂卜、异形字共9类公布；1981年徐锡台《周原卜辞十篇选释及断代》（《古文字研究》第6辑）公布摹本10片，除去与1979年公布者相重的3片外，7片为首次公布。1982年陕西周原考古队、岐山周原文管所在《考古与文物》上刊出的《岐山凤雏村两次发现周初甲骨文》公布79片，同期刊物上徐锡台《周原出土卜辞选释》公布17片，两文共公布96片。其中两文自重1片，与1979年公布者重5片，与1981年公布者重5片，实际公布85片。至此，历年公布的凤雏西周甲骨总数达124片。凤雏出土周原甲骨的重要部分已基本公布。

1982年，陈全方发表《陕西岐山凤雏村西周甲骨文概论》一文，集中公布了凤雏西周甲骨，共刊布有字甲骨242片，除去自重1片，实际公布241片。在“附录”部分还刊布了文字朽蚀、难以辨认的甲骨50片。全文共刊布西周甲骨290片。这一公布，把西周甲骨基本提供给学术界，推动西周甲骨研究进入全面深入的研究阶段。

此外还有几部西周甲骨研究专著，对凤雏甲骨进行了集中整理，主要有：

1984年，王宇信《西周甲骨探论》，将山西、北京与陕西西安丰镐、岐山凤雏、扶风等地所出西周甲骨摹本汇为一编，共收录甲骨摹本303号。其中第8到297号为凤雏所出甲骨，共290片。

1988年，陈全方《周原与周文化》，又将岐山凤雏所出甲骨集中公布，共发表摹本291片，其中自重1片，实际公布290片。

1991年，徐锡台《周原甲骨文综述》，按岐山凤雏西周甲骨出土编号顺序公布了其摹本，共公布凤雏西周甲骨 292 片，除去自重 9 片，实际公布 283 片。同时，本书还第一次公布了扶风强家村所出的有字甲骨 1 片。

1997 年，朱歧祥出版了《周原甲骨研究》，也按出土顺序编号，公布了凤雏甲骨的摹本，共 291 片。

1999 年，《甲骨文合集补编》出版。书中附录部分著录了殷墟以外出土的甲骨，陕西岐山凤雏遗址、扶风齐家遗址、西安丰镐遗址、山西洪赵坊堆村遗址、北京昌平白浮木椁墓、房山琉璃河遗址、房山镇江营遗址、河北邢台南小汪遗址所出土的西周甲骨都被著录。对于陕西岐山凤雏遗址甲骨和山西洪赵坊堆遗址甲骨，《补编》还将目前所见到不同版本的摹本集中在一起发表，以便学者比较研究，弥补了因周原甲骨文字纤小，各家对文字点画摹描不一的缺憾。

## （三）甲骨学研究的“全面深入”

### 1. 关于甲骨文命辞是否问句的再讨论

卜辞命辞为问句，过去早有定论。早在 20 世纪 30 年代，郭沫若就首先指出命辞为疑问句式，至 50 年代管燮初、陈梦家等学者作了进一步补证，命辞为疑问句式这一论断已为学术界所公认。

但自七八十年代以来，美国的吉德炜、倪德卫、司礼义和加拿大的高岛谦一等学者对命辞为问句提出了异议，认为命辞应是陈述语气。

这些外国学者之所以主张卜辞命辞不是问句，主要是认为卜辞中的“贞”字并非卜问之义。吉德炜认为，《说文》“贞，卜问也”的解释是后起的，先秦典籍和金文中并没有这种用法，用周代文例排勘，则以龟占卜时应用“卜”而不用“贞”。所以卜辞中的“贞”字为“正”，意为“由某人正之”。“贞”字也可隶释作“鼎”，卜辞中“某鼎”意为“由某人在鼎前主事”。因此，卜辞是某种“意图”或“预见”的宣示，而不是疑问，是祈祷或咒语，而不是预卜。倪德卫的看法与此基本相同，也认为“贞”与“正”相关，而“贞”指验证或判断命辞的正确与否。所以，贞人在占卜之中并不一定是求得神示，即使是为求得神示，其言语也未必都是问句。在卜辞句末加有否定助词或疑问助词的可以视作问句，而不具有这一语法形式的，则应是陈述句。高岛谦一认为，“贞”与“鼎”在字源和字形上有明显关联，先秦典籍中“鼎”可以假借为“定”和“贞”。而作为命辞前导“贞”，可译“验证”，有“去贞验、去实现”或“去确定”的意义。“贞”之后的命辞，并非疑问之义，而只是陈述。

国外学者的观点传到国内后，国内也有学者响应。裘锡圭认为，把卜辞命辞一律看作问句确是有问题的。卜辞命辞能确定为问句的，主要是早期卜辞那些带有句末语气词“抑（㠯）”和“执”的选择疑问式命辞中。过去被看作是反复问句的“V—不V”（如“雨不雨”）和“V—不”式卜辞，实际上是由命辞的验辞或用辞组成的，“不—V”是验辞，“不”是验辞或用辞。而卜辞中的复句式命辞，根据其语义就可以断定其不是问句。

但大多数中国学者依然坚持命辞是问句。

王宇信认为，卜辞命辞都带有希冀、祈求的意思，是对未来的疑问和预测，而不是“有关未来之陈述”。因为对于占卜者来说未来是不可知的，这也是占卜的原因。而且，从中国先秦文献以及民族学和民俗学材料来看，命辞的语言环境是“卜以决疑”。带有同样目的的商代甲骨卜辞也是在类似的占卜环境中契刻而成的，命辞的性质也应是对未来的疑问和预测。王宇信强调，对命辞句式的讨论不能脱离卜辞命辞的具体语言环境，忽略古代占卜的性质、用途，否则，就难以对命辞性质做出全面、准确的认识和讨论[7]。陈炜湛认为西方学者在命辞性质的讨论上，把占卜和祷祝混为一谈。占卜的目的在于决疑，而祷祝是为了表达愿望。两者有着本质的区别，祷祝之辞称为祷书，是陈述句式，占卜之辞则是卜辞，是疑问句式。尽管殷墟卜辞在语法句式上没有明显疑问句特征，但从占卜的性质以及卜辞的整体各部分之间的关系考虑，从卜辞的语言环境和具体语义考察，绝大部分命辞应当读为问句，而不能读为陈述句[8]。针对裘锡圭提出的“V—不”式命辞非问句，动词后的“不”是验辞的说法，朱歧祥总结了所有“V—不”式命辞，分为八类，进行了综合分析，认为“V—不”中的“不”字置于句末，具有疑惑、反诘、选择之义，与古文献的用法相同，显然不是动词之后的验辞，而是用于句末表示疑问的助词，所以卜辞命辞应是问句。

主张卜辞命辞不是疑问句而是陈述句的学者，大都极力否定“贞”字的卜问之义，认为先秦典籍和金文中“贞”字都没有作卜问之义的用法。其实不然。《尚书·洛诰》云：“视予卜休，恒吉，我二人共贞。”《周礼·春官·大卜》云：“凡国大贞，卜立君，卜大封，眡高作龟。”郑玄注：“贞，卜问也。”包山楚简的卜辞中，命辞也每每用“贞”字起领。商末周初的青铜器《利簋》中有“惟甲子朝，岁，鼎克晖”，鼎读作贞，应也释作卜问义。

所以，命辞为问句既与卜辞句式不舛，又与其契刻环境相符，应是没有错误的。

**2. “历组卜辞”时间前提的大辩论**

作为甲骨学研究的基础之一，甲骨的分期断代研究一直是学术界的热点。

1976 年，妇好墓被发掘。以对妇好墓的讨论为契机，李学勤提出传统上划为第四期的“历组卜辞”，并不是武乙、文丁时代之物，而是武丁晚年到祖庚时代的卜辞[9]。这一问题提出后，引起了甲骨学界的热烈争论。

“历组卜辞”问题是李学勤首先提出的，他的主要根据是：

首先，“历组卜辞”的文字具有早期特征，其许多文字如“王”、“贞”等字的写法都与早期武丁时代的字体接近。

其次，“历组卜辞”的文例与武丁时代卜辞文例接近，而且“历组卜辞”的署辞、兆辞也与武丁时期的兆辞相近，与晚期廪辛、康丁时期的兆辞却差异很大。

其三，“历组卜辞”中的许多重要人物，如妇好、子渔、妇井、望乘等，也都见于武丁卜辞。而“历组卜辞”中的夫、并、自般、犬征等也出现于属于武丁晚期至祖庚时的“出组”卜辞中。

其四，“历组卜辞”的占卜事类与武丁时期宾组卜辞或稍晚的出组卜辞有相似之处。

其五，“历组卜辞”的称谓系统表明这批卜辞应属于武丁时期。

后来李学勤在《小屯南地甲骨与甲骨分期》一文中，又对“历组卜辞”的分类作了进一步补充：“历组卜辞”与出组卜辞存在着共版现象；从考古层位关系上看，把“历组卜辞”划入武丁到祖庚时期也与考古资料相符合。

裘锡圭在李学勤论点的基础上加以补充，认为“历组卜辞”与武丁时宾组卜辞的称谓系统相合，而且人名和占卜事类也颇有相似之处，“历组卜辞”和宾组卜辞应属同一时代[10]。林沄则对卜辞进行类型学分析，根据甲骨文字体的演变进行考察，认同“历组卜辞”时间前提的观点。

而反对把这批卜辞时代前提的学者，也提出了自己的理由：

首先，武乙、文丁卜辞基本没有“贞人”，而武丁、祖庚卜辞有大量贞人。

其次，武乙、文丁卜辞与武丁、祖庚卜辞在字体和风格上有很大差别。

其三，武乙、文丁卜辞的文例与武丁、祖庚时不相同。卜辞、前辞及兆辞等形式差异十分明显。

其四，在称谓方面，从《屯南》4331“乙未贞其𠦪自上甲十示又三牛小示羊”推断“十示又三”，正好是上甲、大乙至祖甲除去三报、二示、时王之父以外的全部直系先王。再者，“历组卜辞”中对父辈祖先只有父乙之称，而武丁时代卜辞应还有父甲、父辛、父庚之称谓。

其五，在记事刻辞方面，认为记事刻辞并非武丁时代所独有，记事刻辞的时代差异性也说明了“历组卜辞”和武丁时期卜辞的不同。

其六，“历组卜辞”和武丁卜辞中确实存在着相同的人名，但这种情况在各期卜辞中不同程度地普遍存在，同时也有与方国名、地名相同的现象，说明这些人名不是私名，而是氏。

随着讨论的深入，肖楠等作了进一步论述，就武乙、文丁卜辞的称谓、人名、事类、坑位和地层关系等问题都作了更为深入缜密的探讨。

尽管讨论双方争论十分热烈，但都难以取得突破性进展，作出令人信服的论证。陈炜湛指出："双方尽管争论得很激烈，但很少具体讨论'历组卜辞'的核心——真正有贞人历的卜辞。"陈氏认为应先具体地分析贞人历的卜辞，以期先在小范围内取得较为一致的意见。陈氏收集有贞人历的全部甲骨二十余片，经过综合分析，认为这二十余片甲骨并非武丁至祖庚时物。由此上扩至整个"历组卜辞"，"除个别特例需另作解释以及某些骨片（如《粹》273）有可能属于武丁期外，大多数'历组卜辞'也不属于武丁祖庚时期，而是属于武乙文丁时期"[11]。

关于"历组卜辞"的争论，至今尚没有取得一致意见。但是，这场讨论极大地推动了甲骨分期断代研究的发展。其最重要的结果是，在讨论的过程中赞成"历组卜辞"时间提前的学者最终构筑了甲骨分期断代的"两系说"，反对"历组卜辞"时间提前的学者完成了对武乙文丁卜辞的细分。

**3. 甲骨文分期断代"两系说"体系的构筑**

传统方法把甲骨按王世划分为五期。研究证明，一个王世里可以存在着几种不同类型的卜辞，同一类型的卜辞也可以跨越两个王系。因此，简单地按王世划分甲骨有其不适宜之处，于是学者提出了分类分组断代研究的方法。

早在20世纪30年代，董作宾在《甲骨文断代研究例》

中就提出了“贞人集团”的名称，并用于分期断代研究。到20世纪50年代陈梦家在《殷虚卜辞综述》中明确提出贞人“组”的概念，并把卜辞划分为自组、宾组、子组等类别。李学勤在《评陈梦家〈殷虚卜辞综述〉》中提出：“卜辞的分类与断代是两个不同的步骤，我们应先根据字体、字形等特征分卜辞为若干类，然后分别判定各类所属时代。”1978年，李学勤首先提出了“两系说”理论，认为殷墟甲骨分属于两个系统，一个系统是由宾组发展到出组、何组、黄组，另一个系统是由自组发展到历组、无名组，自组可能是两系的共同起源，黄组可能是两系的共同归宿。在甲骨整理上，不再按王世划分甲骨，而是按照甲骨本身的特点，把甲骨分为不同的组，并命名以具有代表性的贞人的名字，如宾组、出组、历组等。各组甲骨在性质上又可分为以王为占卜中心的王卜辞和不以王为占卜中心的非王卜辞。李学勤在其《小屯南地甲骨与甲骨分期》中，把殷墟卜辞分为九组，其分组方法如下（表四）：

**表四　　　　卜人名组对照表**

<table>
<tr><th>李学勤</th><th>董作宾</th><th>陈梦家</th></tr>
<tr><td>宾组</td><td>一期</td><td>宾组、武丁卜辞</td></tr>
<tr><td>自组</td><td rowspan="3">四期<br>文武丁卜辞</td><td>自组、武丁晚期</td></tr>
<tr><td>子组</td><td>子组</td></tr>
<tr><td>凢组</td><td>午组</td></tr>
<tr><td>出组</td><td>二期</td><td>出组，庚甲卜辞</td></tr>
<tr><td>历组</td><td>四期</td><td>文丁卜辞</td></tr>
<tr><td>无名组</td><td rowspan="2">三期</td><td>康丁卜辞</td></tr>
<tr><td>何组</td><td>何组、廪辛卜辞</td></tr>
<tr><td>黄组</td><td>五期</td><td>乙辛卜辞</td></tr>
</table>

虽然李学勤在构筑“两系说”时沿用了组的概念，但其分组的标准与董、陈二家的分组标准并不相同。李学勤认为，字体是分类的唯一标准，在依字体分类后，可以确定出某一组类卜辞在内容方面具有哪些特点，作为推断具体卜辞是否属于该组类的根据。

“两系说”提出以后，许多学者进行了思考和论证。1984年，林沄将卜辞的演化加以系统化，提出了“两系说”最早的完整方案。此后，赞同“两系说”的学者进行了更细密的论证，发表了许多重要文章，“两系说”体系日益严密。这当中最重要的当属黄天树的《殷墟王卜辞的分类与断代》、彭裕商的《殷墟甲骨断代》和李学勤、彭裕商的《殷墟甲骨分期研究》。特别是李、彭二氏的著作是“两系说”的总结和示范性著作。

黄天树《殷墟王卜辞的分类与断代》一书，把殷墟卜辞分为A、B两系共20类，对各类卜辞划分的依据及其年代进行了阐述，在书后附有《殷墟王卜辞的分类及各类所占年代总表》。此书“是分期新说的系统发展。作者从严密的类型学分析着手，心细如发，把小屯的王卜辞划分为二十类，逐次论述其内涵及彼此的关系，又眉目朗然。专门研究甲骨的学者，必能看出此书提示了许多前所未知的奥蕴，在分期研究方面迈进了很大一步”[12]。

彭裕商的《殷墟甲骨断代》，“充分使用考古学的方法，先分类，再断代”，主要对殷墟早期王室卜辞进行了分类和分期，另外对非王卜辞也作了专门探讨。其结论简示如下：

自组卜辞：武丁早期—武丁中期

宾组卜辞：武丁中期—武丁晚期（可延至祖庚）

出组卜辞：祖庚、祖甲（上限可到武丁末）

历组卜辞：武丁中期—祖甲前期

自宾间组：武丁中期偏早

自历间组：武丁中期

非王卜辞：武丁中期

李学勤、彭裕商《殷墟甲骨分期研究》是“两系说”的全面总结和理论的深化。该书对卜辞的分类分组更为细致，并概括了全部卜辞的发展过程：

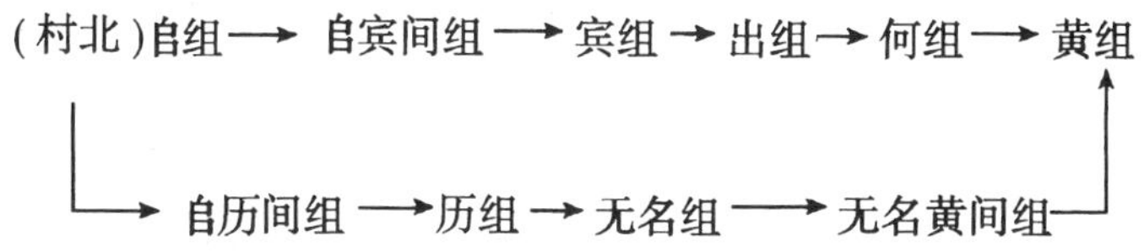


该书认为自组卜辞在小屯村北、村南均有出土，是两系的共同起源，自宾间组只出于村北，自历间组只出于村南，开始两系分化。此后，村北按宾组、出组、黄组系列演化，村南按历组、无名组、无名黄间组演化。最后，两系又互相融合，黄组成为两系的共同归宿。村北、村南并存着两个占卜机构，自始至终并行发展。

《殷墟甲骨分期研究》是“两系说”理论的最全面论述，是“两系说”的经典之作。“两系说”学者对已有成果加以扬弃，从卜辞本身规律出发，提出一个甲骨分期断代的新方案，推动了甲骨分期研究的深入。

**4. 关于第四期卜辞的细区分**

在“历组卜辞”时间提前的大辩论中，持反对意见的学者对四期卜辞进行了更加细致的分析和思考，经过深入研究，学者们完成了对第四期武乙、文丁卜辞的细区分，从而使传统的五期分法更加缜密和富有实践性。

1980年，肖楠撰成《论武乙文丁卜辞》一文，对四期卜辞的再区分作了详细的探讨。

肖楠认为：小屯南地遗迹可以分为早、中、晚三期。中期地层和灰坑又可分为中期一组和中期二组两段，中期地层中所出的卜辞也可分为三类。小屯南地中期地层与灰坑的时代，相当于康丁、武乙、文丁时期，其中所出的卜辞时代应当也与此一时段基本一致。在出土层位关系上，第一类卜辞和第二类卜辞出土于中期一组和中期二组地层，第三类卜辞只出于中期二组地层，中期二组地层的时间晚于中期一组的地层，所以第三类卜辞的时间晚于第一类、第二类卜辞。

三类卜辞自身的特点也表明了其早晚关系。第一类卜辞，其主要称谓“与文献记载康丁之诸父祖庚、祖甲、孝己及其兄廪辛是一致的。因此，这类卜辞当属康丁卜辞”。第二类卜辞，“有父丁称谓，偶尔也看到有父辛称谓”。其“字体风格与第一类又有区别，结合地层关系，此类卜辞当属武乙卜辞。其父辈称谓也正与文献记载武乙诸父有康丁、廪辛相符”。第三类卜辞，“根据地层关系晚于第一类、第二类，即晚于康丁卜辞与武乙文丁卜辞。从卜辞内容看，有父乙称谓，与文丁父武乙之称谓相符合。因此，当为文丁卜辞”[13]。

在时代细区分的基础上，学者对武乙文丁卜辞进行了更详细的分类。武乙卜辞可分三个类型，第一类型以《屯南》647、2281为标本，字体秀丽，若不依靠父丁、父辛等称谓，很难与康丁卜辞区分，这一类时间较早。第二类型以《屯南》1116、4331为标本，字体粗大，刚劲有力，是武乙卜辞的主流。第三类型以《屯南》503、611为标本，字体较秀丽，风格柔和，有的字接近文丁卜辞的字体，有的独具一格。这一类型为武乙晚期卜辞。文丁卜辞则可细分为四种类型，第一类型以《粹》221为标本，有“廿示”。第二类型，以《佚》884为标本，有“上甲廿示”。贞字皆作“”，是其明显特征。第三类型以《粹》374为标本，字体刚劲，近于武乙卜辞风格。第四类型在小屯南地发现甚多，以《屯南》751、2100、2126、2601等为标本，这一类中有不少特殊结构常用字。

1992年，方述鑫出版《殷墟卜辞断代研究》一书，对传统分法作了一个总结。《殷墟卜辞断代研究》共分三章，其第三章全面讨论了“历组卜辞”与武乙文丁卜辞问题。作者把“历组卜辞”的范围限定在刻辞中出现贞人历的卜辞和确信属于武乙、文丁时代的卜辞之内。在此基础上，根据字体等特征，把武乙卜辞划分为三种类型，文丁卜辞划分为六种类型。还将各种卜辞的典型字体整理列表，反映其时代先后和演化过程。通过综合分析，作者认为，考古地层方面，大量有明确坑位记载的“历组卜辞”，都出土于小屯村中和村南，村北偶尔也出土有极少量的“历组卜辞”，但是从来没有发现一片“历组卜辞”在早期地层或灰坑出土。卜辞本身方面，从合祭祖先的世系、亲属称谓、人物和事类、文例、字形、同版关系、钻凿形态等方面考察，这批卜辞也属于较晚期之物。因此，作者认为，“历组卜辞”当为武乙、文丁时代，而不能提前到武丁、祖庚时期。

在“历组卜辞”时间提前的大辩论中，学者们完成了对四期卜辞的细区分，使甲骨分期断代的五期说更加走向深入细致，推动了甲骨学研究的发展。

### 5. 盘庚时期甲骨文和帝辛时期甲骨文的寻觅

在甲骨分期断代方面，还存在着两个重要的问题，即找寻武丁以前卜辞和帝辛卜辞的问题。

对武丁以前卜辞的探索，不仅关系到武丁以前是否存在卜辞，而且关系到盘庚是否迁殷的重大历史问题。因此，寻找武丁以前的卜辞，是甲骨学研究须解决的问题之一。

20世纪30年代，董作宾在《甲骨文断代研究例》就划分出“第一期，武丁及其以前（盘庚、小辛、小乙）”，推测存在武丁以前的卜辞。但具体哪一部分是武丁以前的卜辞，则一直没有学者正式讨论。1954年，胡厚宣在《战后京津新获甲骨集》序言中说：“甲骨时代，暂分四期。编号1~3160为一期，即盘庚、小辛、小乙、武丁四王之物”。第二年，胡先生又在《甲骨续存》序中说：“上编1433到1465，下编579到598……疑皆当武丁以前，即盘庚、小辛、小乙之物”。胡先生首次指出了武丁以前卜辞的存在，但并不能肯定，也没有就此问题加以详细论证。武丁以前卜辞的问题并没有得到解决。

殷墟的科学发掘为学者提供了一些早于武丁时期卜辞存在的线索。1971年，在殷墟后岗殷墓M48中，发现了残骨一片，上刻有两字。据考证，M48的时代早于武丁时期。墓中所出刻字卜骨应属武丁时代以前[14]。1973年，小屯南地灰坑H115出土了一片卜甲（《屯南》2777），其上刻有“求生”二字。H115在所发掘的一组地层中处于最下层，时代最早。据《小屯南地发掘报告》对小屯南地殷墟文化的分期，H115属早期一段。而早期一段在时间上属于武丁以前，即盘庚、小辛、小乙时代。因而，这片卜辞的时代也应当属于武丁以前，即盘庚、小辛、小乙时代。

与此同时，学者们还把眼光延伸到解放前殷墟发掘材料中，为武丁以前卜辞寻找证据。自组大字卜辞字形较原始，学者推测武丁以前卜辞可能与之相近，但一直苦于没有根据。李学勤发现解放前小屯北地丙组基址下出土的自组大字卜辞中没有“父乙”、“母庚”的称谓，而有“兄戊”之称，而自组有“父戊”，由此推测丙组基址所出卜辞可能是武丁以前之物[15]。解放前第十五次发掘中，在殷墓 YM331 中出土了一片刻辞甲骨（后著录为《乙编》9099），字体特别，难以划分其归属。考古学者根据 YM331 所出青铜礼器分析，其形式与安阳殷墟三家庄 M3 所出青铜器相似，三家庄 M3 的时代介于郑州二里岗与殷墟大司空一期之间。所以，YM331 的时代也应介于二里岗与殷墟大司空一期之间，其绝对年代约当盘庚、小辛、小乙时代。那么 YM331 所出的刻字卜甲（《乙编》9099）的时代，也应在武丁之前[16]。

另外，台湾学者刘渊临根据甲骨钻凿形态，对中央研究院所藏大量甲骨进行细致研究，从中选出 6 片，认为其整治技术比较原始，其时代应属于“安阳早期”，即武丁以前。

近年洹北商城的发现，为解决这一问题提供了新的希望。洹北商城面积达 150 万平方米，建筑基址和出土器物规格较高，其时代介于郑州商城文化和殷墟文化之间，可能是盘庚迁殷之地。那么，盘庚卜辞的发现很可能在不久的将来就可成为事实。

帝辛卜辞的证实和区分是甲骨研究的另一个难点。其本身的重要意义不仅关系到是否存在帝辛卜辞，而且还关系到是否有另一次迁都——帝乙迁沫，以及商代末年商周之间的战争等史实。

帝辛卜辞是否存在，很早就有学者进行讨论。王国维主张“盘庚以后，帝乙以前，皆宅殷墟”。后来董作宾提出殷墟当是从盘庚到帝辛整个商朝晚期的都城，卜辞的时代随之扩大到整个商代晚期。1933 年，郭沫若在《卜辞通纂》序言中提出，帝乙末年迁都至沫，所以安阳没有帝辛卜辞。1945 年，董作宾出版《殷历谱》，提出了三个根据，证明存在帝辛卜辞。这三个根据是：周祭卜辞有两个系统，必分隶于帝乙、帝辛；史载纣伐东夷，所以伐人方卜辞必为帝辛之物；《殷墟书契》1·26·1“父乙”是帝辛周祭帝乙的卜辞等。

1956 年陈梦家在《殷虚卜辞综述》中否定了郭沫若的观点，认为殷末时只是扩大都邑，并未迁都。并举出周祭卜辞中“王宾妣癸彡日”，“妣癸者，帝辛所以称文丁之配。由此一片，可证安阳出土甲骨确实有属于帝辛之世者”。常玉芝同意这种观点，她对乙辛卜辞也作了深入研究，指出“妣癸即帝辛称文丁之配，它绝不会是指他王之配，……因此，有‘妣癸’的此类卜辞，必为帝辛时所卜。由此又可证明，殷墟确有帝辛卜辞，则帝乙迁都之说是不正确的。”[17]但也有学者不同意“妣癸”是文丁之配，而认为她是武乙之配。如是，则“妣癸”之称属于帝乙、帝辛皆可。

乙辛卜辞中因有贞人“黄”，所以又被称为“黄组”卜辞。关于“黄组”卜辞的时代，一般认为属于帝乙、帝辛时代。80 年代初，李学勤提出“黄组”卜辞应分属三个王。1987 年，常玉芝撰成《商代周祭制度》一书，书中通过拟定王六祀、王十二祀祀谱，证明周祭实际上存在三个系统，即“黄组”的周祭可能分属于三王。1993 年，常玉芝又分析了王二祀祀谱，为“黄组”分属三王找到了新证据。那么，“黄组”卜辞可能分属于文丁、帝乙、帝辛三个王的时期。

尽管确定有帝辛卜辞存在，但要将其从乙辛卜辞中区分出来，则极为困难。所以，帝辛卜辞将是甲骨分期断代的一个重点和难点，今后还需要学者的不断努力探索。

**6. 钻凿形态的研究与甲骨分期**

在甲骨分期断代的研究中，也有学者注意到甲骨的钻凿形态对于断代研究的意义，特别是近年来，许多学者在这方面作出了努力。

首先对甲骨钻凿形态进行系统研究的，是加拿大华裔学者许进雄。1973 年，许进雄写成专论《卜骨上的钻凿形态》。在此基础上，又于 1979 年写成《甲骨上钻凿形态的研究》一书。书中主要内容可分为四个部分：一是以实例说明各种钻凿形态以及其时代关系，把甲骨上的凿分为五种类型，即单独的长凿型、圆钻包摄长凿型、小圆钻型、长凿旁圆凿型、于骨面中下部位施凿型。许氏认为钻凿形态的演进与董作宾断代标准所区分的甲骨时代基本吻合。二是利用钻凿形态探讨王卜辞的时代、贞人供职异期等问题。王卜辞的时代归属问题，可以利用钻凿形态确定，同时还发现了贞人供职多期是较普遍的现象。三是区分第三期和第四期的卜骨。从钻凿形态中选取比较明显而且易于统计的现象，讨论了如何区分第三期与第四期卜辞。四是讨论卜辞事类与钻凿形态的关系，认为从凿的形态分析，“不但凿长、凿形是重要的，就是骨沿的修治法，长凿的排列位置，烧灼的方法等，也都或多或少地表现各期的差异性。有时候些微的差异却是断代非常重要的标准”[18]。

自此以后，甲骨学界开始注意钻凿的观察和研究，长期被忽略的甲骨背面材料被发掘出来。

1981年，于秀清等写成《甲骨的凿钻形态与分期断代研究》一文，对各期甲骨钻凿形态的特征作了初步概括。而对钻凿形态进行较系统的整理和研究，则是在1973年小屯南地甲骨发现和整理成书出版以后。1983年出版的《小屯南地甲骨》共五册，钻凿部分占了一册，发布钻凿拓本、线图421片。这是甲骨学史上第一部把甲骨背面钻凿形态与正面文字资料共同著录的著作。

学者根据对小屯南地甲骨钻凿的观察，将其分为6型14式：

Ⅰ型，弧形凿。又可细分为三式。

Ⅱ型，尖圆直腹凿。头、尾呈三角形，凿之纵剖面一般为弧平底。

Ⅲ型，圆钻包含长凿，凿在圆钻的底部中央处。

Ⅳ型，长方形凿。腹部近直线或稍带弧度，头、尾平圆。也有少数呈规则的长方形。小屯南地所出甲骨，以此型凿为最多。据凿长之不同，又可分为四式。

Ⅴ型，鼓腹凿。腹部呈弧线形，比较肥大，头、尾尖圆或平圆。据凿之长短，又可分为三式。

Ⅵ型，不规则弧形凿。又可分为二式。

不同类型的钻凿，其时代也有所差异：

Ⅰ型凿流行于武丁时期，包括𠂤、午二组，其他期未见。

Ⅱ型凿也流行于武丁时期。这类形态在小屯南地甲骨中不多，但在以往著录书如《怀特》等中常见。

Ⅲ型凿在小屯南地只发现一片，在著录中多见，其时代属于武丁时期。

Ⅳ型凿盛行于康丁、武乙时期，文丁时期也有少量发现。

Ⅴ型凿主要流行于康丁时代，或康丁、武乙之际。另外帝乙、帝辛时代也有。

Ⅵ型凿出现于武乙时期，流行于文丁时期。其他期不见。

钻凿形态研究为甲骨分期断代提供了新的证据。许多学者根据对钻凿形态的研究，就甲骨分期提出了自己的看法，推动了甲骨分期断代研究的前进。

**7. 无字卜骨研究被提上日程**

殷墟甲骨除刻有文字的以外，还有大量无字甲骨。这些无字甲骨在科学发掘以前，大多被抛弃了。在科学发掘以后相当长的时间内，学者的注意力也只是集中在有字甲骨上，而很少对无字甲骨进行研究。而且，大多数学者进行甲骨学研究，利用的都是拓本。而著录者在公布资料时，多注重文字资料，没有文字的甲骨以及有字甲骨的背面都忽略了。所以，在很长时间里，无字甲骨的利用率极低。时至今日，随着甲骨学研究的发展，无字甲骨的学术价值日益显露，成为学术研究的待开发区。

以往对无字甲骨的研究，大致可分为两类。一类是考察甲骨的类别和种属，一类是探索甲骨整治方式、古代占卜制度等。

对殷墟甲骨种属的鉴定，开始时间很早。20 世纪 30 年代秉志的《河南安阳之龟壳》、杨钟健的《安阳殷虚之哺乳动物群》、40 年代伍献文的《“武丁大龟”之腹甲》等，对殷墟出土甲骨的种类、产地等进行了研究。甲骨学者利用这类研究的结论，以探讨商代甲骨的来源情况，但不从事这类研究的具体工作。所以，从严格意义上讲，这一类研究属生物学范畴，而不属于甲骨学领域。

此外对甲骨进行文字资料以外的研究，主要是考察商代甲骨的整治方式，推论商代的占卜制度。1928 年，董作宾就写成《商代龟卜之推测》一文，通过对甲骨实物的观察，对商代甲骨的整治方式、占卜过程、卜后甲骨的处理等方面作了探讨。以后陈梦家等也作过类似研究。另一种利用无字甲骨的情况是，学者以殷墟甲骨为中心，上下联系，推勘甲骨占卜的源流。50 年代，台湾石璋如发表《骨卜与龟卜的探源——黑陶与白陶的关系》，认为骨卜和龟卜本是两个系统，骨卜是东方东夷的传统，而龟卜则是南方淮夷的习惯。殷人继承吸收了两种文化，实行龟、骨并用的占卜制度。陈梦家则考察了各地出土的甲骨，分析各式甲骨的不同特点，认为小屯北地刻字甲骨和小屯四周无字卜骨在整治上有繁简之别，乃是王室与非王室之不同。在这类研究中，无字甲骨的利用比例虽有所上升，但依然没有成为独立的研究对象，而是作为有字甲骨研究的补充例证，处于辅助的地位。

80 年代以来，学术界对无字甲骨日益重视，着眼点也不再局限于殷墟甲骨。1984 年，台湾刘渊临出版《卜用甲骨上的攻治技术的痕迹之研究》一书，对小屯卜骨上的攻治技术，以及全国其他各地出土甲骨的攻治技术的演进作了综合考察。1982 年，韩国李享求撰成《渤海沿岸早期无字卜骨之研究——兼论古代东北亚诸民族之卜骨文化》，1995 年撰成《渤海沿岸之甲骨文化与韩国之甲骨文化》，对渤海沿岸、朝鲜半岛及日本列岛出土古代卜骨作了考察，认为骨卜的习俗起源于辽河上游支流西拉木伦河一带，而后传入中原地区。日本冈村秀典则认为，甘肃武山傅家门遗址和河南淅川下王岗遗址出土的卜骨时代最早[19]。日本荒木日吕子于 1997 年撰成《中国新石器时代的卜骨及其社会意义》一文，分析新石器时代的无字卜骨，认为骨卜是在龙山早期，以粟为主要作物，兼从事畜牧业的火田文化圈里产生的；龙山晚期，骨卜在中原北部盛行，后来扩大到二里头文化区及岳石文化区等。

殷墟无字甲骨的研究也走向正规。1995 年出版的《1973 年小屯南地发掘报告》，把小屯南地出土的5000 多片无字甲骨的钻凿形态进行了整理。此报告认为小屯南地无字甲骨凿的形态特点、所属时代以及出土层位等与有字甲骨基本是一致的，并指出，“无论是有字甲骨，还是无字甲骨，凿形的发展序列是相同的。搞清楚钻凿的发展序列对进一步研究卜辞分期是有帮助的，因此钻凿研究也是卜辞研究不可分割的一部分”。

无字甲骨在考察甲骨整治、占卜制度等方面，都可提供许多文字资料之外的信息。这是进行全面研究须考虑在内的因素。同时，经过百年来甲骨研究，许多问题单纯依靠有字甲骨进行考察，已难以得到彻底解决，寻求文字资料以外的信息，已是不可避免。

回顾无字甲骨研究的历程，可以看到，从 20 世纪 50 年代以来，大陆的研究者虽然取得了一些成绩，但从甲骨学发展的总体和整个海内外甲骨学界的研究成果看，大陆的无字甲骨研究依然是一个薄弱环节。所以，加强无字甲骨的研究，促进甲骨学的全面发展，是学者们应该努力的方向之一。

### （四）甲骨学研究的新分支学科——西周甲骨学的形成

随着西周甲骨的出土和公布，西周甲骨学逐渐发展起来，形成了甲骨学研究的一个新的分支学科。

**1. 西周甲骨研究的几个阶段**

与甲骨学本身一样，西周甲骨学也是由新材料的发现而发展起来的一门新学科，其形成和发展经历了萌芽时期、形成时期和全面深入研究时期几个阶段。

西周甲骨学的萌芽阶段，是指学者意识到存在不同于殷墟甲骨的其他类型甲骨，到西周甲骨得到确认，并对出土材料进行反思这一时期。早在 1950 年，安阳四盘磨 SP11 发现一片卜骨，学者就注意到其“文句不合卜辞通例”，开始构想可能存在着不同于殷墟甲骨的其他类型甲骨。随后，陕西邠县和河南洛阳分别出土了明显不同于殷墟甲骨的卜用甲骨，限于当时的知识，学者依然把它们与殷墟甲骨归属于同一系统。1954 年，山西洪赵坊堆村有字甲骨出土，为学者提供了甲骨整治和文字契刻与殷墟甲骨完全不同的例证，使学者认识到，在殷墟甲骨之外，还存在着其他类型的甲骨文。畅文斋、顾铁符等认为坊堆村甲骨属于春秋时代或更晚，是晋、赵所遗。李学勤根据甲骨文字的字形以及与甲骨伴出的铜器、陶器等认为，这片甲骨的时代应属西周。陈梦家也认为此甲骨为殷末周初时物。

坊堆村甲骨的发现，打破了凡谈甲骨文则必殷商的传统看法，使人们审视甲骨文的目光开始转移到殷墟之外。1956 年丰镐张家坡西周甲骨的出土，说明坊堆村西周甲骨并不是孤立、偶然的现象，学者对西周甲骨的认识进一步加深。此后，学者开始对以往出土的与殷墟甲骨具有不同特点的甲骨进行重新认识，安阳四盘磨、陕西邠县、河南洛阳等的甲骨也终于被确认为西周甲骨。

从 1950 年提出存在与殷墟甲骨通例不合的甲骨，到西周甲骨的最终确认，其间历时五六年之久。这一时期被称为西周甲骨学的萌芽时期。

西周甲骨学的形成阶段是学者对西周甲骨进行初步探索的阶段，在时间上大约从1956年至1982年。这一阶段西周甲骨在北京昌平、陕西岐山凤雏、扶风强家等地都有出土，尤其是凤雏遗址出土西周有字甲骨达300余片，为学术研究提供了新资料。

在资料陆续公布的同时，研究工作也随之展开。文字考释是研究的第一步，许多学者在这方面取得了可喜成绩。这一阶段文字考释的成果，汇集于《西周甲骨探论》的“西周甲骨汇释”一章中。西周甲骨的关键问题——族属和时代，是学者倾力关注的问题。徐中舒认为周原甲骨大部分是文王时代遗物，但也有成王遗物在内；王宇信、李学勤、徐锡台、陈全方等则认为周原甲骨可分为两期，即武王克商之前和克商之后两段。李学勤推论周原甲骨的年代上起周文王，下及康、昭时期，徐锡台则认为周原甲骨最早可推至王季晚期。至于西周甲骨的族属，王玉哲认为其大部分是商王室的卜辞，是武王灭商时商朝卜人投奔周人带过去的，但其中也有一小部分是周人自己的东西。关于西周甲骨与殷墟甲骨之间的关系，李学勤认为“商周甲骨有许多根本的差别，应该认为是两种不同传统的卜法。西周甲骨不是殷墟甲骨的直接延续”[20]。王宇信则认为西周虽有许多自己的特征，但“这些特征不是独创的，而是早在殷人那里就始露端倪，加以继承和发展形成，是时代进步性的表现”[21]，西周甲骨与殷墟甲骨有许多共同性，它们是一脉相承的。甲骨学研究的直接目的之一，就是将甲骨材料用于历史研究。西周甲骨的时代约相当于商周交替之际，所以对于探讨商周关系具有重要意义。有学者认为周人受封于商，可能始于太公诸盩时代；有的学者则认为，有关商周关系的记载始于季历时代，而且殷周之间曾有较长时期的稳定关系，周文王时代则通过盟誓，归服于商。有的学者则认为灭商之前，周一直是商在西方的附属侯国。另外还有学者对西周甲骨所反映的周初的地理、官制、历法等进行了讨论。

这一阶段的研究是在甲骨材料公布的过程中进行的，由于材料的公布是零散的，所以研究中难免带有片面性。1982 年，陈全方发表《陕西凤雏村西周甲骨文概论》一文，发表凤雏村出土的有字甲骨 290 余片。至此，西周甲骨材料基本全部向学术界公开，西周甲骨学研究走向一个新的时期，进入了全面深入的研究时期。

这一时期的论述较多，难以一一叙述，但主要问题仍是对甲骨学形成阶段所讨论问题的继续深入。这一时期出现了王宇信的《西周甲骨探论》、陈全方的《周原与周文化》、徐锡台的《周原甲骨文综述》、朱歧祥的《周原甲骨研究》等重要的综合性著作，对西周甲骨进行了全面系统的探讨。这表明，学者们在不断深入探索的基础上，开始对西周甲骨进行总结和回顾，从而推动研究向更深入的层面发展。

**2. 西周甲骨的特征及其族属的讨论**

西周甲骨发现以后，学者不仅对甲骨刻辞加以研究，而且对西周甲骨本身进行了考察，总结了其与殷墟甲骨的异同。

在甲骨整治方面，龟甲主要用龟腹甲，一般两面都加以刮磨，甲首经过掏挖，并留有宽厚边缘。卜甲都施以方凿，排列整齐、密集，有规则地分组排列。偶尔也用背甲，但背甲不像殷墟背甲那样对半剖开，而是整个使用。卜骨主要用牛肩胛骨，不切臼角，削去骨脊，有的还加以锉磨。在骨面上施以圆钻，在圆钻底部外侧凿一竖槽，呈“猫眼状”，即所谓“圆钻内包摄长凿”。

在施灼与呈兆方面，由于西周甲骨整治、钻凿形态一致性较高，所以灼后的兆纹基本相似。卜甲上的灼痕较大，兆枝皆指向中线。卜骨灼痕较小，兆枝皆从外向内，并且左右对称。

西周甲骨不像殷墟甲骨那样，固定以骨臼一方为上，文字契刻自上而下。西周甲骨比较随意，有的以骨臼为上，文字自骨臼向骨扇而行，有的以骨扇为上，文字自骨扇向骨臼而行，有的则以骨臼或骨扇为左右，没有严格的定制。

西周甲骨上的文字一般都很少，而且字迹纤小，需要放大几倍才能看清。文字的行款走向比较随意，没有固定的规则，而“在没有争议的较为典型的西周卜辞中（无论是在周原，还是在几千里外的邢台），其刻辞行款几乎毫无例外的都是自右向左”[22]。

西周甲骨中有关于祭祀“成唐（汤）”、“文武乙宗”、“求又大甲”、“彝文武丁必”、“曶周方伯”等记载。这些应是商人的祖先或行为，却出现于西周甲骨之中。这些甲骨属商还是属周？西周甲骨的族属问题，是进行研究和应用的关键，也是学者争论的热点。至今有字西周甲骨共发现300多片，周原一地就出土300片左右，而且内容较为重要，所以周原甲骨的族属问题就成为确定整个西周甲骨族属的焦点。关于周原甲骨的族属主要有三种观点：

一种观点认为周原甲骨是商王室之物。持这种观点的学者以王玉哲为代表，认为凤雏甲骨“绝大部分是商王室的卜辞”。但他同时指出，“必须承认周原甲骨中也还有一小部分卜甲，确乎是属于周人的”[23]。

另一种观点认为周原甲骨为周族卜辞。持这种观点的学者主要有徐锡台、陈全方、徐中舒等，他们认为这批甲骨应属周人，之所以有祭祀商人祖先的记载是因为周当时还是商的附属国，可以祭祀宗主的祖先。

第三种观点认为周原甲骨大部分为周人遗物，但也有一小部分为商人之物。持这一观点的学者主要有李学勤、王宇信、朱歧祥等。

随着甲骨材料的公布和研究的深入，周原甲骨大部分为周人遗物的观点逐渐为大多数学者所接受，争论的范围日益缩小，逐渐集中到涉及商王宗庙和祭祀商人祖先的甲骨——庙祭甲骨上面，学者们为此进行了新的探讨。

主张庙祭甲骨周人说的学者作了多种解释，高明和徐中舒同认为庙祭甲骨属于周人，但高明反对徐中舒主张周原建有商王宗庙的观点，认为庙祭甲骨系周文王被囚禁于商时的占卜记录。杨升南则认为庙祭甲骨分别是周人臣服于商朝时和武王灭纣时在帝乙宗庙占卜的记录。田昌五则认为这些甲骨系记事刻辞，是周人记录商王的卜辞的存档。

主张庙祭甲骨商人说的学者也纷纷立论。王宇信从商周的祭祀制度、刻辞内容等方面出发，论证庙祭甲骨确系商人之物。朱歧祥则分析周原庙祭甲骨中的“惟又正”、“惟正”等“正字句”，将之与殷墟卜辞句式相比勘，认为这批甲骨应是晚商帝辛时期的材料。

与庙祭甲骨的族属争论相对应，庙祭甲骨的来源也形成了如下观点：

一、周原“本土占卜”说。与“周原立有商王庙”相对应，认为庙祭甲骨是周人在商王庙祭祀商王祖先或接受宗主国的任命时所卜。但徐中舒又认为当时周人尚未达到足够的文明程度，所以占卜和记录是求助商人完成的，即庙祭甲骨是入周的殷人在周原的商王庙中契刻的。

二、“卜后移来周原”说。这一说法又可分为两种情况，一种认为庙祭甲骨为周文王在商时所卜，文王遇赦后，带回了岐邑。另一种认为，这批甲骨原是商王室之物，商代末年，商朝贵族投奔西周，其中有人把这些甲骨带到了周原。

关于周原庙祭甲骨的族属，至今尚无定论，依然需要学者进行深入的探讨。相信随着研究的深入，这批甲骨的族属最终能够得到确定。

**3. 西周甲骨分期的探索**

西周甲骨的分期问题受到学者的重视。周原甲骨是西周甲骨的主体，所以西周甲骨分期的主要工作是通过研究周原甲骨进行的。

1981 年，徐锡台发表《周原卜辞十篇选释及断代》，利用“王”字的特征作为断代的依据。这对周原甲骨的分期研究是一个启示，也为其后来《周原甲骨文综述》中的断代研究奠定了基础。此后，西周甲骨学进入全面深入研究时期，西周甲骨的断代日益系统化。其中第一部系统论述西周甲骨分期的论著，是 1984 年出版的王宇信的《西周甲骨探论》。

西周甲骨片数不多，刻字较少，也没有可资断代的世系作参考，难度很大。《西周甲骨探论》分析了西周甲骨中的“王”字，总结了其字形特点和演化过程，为西周甲骨断代确定了一个标尺。

《西周甲骨探论》把“王”字分为四个类型六式，各式

“王”字代表不同时代。并列表如下（表五）：

**表五　　　　　　　周原甲骨“王”字字形演化表**

| 项目<br>字型 | 字　　形 | 时　　代 | 备　　考 |
|---|---|---|---|
| Ⅰ型 |  王<br>Ⅰ型1式　Ⅰ型2式 | 文王（受命前） | Ⅰ型1式为帝乙 |
| | ↓<br>Ⅱ型1式<br>↓<br>Ⅱ型2式 | 文王（受命后） | 帝辛时甲骨，与文王时期相当 |
| Ⅲ型 | ↓<br> | 武、成、康 | |
| Ⅳ型 | ↓<br> | 昭、穆 | |

王宇信还对西周甲骨所载史迹以及各期刻辞的字体进行了总结，认为凤雏甲骨文包括文王时期（含帝乙、帝辛时商物）共23片。除此之外，皆是武、成、康时期之物。凤雏甲骨共公布289片，除去49片模糊不能辨识者，剩余240片左右，再除去23片文王时之物，武、成、康时代共有213片。

1991年，《周原甲骨文综述》出版，徐锡台将“王”分成三型。一型一、二式“王”字，时代约相当于周王季或文王早期；二型“王”字，时代当属于殷王文武丁、帝乙时；三型“王”字，相当于文王末年或武王时期。在字形分析断代的基础上，作者结合周原甲骨内容和同出器物综合分析，认为“周原出土的这批甲骨，有一部分相当于周王季晚期或文王早期，大部分卜甲属于文王中、晚期，极少数卜甲可能属于武王时期和周公摄政时期”。同时，又把这批甲骨分为两期，“第一期：周王季晚期至周文王中期。第二期：周文王晚期至周公摄政时期”。

另一部系统研究西周甲骨分期的著作是朱歧祥于 1997 年出版的《周原甲骨研究》。朱歧祥关于甲骨分期的研究，也借助了“王”字字形的演变。朱氏认为：周原甲骨中同时混有殷人甲骨和周人甲骨，二者均有“王”的称谓；周原甲骨中属于殷人的甲骨中的“王”，是指商王。字形作王、者应属帝辛时代，作、者则相当于武乙、文丁时期；周原甲骨中周人甲骨的王字都作形，即“中竖末端分书，而第三横明显呈弧形，判定为早周时期周人甲骨”[24]。朱歧祥还考察了周原甲骨中的“贞”字、“正”字及其他虚字的用法，借以类比西周甲骨与殷墟甲骨之间的时间关系，认为周原甲骨中存在着商人甲骨，周原甲骨的时代与殷墟甲骨可相比附，时代相近。《周原甲骨研究》在对甲骨中的“王”字进行分期整理的基础上，别开蹊径，进而对“贞”字、“虚字的用法”、“正”字的意义及用法等进行全面考察，为西周分期研究扩展了思路。这不仅推动了西周甲骨断代研究的前进，而且对于认识周原甲骨的族属也很有启示。

**4. 西周甲骨的学术价值**

西周甲骨，是我国考古工作的重大收获。学者们将其与古文献和殷墟甲骨的已有研究成果相勘校，对周原甲骨进行了全方位和多角度探索，从而对其特征、族属和时代的认识逐渐深化。

众所周知，西周的文字遗物是以金文著称的。西周金文大多是记载当时诸侯大臣的活动情况，对王室的活动则语焉不详。而周原甲骨文有相当一部分涉及王室事务，为研究商周历史提供了珍贵资料。所以，西周甲骨，特别是周原甲骨的成批出土，对研究周族文明的形成和商周关系，以及促进甲骨学的全面发展很有意义。

首先，西周甲骨为周族在文王时已进入“成文历史时期”提供了可靠证据。有的学者根据《楚辞·天问》所载文王“秉鞭作牧”和《尚书·无逸》“文王卑服即康功田功”的记载，认为文王时期处在野蛮时期的高级阶段。西周甲骨的发现，为我们提供了文王时期已进入成文历史时期的铁证。虽然目前学者对周原庙祭甲骨的族属和来源问题尚未达成一致认识，但在周原甲骨中存在文王甲骨这一问题上，则看法相同。经考证，“在文王时期的23片甲骨中，还包括了帝乙、帝辛时期的商甲骨8片”[25]，虽然片数不多，但周原甲骨的精华尽萃于是。而且，文王时代的周人甲骨，已不属于文字的草创时期，而是经过长期发展的成熟文字。可以肯定，文王时期周人早已进入了成文历史时期，西周甲骨为人们正确认识西周的社会性质提供了坚强的证据。

其次，西周甲骨记载了许多周初的史实。西周甲骨对史实的记载，对了解当时的商周关系以及周族的社会结构具有重要意义。学者们根据周原甲骨中关于“称旗”、“胄”、“伐蜀”、“征巢”、“今秋王斯克密”等记载，与文献中周人平定西土、受封于商、武王伐商等历史事件联系起来。学者对周原甲骨内容的解释不尽相同，而周原甲骨对商末周初之际历史事实的记录的确为我们提供了珍贵的资料。周原甲骨的“于洛”、“见工于洛”和琉璃河的“成周”等为周初营建洛邑、邵公封燕等提供了线索。此外，周原甲骨还出现不少人名、地名、官名、方国名等，许多可以与文献相印证，对研究西周的官制、地理等很有价值。

第三，形成了甲骨学的分支学科——西周甲骨学，促进了甲骨学的全面发展。经过众多学者的艰苦努力，西周甲骨学已成为具有自身的资料、研究方法和具体成果的相对独立的课题，成为甲骨学的分支学科。西周甲骨的发现和西周甲骨学的形成和发展扩大了甲骨学的研究范围，促进了甲骨学研究的全面发展。西周甲骨学的发展对周初历史文献缺乏的局面是一个补充，推动了对甲骨学和西周初年历史的研究和认识。

## （五）甲骨学研究的世纪总结

### 1. 甲骨文字考释成果的集大成著作——《诂林》与《综览》

文字考释是甲骨学研究最基础的工作。随着甲骨学研究日益深入，文字考释的论著数量浩瀚，在推动甲骨学前进的同时，也使学者的参阅和利用越来越困难。而且，文章发表于海内外各种刊物上，难以查找。因此，集中各家学说，编纂便于检索的工具书，已成为必要课题。

最早进行这一工作的是台湾学者李孝定。1965 年，李孝定撰成《甲骨文字集释》。该书广采众说，把 1962 年以前各家关于甲骨文字的考释加以集中编纂，采录论著近 200 种，还对各字的考释提出了总结性意见。《甲骨文字集释》为甲骨学研究者提供了查找方便的文字考释类工具书，促进了甲骨学研究的发展。

在《甲骨文字集释》之后，经过三十多年的发展，文字考释有了极大进展。据学者统计，截至 1988 年底，文字考释文献已远远超过 2000 种。重新编纂关于文字考释汇编的工具书，再次提上日程。在这种情况下，甲骨学界出版了两部文字考释的总结著作，一部是松丸道雄、高岛谦一的《甲骨文字字释综览》，一部是于省吾主编的《甲骨文字诂林》。

《甲骨文字字释综览》于1993年出版，全书分为序、凡例、字释综览、文献目录、检索表和后记等部分。字释综览是本书的主要部分，按《甲骨文编》的顺序收录甲骨文字，共19篇。其中第1至14篇为单字，第15篇为合文。第16至19篇为《甲骨文编》和《殷虚卜辞综类》未收字和未释字。另有文献目录、《殷虚卜辞综类》和《甲骨文编》检索表与后记。《综览》收录内容宏富，采录文献约1600种，全面反映了甲骨学90年来的文字考释成果。同时，《综览》附有文献目录、《殷虚卜辞综类》和《甲骨文编》检索表等内容，将《甲骨文编》、《殷虚卜辞综类》及《甲骨文字集释》等几部有影响的工具书有机地联系起来，加强了资料的完备性。《综类》只注明考释的出处，没有抄录考释的内容，所以其提供的只是线索，具体内容的查阅，还得靠读者自己求索。

《甲骨文字诂林》于1996年出版，是对自甲骨文发现以来至1989年间所有有关甲骨文字考释著作的全面总结和整理。书中主要内容为部首表、字形总表、诂林和检索几部分。部首表与《殷墟刻辞类纂》一致，共列149个部首，部首下标明此部首在字形总表和诂林中的页码。字形总表共列字头3691号，最后附有祖、妣、父、兄等亲属称谓及数字、干支等的补充证释，所以实收单字3556个。诂林部分是本书的正文，收入文字按号排列，字下列有各家对本字的考释，每条考释都注明作者及出处，最后附有主编的按语。本书弥补了《甲骨文字字释综览》只列书名，不录具体内容的缺陷，为使用者提供了方便。《诂林》收集十分全面，内容翔实丰富。书后共附有三种检索系统，即部首检索、笔画检索和拼音检索。部首检索按字形总表的顺序编纂，以甲骨文字原形为对象进行检索；笔画检索，按隶定字为检索依据，按笔画数检索；拼音检索是该书的创举。由于甲骨文时代久远，其发音已不可考，以往著作大多对此避而不谈，《诂林》编者创造性地按隶定字的现代读音编排检索系统，虽然不尽符合音韵规则，但为常用字的查找以及非专业人员的使用提供了极大的便利。《诂林》收录全面宏富，编纂体例科学，把 90 年来各家对甲骨文字的考释集中于一书，为研究和使用提供了方便，是甲骨学者案头必备的工具书。

**2. 几代大师凝心力——《百年甲骨学论著目》**

自 1899 年殷墟甲骨文发现至今，已有一百余年。一百年中，殷墟先后出土甲骨文十多万片，为研究中国上古史提供了可靠的资料。殷墟甲骨文与古埃及纸草、巴比伦泥版文字等相辉映，成为世界古代文明宝库中的瑰宝。

随着甲骨文的奥秘逐渐被揭示开来，一门全新的国际性学问——甲骨学殷商史产生了。甲骨文被利用于古文字研究或中国上古史探索等各个领域，取得了令人瞩目的成绩。甲骨学论著门类繁多，语种不一，出版的专著和论文难以计数，刊布于世界各地。众多甲骨文献的刊出，大大推动了甲骨学的发展，同时也由于量大面广，使全面了解甲骨学的发展面貌，有效继承前人的研究成果，成为十分困难的事情。因此，论著目录的编纂被提上日程。

目录学是每一种学问必备的基础知识，也是反映学科发现历史和现状，方便学者交流信息，促进学科前进的重要形式。

甲骨学者对此一贯重视，并做了大量工作。20世纪30年代中期，董作宾、胡厚宣就合编了《甲骨年表》；50年代初，胡厚宣又编成《五十年甲骨学论著目》，日本的水泽利忠编成《契学综览》；60年代，董作宾、黄然伟合编《续甲骨年表》；70年代中期，法国戴迪尔编成《甲骨学论著目录概要》；90年代初有濮茅左编《甲骨学与商史论著目录》等。这些论著目录的编纂，及时反映了当时甲骨学研究所取得的成就，为甲骨学发展做出了贡献。

甲骨学本身是一门动态的不断发展的学问，作为对甲骨学进行总括的甲骨学论著目录，自然也是一种动态的记录，需要不断的补充和更新。出版于1991年的濮茅左的《甲骨学与商史论著目录》，收集了自1899年至1987年间的甲骨学论著，此后出版和发表的论著目录就一直无人整理。而1987年以后的十余年间，正是甲骨学迅速发展的时期，甲骨学著作数量极多，质量较高。所以，编纂一部完整、详细的甲骨学著作目录，就成为对甲骨学一百年进行总结的急需。

1999年，由宋镇豪主编的《百年甲骨学论著目》一书出版，对一百年来的甲骨学著作做了一次总梳理，成为对甲骨学论著的世纪总结之书。

《百年甲骨学论著目》主要内容可分为总序、序、凡例、正文、索引五部分，全书二百五十多万字。《百年甲骨学论著目》搜集了自1899年殷墟甲骨文发现至1999年6月以前100年间海内外所有正式发表的关于甲骨文与商代史之专书和论文，同时为了学科研究之参考需要，还辑集了殷墟考古学、史前陶符及周代甲骨文等相关论著目，作为附录编入书中，总计收入有关论著目10946种。该书是对一百年来甲骨学著作的总结，是目前收集甲骨学目录最全的著作。

《百年甲骨学论著目》具有如下优点：

一、材料收集全面。除了收编中国大陆、港、澳、台地区的书目以外，对日本、美国、加拿大、英国、法国、德国、意大利、比利时、荷兰、瑞典、瑞士、俄国、匈牙利、澳大利亚、韩国、新加坡等十多个国家的学者刊布的各种语种的有关论著，也均予以著录。凡有关古代史、古文字的作品，如围绕甲骨文展开，一般都加采录。为了给研究提供便利，还辑录殷墟考古学及殷墟以外甲骨的相关文章，编入附录。可以说，该书对一百年来的甲骨学书目基本搜罗无遗。

二、编纂体例科学。本目编纂分为十大类：一甲骨发现，二甲骨综论，三甲骨著录，四甲骨研究，五专题分论，六甲骨类编，七书刊评介，八其他杂著，九学人传记，十附录。在每项之下，再列分目。全书编次，统一采用以数目序号一贯到底。对于专书，先列书名，次作者、译者名，次出版单位，次发表年代；书有再版重版的，也予以注出。对于论文，发表于专书或文集的，则注明书名文集出处；发表于杂志的，则列出所发表的杂志报刊之卷别期号及出版年代。遇到一文发表多处的情况，则全部予以著录，力求详备。所收录外语语种的论著，均加中译名称，著录时先列原书名篇名，后用括号列出中译名，并注明作者的国别，西文作者兼注其音读或录其汉名。若干重要论著，或在目尾以括号列出其细目或要目，以便检索。

三、索引完备，检索方便。本书后附编年、作者、篇名三个索引，皆纳入数目序号检索系统，各目之前的数目字，即为本书中各相对应的序号，按号翻检即可。

**3. 继往开来的《甲骨学一百年》**

1899年殷墟甲骨文被发现后，以其高度的学术价值吸引了学术界的注意，甲骨学成为一种国际“显学”。随着研究的深入，甲骨学日益完备，研究方法日益严密，研究方向也日益明确，已成为一门有着自己的研究资料、研究规律以及丰富研究成果的独立学科。

及时对学科进行总结是把握学术研究全貌，促进研究发展的重要手段。一百年来，曾有许多学者在这方面做出了努力，其中最重要的是陈梦家撰著的《殷虚卜辞综述》和王宇信、杨升南主编的《甲骨学一百年》。前书完成于1956年，后书完成于1999年，由前书可知甲骨学前五十年的成果；由后书可知后五十年进步的成绩，两书合读则可综览甲骨学的全貌。

《甲骨学一百年》分为十五章，即绪论、百年出土甲骨文述要、甲骨学研究基础工作的不断加强、甲骨文的考释及理论化、甲骨文的分期断代、甲骨占卜和卜辞文例文法、西周甲骨分支学科的形成、前辈学者的成果和经验、学科成果的不断认识和总结、商代社会结构和国家职能研究、商代社会经济研究、商代宗教祭祀及其规律的认识、关于商代气象、历法与医学传统的发掘与研究、新世纪甲骨学研究的展望。每一章下又分许多节、目，每一节目即是一个专题。另外在书后还有附录甲骨学大事记。

《甲骨学一百年》是反映甲骨学一百年来的研究历程和最新成果的综合著作，是甲骨学学术历程和各种知识的全面论述，它具有以下几个特点：

首先，此书是对百年来甲骨学研究的系统总结。该书的著述宗旨之一就是“为了全面地继承和弘扬前辈学者给我们留下的宝贵精神财富，并以前辈学者们所取得成就‘最前进的一线作为基点而再出发’，去造新一百年研究的辉煌”[26]。全书从甲骨发现、甲骨自身规律、商代历史等各个方面对以往的研究进行了系统的总结，向读者展示了甲骨学发展一百年来的基本脉络，提供了每一专题的基本知识和各种观点，使读者在认识和继承前人成果的同时，也把握了这一专题的进展源流。

其次，对于所记述的专题在总结的基础上有所创新和突破。《甲骨学一百年》并不是一部单纯的总结过去成果的著作，而是在总结前人成果的基础上，继续深入探讨问题的本质，取得了超越前人的成绩。学者在商代的占卜制度、断代理论的分析、商代的周祭制度、天文历法等方面，都对前期研究的成果进行了总结和消化，并提出了自己的观点，使对问题的讨论和认识更加深入。

第三，对于甲骨学知识及其研究历史作综合论述。《甲骨学一百年》从狭义和广义两个方面出发，不仅对甲骨自身规律、商代历史等甲骨学的知识性问题进行了总结和探讨，同时还对甲骨学研究的方法和规律、研究历程中的经验和教训，以及前辈学者的学术素质和治学精神进行了总结和反思。该书是对一百年来甲骨学知识发展和研究历程的总回顾和思考，是一部关于甲骨学的全面综合性的著作。这些说明，甲骨学自身的历史和经验已成为学者研究的课题和借鉴的财富，甲骨学已走向科学和成熟。

第四，《甲骨学一百年》的专题与大事记互为纲目，形成了一部较完整的甲骨学史，使读者在了解甲骨学知识的同时，也把握了甲骨学形成和发展的基本过程。

## （六）国际学术交流的加强

甲骨学是一门国际性的学问。许多外国学者投入到甲骨学研究中来，以其独特的视角和新颖的见解阐释甲骨文字，取得了可喜的成绩。特别是改革开放以来，中外学者之间的交流日益加强，互相借鉴，促进了甲骨学的发展。

**1. 世界各国收藏甲骨文的出版**

大量甲骨文流散海外，现在大多已被刊布，成为中外学者共享的研究资料。海外甲骨文资料的公布情况，大体可以分为三个阶段，即从甲骨文发现至40年代中期、40年代中期至60年代末、70年代至今各为一个阶段。

从甲骨文发现到20世纪40年代中期，是海外甲骨文刊布的一个高潮时期。由于旧中国的衰落，大量甲骨文流往海外。海外收藏者并没有将其秘不示人，而是把许多甲骨刊布出来。从1899年至1945年间，海外先后出版的甲骨著录书有日本林泰辅的《龟甲兽骨文字》，下中弥三郎的《书道》，梅原末治的《河南安阳遗宝》，美国白瑞华的《殷墟甲骨相片》、《殷墟甲骨拓片》、《甲骨五十片》，方法敛的《甲骨卜辞七集》、《金璋所藏甲骨卜辞》，加拿大怀履光的《中国古代的骨文化》等。除这些著录甲骨的书籍外，还有一些散篇文章也公布了部分甲骨，如瑞士萨拉辛的《巴赛尔人种志博物馆收藏的中国骨卜文》及日本保坂三郎的《庆应义塾图书馆藏甲骨文字》等。

从20世纪40年代中期至60年代末，是甲骨刊布相对低落的时期。在此期间，除贝塚茂树、伊藤道治《京都大学人文科学研究所藏甲骨文字》和白川静的《甲骨文集》外，只有贝塚茂树、伊藤道治的《桥本关雪氏旧藏甲骨文字》、伊藤道治的《故小川睦之辅氏藏甲骨文字》等少数文章有甲骨资料公布。

从70年代开始，甲骨材料的著录刊布再次增多，特别是80年代以后，甲骨著录书出版量大增。70年代出版的甲骨著录书有，加拿大许进雄的《明义士收藏甲骨》、《殷虚卜辞后编》、《怀特氏等收藏甲骨》，美国周鸿翔的《美国所藏甲骨录》，日本东洋文库古代史研究委员会编纂的《东洋文库所藏甲骨文字》等。80年代以后出版的甲骨著录书有，日本松丸道雄的《东京大学东洋文化研究所藏甲骨文字》、天理大学天理教道友社编集的《天理大学附属天理参考馆藏品·甲骨文字》、荒木日吕子的《中岛玉振旧藏的甲骨片》，李学勤、齐文心、艾兰的《英国所藏甲骨集》，法国雷焕章的《法国所藏甲骨录》、《库恩藏甲骨刻辞》、《德瑞荷比所藏一些甲骨录》，胡厚宣的《苏德美日所见甲骨集》，李学勤、齐文心的《瑞典斯德哥尔摩远东古物博物馆藏甲骨》。

流散世界各国的甲骨，得以结集出版，为甲骨学研究增加了一批重要的新材料。应该着重指出的是，近年国外出版的甲骨著录，或将拓本、照相编在一起出版，如《东京大学东洋文化研究所藏甲骨文字》、《天理大学附属天理参考馆藏品·甲骨文字》等；或将放大照相与摹本编在一起出版，如《法国所藏甲骨录》。这就向甲骨学宗师董作宾所倡导的甲骨著录应拓本、摹本、照相“三位一体”的著录方法前进了一大步，我们在以后的研究中也应加强这方面的工作。

**2. 海外学者研究著作为甲骨学发展做出了贡献**

随着甲骨学的发展，从事甲骨学研究的外国学者在不断增多。据不完全统计，50 年代初，研究甲骨学的外国学者有 59 人，分布在日本、英国、美国、德国、法国、俄国、加拿大等 7 个国家和地区。到 90 年代末，研究甲骨学的外国学者已达到 502 人，分布在日本、美国、韩国、英国、法国、德国、加拿大、俄国、瑞典、澳大利亚、瑞士、意大利、匈牙利、新加坡等 14 个国家和地区。外国学者以不同的视角和方法，对甲骨文提出了许多精到的新见解，促进了甲骨学研究的发展。

外国学者的学术成果是甲骨学研究的重要组成部分，其中有许多论证可信、内容翔实的著作，推动了甲骨学的前进。在研究甲骨学的各国学者中，以日本学者的成就最大，他们在文字考证、甲骨自身规律的认识、商史研究等方面都取得了令人瞩目的成绩。贝塚茂树的《古代殷帝国》以及伊藤道治的《古代殷王朝》、《中国古代王朝之形成》、《中国古代文化研究》等著作，利用甲骨文字对商代历史进行了综合论述。在文字考释方面，有池田末利的《殷虚书契后编释文稿》等著作。而松丸道雄和高岛谦一的《甲骨文字字释综览》，则是全面反映九十年甲骨文字成果的大型工具书。池田末利的《中国古代宗教史研究》、《制度与思想》和赤塚忠的《中国古代的宗教与文化》等，则系统论述了商代的宗教思想。对甲骨自身的总结研究，日本学者也屡有创新，白川静的《甲骨文集》、《甲骨文之世界》和岛邦男的《殷虚卜辞研究》等是对甲骨文的综合研究。而岛邦男的《殷虚卜辞综类》，则是第一部全面综合整理归纳卜辞资料的工具书。日本学者对甲骨学的研究不仅富有成效，其许多成就为中国学者所推崇。其文字、辞条工具书的编纂，则说明日本的甲骨学研究已全面化和系统化。

在日本之外，其他国家的学者也有成就。加拿大的许进雄出版了《殷卜辞中五种祭祀研究》，对周祭制度进行研究，考察了商代祭祀情况并对商代历法进行了探讨，纠正了董作宾在《殷历谱》中的某些错误。美国的吉德炜出版了《商代史料》，对甲骨文进行了多方面的探讨。周鸿祥则撰成《商殷帝王本纪》，为编写商代史的帝王纪部分提供了资料。英国学者艾兰著有《龟之谜》、《早期中国历史思想文化》等专书，对中国古代的占卜制度、意识形态进行了探讨。韩国尹乃铉出版了《商王朝研究——甲骨文的应用》、《商周史》等论著。

随着各国学者对甲骨学研究的深入，甲骨学界的国际学术交流也日益增多。学术著作的互相翻译和对同一问题进行共同探讨就是交流的重要形式。许多外国学者的著述被翻译到中国，如岛邦男的《殷虚卜辞研究》、艾兰的《龟之谜》和《早期中国历史思想文化》等。中国学者对外国的最新学术动态也保持着兴趣，如1989年翻译发表的《南朝鲜的中国上古史研究》，向中国学者介绍了当时韩国学者对中国古代史研究的状况。与此同时，外国学者对中国甲骨学商史学界的研究也颇为关注，每有新的发现，国外都予以评论和报道，而不少中国学者的著作也译为外文发行。如美国学者凯特利曾在《哈佛大学亚洲杂志》对王宇信的《建国以来甲骨文研究》发表评论。常玉芝《商代周祭制度》出版，日本学者池田末利就在《东方》杂志发表长篇书评。美国《古代中国》杂志和法国《亚洲日志》也发表了对王宇信《西周甲骨探论》的书评。孟世凯的《殷墟甲骨文简述》已在日本翻译出版，陈全方的《陕西岐山凤雏村西周甲骨文概论》也被译为日文，发表在《古史春秋》上。同时，中外学者还对共同感兴趣的课题进行了讨论。近年国外学者提出卜辞命辞非问句的命题，在国内引起强烈反响，许多学者纷纷发表文章对此进行讨论。1989 年，美国学者夏含夷邀请李学勤、裘锡圭、王宇信、范毓周等中国学者和吉德炜等外国学者在《古代中国》杂志就此问题进行了笔谈讨论。

中外学者的学术交流，促进了甲骨学研究的深入发展。

**3. 国际学术会议的召开推动了学术交流**

中外学者进行交流的另一种重要形式是召开国际学术研讨会议。随着中国经济的发展和对外开放的加强，中国学者与各国学者间切磋交流学术的机会增多了。自 70 年代末以来，中国古文字学和甲骨学界先后举行过多次国际学术会议，有许多国家的代表出席参加，大大加强了各国学者之间的交流。

古文字学界先后于 1979 年在广州、1980 年在成都、1981 年在太原、1988 年在长春、2000 年在合肥召开古文字研究会议，有来自日本、欧美各国的学者参加。而中国殷商文化学会自成立以来，组织了多次大型国际学术研讨会，吸引大批海内外学者参加，收到了大量具有较高学术水准的论文，并结集为论文集出版。如 1987 年在安阳举行甲骨学与殷商文明研讨会，会后把论文结集为《殷墟博物苑苑刊》出版。1989 年，在安阳召开纪念甲骨文发现九十周年国际学术研讨会，会后把论文集中发表于《中原文物》、《史学月刊》、《殷都学刊》的专号上。1991 年，洛阳夏商文明国际学术研讨会的论文，已编成《夏商文明研究》于 1995 年出版。1993 年南昌南方青铜器暨殷商文明国际学术研讨会的论文，集中发表在《南方文物》1994 年第 1、2 期专号上。1995 年北京建城 3040 年暨商周文明国际学术研讨会的论文，已于 1996 年正式出版了专辑。

1997年山东桓台会议论文集和1998年河北邢台会议论文集也分别结集为《夏商周文明研究》第2辑和第3辑，于1999年正式出版。随着甲骨文发现一百周年的来临，台湾于1998年5月召开了“甲骨文发现一百周年学术研讨会”，邀请两岸三地和各国甲骨学者出席会议，会议论文集《甲骨文发现一百周年学术研讨会论文集》已出版。1999年8月，由中国社会科学院历史研究所、考古研究所、中国殷商文化学会等单位发起的“纪念甲骨文发现一百周年国际学术研讨会”则达到历年学术会议的鼎盛，出席此次大会的海内外学者达二百余人，其中海外学者六十余人，向大会提交论文一百多篇，与同时推出的国家重点课题“甲骨学一百年”的三项成果——《甲骨学一百年》、《甲骨文合集补编》、《百年甲骨学论著目》一起，把甲骨学推向了百年的辉煌。

在增加学术交流的同时，地区和国际间的合作也不断加强。中国学者李学勤、齐文心与英国学者艾兰合作，编纂出版了《英国所藏甲骨录》，为学术界提供了重要的研究资料。中国社会科学院历史研究所与香港中文大学合作的“甲骨文资料库”也已基本完成，不久就可以提供给学者们使用。

但是，我们也应看到，近年来，国外的甲骨学研究正处在青黄不接的时期，这主要是在老一辈有作为的学者故去之后，新生力量还没有成长起来。日本研究甲骨学的年轻学者，与过去相比，大为减少。而欧美各国的形势也不乐观，“由于这门学问的难度较大，真正研究甲骨文的为数极少，在古文汉学界算是冷门”[27]。甲骨学是属于世界的，但是它的族属主体和文化环境都在中国，因此中国学者在弘扬甲骨学方面，责无旁贷。

## （七）前辈学者的成功经验是新时期应加以继承和弘扬的宝贵财富

自1899年甲骨文发现至今，甲骨学已走过整整一个世纪。一百年来，可谓名家辈出。老一辈学者不仅在学术上为我们奠定了坚实的基础，而且其治学方法和敬业精神也是值得我们继承和弘扬的宝贵财富。

**1. 甲骨学史上“四堂”与“四老”**

在甲骨学史上，罗振玉、王国维、董作宾、郭沫若四位学者被称为“甲骨四堂”，是甲骨学研究前期最富成绩的学者。唐兰谓：“雪堂（罗振玉）导夫先路，观堂（王国维）继以考史，彦堂（董作宾）区其时代，鼎堂（郭沫若）发其辞例。”精辟论述了“甲骨四堂”的主要功绩。

罗振玉（1866～1940），字叔蕴，又字叔言，号雪堂，又号贞松老人，浙江上虞永丰乡人，中国近代著名金石学家。罗振玉从1906年开始搜集甲骨，收藏甲骨近3万片，是早期收藏甲骨最多的藏家。1910年著成《殷商贞卜文字考》一书，是甲骨学史上最早考释甲骨文字的著作之一。罗振玉首先考定甲骨出土地安阳小屯为殷墟，并判明甲骨属“殷室王朝的遗物”，为甲骨文的搜集和殷墟的发掘准备了必要条件。其《殷虚书契前编》、《殷虚书契菁华》、《殷虚书契后编》、《殷虚书契续编》四书，是殷墟发掘前出土甲骨的最重要集录。罗氏所著《殷虚书契考释》一书，释字485个（后增订至561个），并且在该书中提出“由许书以上溯古金文，由古金文以上窥卜辞”的研究方法，为甲骨学做出了重大贡献。

王国维（1877～1927），字静安，又字伯隅，号礼堂，又号观堂，浙江海宁人，中国近代历史学家、金石学家。在治学方法上，王国维将西方近代科学方法同乾嘉学派的传统考据方法结合起来，创立了“二重证据法”，强调要将地下的新材料与文献材料、古文字古器物之学与经史之学相结合。王国维研究商代甲骨，最早突破文字考释的范围，将其作为史料，用以探讨商代的历史、地理和礼制，著作有《殷卜辞中所见先公先王考》、《殷卜辞中所见先公先王续考》、《殷虚卜辞中所见地名考》、《殷周制度论》、《古史新证》等重要篇章。他第一次证实《史记·殷本纪》所载商王世系真实可信，并根据卜辞对某些舛误予以纠正。他还提出商周之际礼制截然不同的独到看法，他也是从称谓判断卜辞年代和进行甲骨缀合的第一人。

由于罗振玉、王国维在甲骨学研究领域的突出成就，人们把当时的甲骨学研究称为“罗王之学”。

董作宾（1895～1963），字彦堂，又作雁堂，别署平庐，河南南阳人，中国著名甲骨学家。董作宾是解放前殷墟科学发掘的主持人和参加者之一，随后专门从事甲骨文字的研究。由他主编的《殷虚文字甲编》和《殷虚文字乙编》，是科学发掘甲骨的最集中著录。董作宾在甲骨分期断代方面做出了巨大贡献，1933 年他发表《甲骨文断代研究例》，全面地论证甲骨分期学说，提出断代十项标准；并将殷墟甲骨文按王世划分为五个时期，改变了全部甲骨浑沌一团的状况，使甲骨文成为可资研究的科学资料，推动甲骨文研究进入了一个新的阶段。他还著有《殷历谱》，根据甲骨资料探讨殷代年历之学，并在此基础提出了“分派”整理甲骨的分期新方法。董作宾对甲骨学贡献巨大，是甲骨学的一代宗师。

郭沫若（1892～1978），原名开贞，字鼎堂，四川乐山人，中国著名文学家、历史学家和古文字学家。20年代末，郭沫若写成《甲骨文字研究》和《卜辞中的古代社会》，这是中国最早利用马克思主义研究甲骨文的著作。30年代，郭沫若撰成《卜辞通纂》、《殷契粹编》，这两本著作创获颇多，至今仍对甲骨学和商史研究有重要的参考价值。郭沫若的研究成果很多，如从卜辞中辨识沃甲和阳甲，订正了殷先王世次；通过断片缀合，证明王国维提出的先王上甲之后世次应为匚乙、匚丙、匚丁说的正确；提出残辞互补问题等。在甲骨文的卜法、文例和书写方面，他也作了深入的研究。

继“甲骨四堂”之后，甲骨学史上又出现了四位杰出的学者，他们是唐兰、于省吾、陈梦家、胡厚宣，堪称“甲骨四老”。

唐兰（1902～1979），字立厂，浙江嘉兴人，中国著名古文字学家、考古学家。唐兰在甲骨学领域的成绩主要集中在文字考释方面，他主张突破传统的《说文》体系，在充分掌握实物资料的基础上，创造性地进行古文字研究。在释字方法方面，唐兰继承和发展前人的成果，最先把文字考释方法加以理论化，提出了以偏旁分析为考释方法，并借以辨识了甲骨文中“兕”、“秋”等难字。唐兰在甲骨学领域的主要著作有《中国文字学》、《古文字学导论》、《天壤阁甲骨文存》、《殷墟文字记》等。

于省吾（1896～1984），字思泊，辽宁海城人，中国著名古文字学家、古器物学家。于省吾在考释古文字方面贡献尤多，其代表作《甲骨文字释林》一书就收所释甲骨文约300字，其中如释虹、屯、奚、婢等字以及释小王为孝己、羌甲为沃甲等都是十分精彩的作品。尤其重要的是，他在考释方法上有重大突破，强调注意形、音、义三者的相互关系，并主张把文字考释与具体的历史、民俗学知识相联系，进行全面考察。在中国文字起源的探讨上，提出了“部分表音的独体象形字”、“附划因声指事字”等新见解。

陈梦家（1911～1966），原籍浙江上虞，中国著名考古学家、古文字学家。在甲骨学方面，陈梦家有多种论述，其代表作为《殷虚卜辞综述》。《殷虚卜辞综述》是对甲骨学前60年的全面总结和发展研究，是当时甲骨学研究的高峰。尤其是他对“文武丁卜辞”时代的调整，以及相关的理论阐述，补充和订正了董作宾的分期断代理论，促进了甲骨学的深入发展。

胡厚宣（1911～1994），河北望都人，中国著名甲骨学家、商史学家。胡厚宣参加过殷墟第十、第十一次科学发掘，并参与整理YH127坑以及殷墟第一至九次发掘的甲骨等工作，掌握了大量的第一手资料。他前期的论文基本收入《甲骨学商史论丛》共三集中，他对商代卜龟来源、记事刻辞、四方风名、农业生产、宗法制度等多项问题作过深入研究。建国以后，胡厚宣在致力于研究的同时，还积极从事甲骨文的搜集著录工作。他在出版多部甲骨著录书的同时，还担任了《甲骨文合集》总编辑的工作。他开创的“先分期、再分类”的甲骨著录编纂体例，为科学著录甲骨开辟了新途径。

甲骨学的发展和繁荣与这些前辈学者的努力是分不开的，他们的研究成果和治学精神都是我们应该继承和发展的宝贵财富。

**2. 前辈学者的成功道路对后世学人的启迪**

一百多年来，甲骨学研究取得了辉煌成就。这是几代学者锲而不舍、辛勤追求的结果。他们的著作也和甲骨文一样，成为中华文化宝库中的珍品。他们的成功道路和治学理念，对后世学人也具有深刻的启迪作用，这就是：

（1）深厚的国学基础是我们努力的方向

深厚的国学基础，即对古代文献的全面把握和在音韵训诂等方面的精深造诣，是前辈学者取得成功的前提。

王懿荣、孙诒让、罗振玉、王国维、董作宾、郭沫若等甲骨学宗师无不曾幼年“入塾”，受过较严格的中国古代文献的训练和传统文化的熏陶，具有深厚的中国传统文化功底。随着历史的发展，中国于1905年废除了科举制度，设立学堂，开始用新教材教育学生。尽管传统的儒家经典退出了新式学校的课堂，但古代文献并没有被知识分子遗忘。胡厚宣等老一辈学者也精研古代典籍，在国学方面的功底颇为深厚。

李学勤、裘锡圭等是在新中国成立以后成长起来的甲骨学家，尽管学校里已不再专门把四书、五经等传统文献作为教材，但他们通过自己的刻苦钻研，在古代文献和传统文化知识方面也都造诣精深。

可见，在甲骨学史上有成就的学者，无不具有坚实的国学基础。在中国古代典籍和传统文化方面丰厚的积累，使他们在文字考释和商史研究方面能够阐幽发微，屡有创获。毋庸讳言，由于时代和条件的限制，新一辈学者在文献和国学基础方面已不可和前辈学者相伯仲。但是，我们必须知难而进，深入把握中国古代典籍和文化知识，在研究中不断创新和前进，为甲骨学的发展做出应有的贡献。

（2）学贯中西是几代学者推动甲骨学前进的保障

近代西方科学文化的传入，在对中国固有文化形成冲击的同时，也给中国学术带来了新鲜空气，促进了中国学术研究的繁荣。“近代以来，西学东渐，对于中国学人影响渐深。深识之士，莫不资西学以立论。初期或止于浅尝，渐进乃达于深解。同时这些学者又具有深厚的旧学根底，有较高的鉴别能力，故能在传统学术的基础之上汲取西方的智慧，从而达到较高的成就”[28]。

甲骨学也是如此。在百年来甲骨学史上，几乎凡有成就的学者，都对西方文化深有研究，并吸收其科学合理的方法和经验。罗振玉、王国维是如此，董作宾、郭沫若也不例外。把近代西方科学知识与中国传统学术研究相结合，是他们取得巨大成绩的成功经验。

新中国成立后，老一辈学者以马克思主义为指导思想，展开了新的研究。世界史和民族学等也被引进甲骨学研究领域，为甲骨学研究开辟了新途径。“他山之石，可以攻玉”，外来文化中的先进因素，是发展本土文化的有益借鉴。前辈学者从吸收外来文化中获益匪浅，我们在今后的研究中，也必须汲取外来文化中的先进部分，为甲骨学的前进和发展服务。

（3）“上穷碧落下黄泉”的求索——重视材料的收集与刊布

甲骨资料是甲骨学研究的基础，对甲骨资料进行整理，不仅加深整理者对资料的把握，有利于把研究推向深入，同时也为甲骨学界提供了研究资料，推动整个学科研究的前进。我们看到，百年甲骨学史上有所作为的学者，都十分重视甲骨文资料的搜集、整理和刊布工作，并取得了巨大的成绩。前辈学者在甲骨材料整理方面的奉献精神和执着追求，我们应加以继承和发扬。

## 注　释

［1］中国社会科学院考古研究所《1999 年安阳花园庄东地、南地发掘简报》，《考古》1993 年第 6 期；刘一曼《殷墟花园庄东地甲骨坑的发现及主要收获》，《纪念甲骨文发现一百周年学术研讨会论文集》，中国文史出版社 1999 年版。

［2］宋国定《1985～1992 年郑州商城考古发现综述》，《郑州商城考古新发现与研究》，中州古籍出版社 1993 年版。

［3］徐锡台《周原甲骨文综述》第 125 页，三秦出版社 1991 年版。

［4］河北省文物研究所、邢台市文物管理处《邢台南小汪周代遗址西周遗存的发掘》，《文物春秋》1992 年增刊。

［5］山东大学历史系考古专业《山东邹平丁公遗址第四、五次发掘简报》，《考古》1993 年第 4 期。

［6］河南省文物研究所《河南舞阳贾湖新石器时代遗址》，《文物》1989 年第 1 期。

［7］王宇信《申论殷墟卜辞的命辞为问句》，《中原文物》1989 年第 2 期。

［8］陈炜湛《论殷墟卜辞命辞的性质》，《夏商文明研究》，中州古籍出版社 1995 年版。

［9］李学勤《论“妇好”墓的年代及有关问题》，《文物》1977 年第 11 期。

［10］裘锡圭《论“历组卜辞”的年代》，《古文字研究》第 6 辑，中华书局 1981 年版。

［11］陈炜湛《“历组卜辞”的讨论与甲骨文断代研究》，《出土文献研究》，文物出版社 1985 年版。

［12］黄天树《殷墟王卜辞的分类与断代》李学勤序，文津出版社 1991 年版。

［13］肖楠《论武乙文丁卜辞》，《古文字研究》第 3 辑，中华书局 1980 年版。

［14］曹定云《殷代初期王陵试探》，《文物资料丛刊》第 10 集，文物出版社 1987 年版。

［15］李学勤《小屯丙组基址与扶卜辞》，《甲骨探史录》，生活·读书·新知三联书店 1982 年版。

［16］郭振禄《小屯南地甲骨综论》，《考古学报》1997 年第 1 期。

［17］常玉芝《说文武帝》，《古文字研究》第 4 辑，中华书局 1980 年版。

［18］许进雄《甲骨上的钻凿形态》，艺文印书馆 1979 年版。

［19］冈村秀典《商代的动物牺牲》，《殷墟发掘 70 周年学术纪念会论文》，1998 年。

[20] 李学勤《西周甲骨的几点研究》,《文物》1981 年第 9 期。
[21] 王宇信《西周甲骨探论》第 174 页，中国社会科学出版社 1984 年版。
[22] 王宇信《周原甲骨卜辞行款的再认识和邢台西周卜辞的行款走向》,《华夏考古》1995 年第 2 期。
[23] 王玉哲《陕西周原所出的甲骨文来源试探》,《社会科学战线》1982 年第 1 期。
[24] 朱歧祥《周原甲骨研究》第 82 页，学生书局 1997 年版。
[25] 王宇信《西周甲骨探论》第 247 页，中国社会科学出版社 1984 年版。
[26] 王宇信、杨升南《甲骨学一百年》，社会科学文献出版社 1999 年版。
[27] 汪涛《甲骨学在欧美》,《甲骨文发现一百周年学术研讨会论文集》，台湾师范大学、“中央研究院”历史语言研究所编印。
[28] 张岱年《国学大师丛书》总序，百花洲文艺出版社 1995 年版。

# 六 新时期甲骨学研究的展望

## （一）甲骨文新材料的继续发现与科学整理

### 1. 期待着甲骨文新材料的继续发现

如王国维先生所言“古来新学问之起，大都由于新发现”，甲骨文材料是甲骨学研究的基础，也是推动甲骨学发展的重要动因。实践证明，甲骨文材料的发现、整理和公布的高峰，总有随之而来的研究高潮。在以后的学科建设中，我们须对甲骨新材料予以足够的重视和注意。

殷墟甲骨在1949年之前，主要出土于小屯村北和村南。1949年以后，主要出土在小屯村附近。从1949年以后甲骨文的出土情况可以看出，殷墟甲骨虽然经过从1899年到1928年近三十年的私挖乱掘，并经过了从1928年以后至今七十多年的有计划发掘，仍屡有出土。殷墟地下应当仍有甲骨埋藏。村北由于1949年以前经历多次发掘，1949年以后发现不多。但从1971年小屯西地、1973年小屯南地、1991年小屯花园庄东地等几次重要的甲骨发现看，以小屯村为中心，将来小屯西地、西北地、南地、东地等可能仍会有甲骨发现。至于小屯村，由于民房鳞次栉比，基本没有进行过发掘工作，是殷墟原来堆积地层未被扰乱过的为数不多的地方。我们必须对小屯村予以足够的注意，将来可能会有重要遗迹及甲骨出土。

在殷墟以外的商代遗址，如郑州商城等，50年代曾出土刻字甲骨，但地层不明。90年代郑州电力学校出土的有明确坑位地层关系的骨刻文字，为郑州二里岗中商遗址今后可能会有商代甲骨文出土的设想提供了新证据。我们也从中看到了希望，期望郑州商城还会有新的甲骨文出土。

西周甲骨文的发现和公布，是甲骨学的一项重大成果。历年西周甲骨出土情况表明，其出土的遗址有西周王朝建立前后的政治中心，如凤雏、西安沣西、洛阳泰山庙等遗址，也有西周初期诸侯国所在的都城，如燕国的都城房山琉璃河遗址、邢国的都城邢台南小汪遗址等，甚至某些西周一般的聚落遗址也有西周甲骨出土，如山西洪赵、北京房山镇江营、昌平白浮等。这表明，西周时期甲骨文的使用范围比商王朝要广泛得多。因此我们可以满怀信心地说：西周各诸侯国都城遗址以及其他规模较大的遗址，今后还会有甲骨文出土。

1949年以后，在商周甲骨文之外，时代更早的骨刻文字也屡有发现，如裴李岗文化时期的河南舞阳贾湖遗址、龙山文化时期的陕西长安花园村遗址、岳石文化时期的山东桓台史家遗址等。另外，还发现了大批陶文，如大汶口文化的山东莒县凌阳河遗址、龙山文化的山东邹平丁公遗址等。这些文字材料的发现，为研究文字的起源和占卜的源流提供了重要的材料和线索。我们期望今后各早期文化遗址还继续出土有关文字材料，也希望考古工作者对各遗址出土的卜骨、卜甲等与占卜或文字有关的材料予以认真的搜集、整理和公布，为学术研究提供更多的资料。

**2. 甲骨文材料的进一步科学整理与公布**

甲骨文材料的科学整理，包括甲骨文的著录、缀合和有关卜辞辞例的全面分类集中，是甲骨学研究的基础工作。

首先，在甲骨文材料的著录方面，近年来取得了丰硕的成果。科学发掘所得甲骨自《殷虚文字甲编》、《殷虚文字乙编》和《小屯南地甲骨》等书及《殷虚文字乙编补遗》出版以后，基本已著录无遗。而传世甲骨在《甲骨文合集》、《甲骨文合集补编》出版以后，再加上《英国所藏甲骨》等书出版，海内外重要甲骨材料已大部著录。最近出版的《瑞典斯德哥尔摩古物陈列馆所藏甲骨》以及台湾“中央研究院”历史语言研究所正在整理的一批约200片甲骨，则是对小宗藏品进行的整理工作。

1991年殷墟花园庄东地出土的579片刻字甲骨，是继YH127坑、小屯南地甲骨之后，殷墟发掘史上第三次甲骨大发现，具有重要意义。这批甲骨骨版大而完整，虽然刻字不多，但考古坑位、地层清楚，具有较高的学术价值，现正在整理之中。

近年，也有一些甲骨收藏单位将收藏甲骨拓印出版，这可以使甲骨新拓与以前的著录互相校勘，有利于甲骨学研究的发展。但是，应该看到，这些按收藏单位著录的甲骨，大多数已著录发表过，所以现在再按藏家著录，就应把这些甲骨放到百年甲骨学发展史的总体中考察，即首先要辨明这批甲骨的著录和重见情况，并做出相应的说明，避免读者对材料的误解和重复引用。新版甲骨著录书还须注意采用科学的著录体例，以便于研究者的利用。

另外，各单位所藏甲骨正面刻辞多已著录过，有的甚至多次重复著录，其刻辞内容已是研究者熟悉的内容，重新著录的意义并不很大，但甲骨材料的另一半——背面的钻凿则一直被忽视和省略了。甲骨背面的信息对于研究者是全新的，对促进甲骨学研究的全面发展有一定意义。所以，各单位如重新著录所藏甲骨，应注意把其背面的钻凿形态著拓出来，这是甲骨学研究深入发展的需要。

其次，殷墟以外遗址出土的甲骨，比较零散而不集中。为了方便学者的研究，《甲骨文合集补编》将其集中在“附录”部分予以公布。其中的西周甲骨，特别是凤雏所出甲骨，由于片碎、字小，不少重要字的关键笔画辨认不清。为了解决这一问题，《合集补编》将陈全方、徐锡台、周原文管所所做的三套摹本集中起来，以便校勘，从中选出最精确者。但是，毕竟各家所用的都是摹本，究竟哪一家所摹更为准确，则难以确定。可喜的是，这一问题也将得到解决。国家“九五”重点科研项目“夏商周断代工程”已委托陕西省考古研究所曹玮等，用高倍显微镜观察凤雏甲骨，并放大摄影，加以整理。据曹玮说，他拟将每片甲骨放大拍照，并把照片与各家摹本集中在一起，按出土号重新著录出版。我们期待着这一工程的完成。另外，山西洪赵出土的西周甲骨也有重作拓本、摹本的必要，希望有学者能完成这一工作。

其三，甲骨缀合有望取得更大成绩。百年来的甲骨缀合工作成绩非凡，《甲骨文合集》一书即收录缀合2000余版，而学者们的不断探索，使新成果日益增多，这在《甲骨文合集补编》、《甲骨缀合集》等书中反映出来。但是，甲骨缀合的空间仍然很大，特别是随着《殷虚文字乙编补遗》、《甲骨文合集补编》等大型资料书的出版，可供缀合的素材大大增多，相信甲骨缀合会有更大进展。

其四，为了推动真正科学的甲骨学研究的前进，适应多学科利用甲骨文材料的需要，对甲骨文进行全面、系统的总括整理已成急需。岛邦男的《殷虚卜辞综类》和姚孝遂、肖丁的《殷墟甲骨刻辞类纂》两书，是不同时期对甲骨文进行通盘整理的代表作，为甲骨学的发展做出了不可磨灭的贡献。与此同时，一些集大成的甲骨文考释字典，如松丸道雄、伊藤道治的《甲骨文字字释综览》和于省吾主编的《甲骨文释林》，反映了近百年来甲骨文字考释成果的全貌，为研究提供了便利的工具。关于甲骨文类典和事典的工作，也在进行之中。饶宗颐主编的《甲骨文通检》已出版四册。此书按类整理甲骨文，为研究者提供了极大方便。

总结性的材料整理工作，是在先前公布的材料的基础之上进行的。由于材料整理工作量巨大，事务繁琐，所以需要时间和精力较多，成果的形成也就具有一定的滞后性。而学科的发展却是以加速度前进，所以在甲骨学研究一百年之际，旧有的材料工具书已有增补和完善的必要。再编纂一部全面反映和总结前一百年甲骨文材料公布成果和文字研究水平的大型甲骨文辞例总集，以适应和推动新一百年甲骨学研究的深入发展的需要，应早日提上日程。

## （二）甲骨学研究的进一步深入与开拓

虽然一百年来甲骨学研究取得了辉煌成就，但依然有许多问题没有得到解决，或是刚刚提出。在新的一百年里，我们依然需要加倍努力，对各种问题进行深入的研究与开拓。

**1. 甲骨文字考释的攻关**

由于年代久远，文献失载，甲骨文字考释的难度很大。尤其经过学者们一百年的艰辛探索，能释的文字差不多都得到了释读和考证。所余下的文字，考释的难度更大，所以文字考释要想取得进展，实为不易。

前辈学者的文字考释理论和方法，是在实践中总结出来的宝贵经验和心得，是我们避免走弯路的有益借鉴。在考释甲骨文字的攻关中，我们要充分继承和利用前辈学者的成功经验。

在考释甲骨文字的过程中，一定要坚持严肃的治学态度。我们必须认识到，由于时间的流逝和环境的改变，并不是所有的甲骨文字都能得到释读。也许有的甲骨文字永远不能被释读。我们也应看到，这部分可能考释不出的文字多是地名、人名、族名等专有名词，并不影响对甲骨材料的总体把握。我们反对那些置前人成果和经验于不顾，抛弃前辈学者的一切有效方法和理论，凭空创造的所谓“创新理论”。我们也反对所谓释读全部甲骨文字的肆意炒作。这些抛弃学术传统建立在沙滩上的炒作，只能创造一时的“轰动”效应，等时过境迁，回头看来，学术研究并没有前进一步。这种浮躁的学风，对于真正的甲骨学研究有百害而无一利。

**2. 分期断代研究的深化**

分期断代是利用甲骨文进行学术研究的前提。一百年来，经过众多学者的努力，在甲骨分期断代方面取得了巨大成就，总结出了“五期分法”和“两系说”等断代方案。但是，甲骨的分期断代还存在许多问题，仍需进行深入探索。

首先，董作宾创立的传统的“分期研究法”需要继续严密化和系统化。

1933年，董作宾发表《甲骨文断代研究例》，把原先只能笼统划为一体的晚商甲骨文按王世划分为五期，为甲骨学的科学研究奠定了基础。近七十年的甲骨学研究实践，证明董作宾的断代体系基本是正确和可行的。不过，这一体系中也有一些不够严密的问题，需要加以完善。

一、武丁卜辞的细区分。商王武丁在位五十九年，而武丁时期的甲骨，几乎占全部甲骨的一半以上，对其细加区分十分必要。武丁甲骨的细分期，虽然有学者进行了一定的探索，但至今仍没有系统的全面的论述。

二、第四期武乙、文丁卜辞的细区分。四期卜辞的细区分在1973年小屯南地甲骨出土后，始露端倪。肖楠等在《论武乙文丁卜辞》等文章中曾进行过论述。最近，台湾学者吴俊德发表《殷墟第三、四期甲骨断代研究》，是对这一问题的最新探索。我们期待着发现新的地层和材料，以及学者对此进行更全面系统的论证。

三、关于“历组卜辞”时代问题的研究。“历组卜辞”问题已争论了很长时间，但依然没有定论。甲骨学者仍需进一步深入研究，以得出符合事实的结论。

四、关于帝辛卜辞的问题。殷墟甲骨文中存在帝辛卜辞，已为大多数学者所接受，但是，真正的帝辛卜辞的区分却十分困难，这是甲骨分期断代的一个难点，今后仍需学者作出新的努力。

五、关于武丁以前的卜辞。殷墟有没有武丁以前即盘庚、小辛、小乙时代的卜辞，也是学者们多年思考的问题，对此已进行了长期的讨论。有许多学者认为从卜辞本身的特点和殷墟田野考古的各种迹象考察，武丁以前卜辞应该是存在的。最近洹北花园庄遗址的发掘，为探索盘庚迁殷的史实和搜寻武丁以前的卜辞提供了新的线索。

其次，甲骨分期断代的新方案仍需进一步检讨和验证。

甲骨分期断代的新方案是指“分派整理法”和“两系说”。由于当时存在着一些“五期分法”未能解决的问题，所以董作宾于1945年提出了“分派整理法”。在以后的几十年里，董作宾大力阐释和提倡这种分期方案，但呼应者寥寥无几，对其全面系统地进行探讨的文章也鲜有发表。“分派整理法”的提出，有其论证上的合理性和学术上的贡献，但一直不为学术界所广泛接受，自然也有其内在的原因，对此加以分析，是十分必要的。

甲骨文分期“两系说”，是近二十年构筑起来的断代理论。这一方案吸收了前八十年甲骨学研究的丰富成果，逐渐建立了完善的理论体系，成为近来最受瞩目的分期新方案。但是，“两系说”也有多方面的问题，需进一步加强和完善。

“两系说”的理论建设方面：

一是“两系说”的理论基础——分类标准，需要系统化。“两系说”的第一标准是字体，但“两系说”的构筑者也承认“字体并非一成不变，情况错综复杂。对同一种现象，由于各人观察上有出入，有时会作出不同的分析。因此，所分出的类与实际情况就不一定相合，这是甲骨分类难以掌握之处”。与此相适应，“两系说”的构筑者们所作出的分类，也是数说并存，类组各异。这表明，“两系说”对自身的基础标准尚未形成系统和统一的认识，由此进行的分类难免会带有一定的弹性和随意性。

二是“两系说”对贞人在分类中的作用，尚未形成一致认识。林沄等学者认为，卜辞的分类只能依据字体。李学勤、彭裕商等学者则认为“只要能指示卜辞时代的横向联系的，则是分类的标准”。“分类标准有字体和卜人。其中字体分类的范围较窄，卜人分类的范围较宽”[1]。第一种意见完全忽略贞人在分类中的作用，显然失于偏颇。第二种意见肯定了贞人的作用，并就此作了整理。跨两个以上王世的贞人如下表（表六）：

**表六　　贞人所历朝代表**

| 贞人时间在位 | 武丁 | 祖庚 | 祖甲 | 廪辛 | 康丁 | 武乙 | 文丁 | 帝乙 | 帝辛 |
|---|---|---|---|---|---|---|---|---|---|
| | 早中晚 | 早晚 | 早晚 | | | 早　晚 | 早　晚 | | |
| 何 | √ | √ | √ | √ | √ | | | | |
| 口 | | | √ | √ | √ | √ | | | |
| 专 | √ | √ | √ | | | | | | |
| 彭 | | | √ | √ | √ | √ | | | |
| 卯 | | | √ | √ | √ | √ | | | |
| 暊 | | | √ | √ | √ | √ | | | |
| 狄 | | | | √ | √ | √ | | | |

可以看到，有的贞人供职四朝，从时间上显然存在不合理性。所以如何处理贞人分类的关系，是“两系说”学者需继续深入探索的问题。

“两系说”的可操作性和实践性有待加强。就理论的建设讲，分类越细致，研究也越精确。但从实际应用的角度来讲，则简单且易于掌握的方案才是可行的。“两系说”的分类十分细密，黄天树《殷墟王卜辞的分类与断代》仅武丁至祖庚的早期王卜辞就分为20多类。李学勤《殷墟甲骨分期研究》则将全部甲骨大体分为10组21大类30小类，加上小类之外的区分，共得36类。这在实际应用中显然难以掌握。同时，各家的分类并不相同，使一般学者难以适从。因此，“两系说”如果不解决操作上的困难，则依然难以普遍用于实际的研究当中。“两系说”理论是建立在数百片典型甲骨基础之上的，就这数百片甲骨来说，其合理性和说服力是充分的。但是，如何把这一方案从这数百片甲骨扩大到全部十余万片甲骨，则依然没有具体、系统的实践和说明，理论和实践间的差距尚远。

甲骨分期断代的目的在于区分不同甲骨的具体时代，所有理论和方法都是为这一目的服务的。在实际研究中，我们应坚持研究的合理性和实用性，避免追求外在形式的张扬。

**3. 大型商史著作应提上日程**

自1899年甲骨文发现之后，殷商史研究取得了很大进展。时至今日，学者对商代社会的认识已达到了相当的深度，有关商代的国家机构、典章制度、经济情况、军事制度、医药历法等都进行了深入的研究，商史研究已形成了较大的规模和成熟的机制。

但是，迄今为止，学者对甲骨学殷商史的研究，多只是从某个方面的专题入手，还没有全方位研究商代史的著作。早在二十多年前，胡厚宣就认为：“由于甲骨文八十年来研究的不断深入和资料的积累，写出一部以马克思列宁主义为指导的科学性强的《商代史》专著，已是为期不远的事情了”[2]。在与《甲骨文合集》编辑组的学者们谈论学习和研究的目的时指出，“其努力的目标是，作好准备，编写一部新的《甲骨学》和一部新的《甲骨文字典》”。“再就是对于商代历史的研究，包括着经济基础和上层建筑的各个方面”，“尤其是对于一些关键性的问题，像国家形态、社会性质、阶级关系、土地制度等问题，都在进行深入的钻研。这些专题的研究，目的是为编写一部大型的商代历史作准备”[3]。80年代末，王宇信则进一步指出：“一部大型的、科学性强的商朝断代史，至今还没有完成”[4]。撰著一部大型、全面的殷商史，是海内外学者共同企盼的事情。

商王朝在“三代”社会中占有重要地位，它上承夏王朝建邦立国的余绪，下启周王朝“郁郁乎文哉”的典章制度的先河，是中国早期国家形成和发展历史中重要的一环，也是世界早期文明的典型代表。商代已建立起高度发达的青铜文明，具有完备的国家机器，有效行使着国家职能。商代已拥有庞大的军队，在广大地域内进行战争。商代已形成了系统的祭祀制度，祭祀成为国家生活中的重要组成部分。商代已建立相当发达的农业、手工业、畜牧业等产业，为整个社会的运转提供有力的保障。商代在医药、数学、天文、历法等方面都取得相当的成就。因此，全面抉发和钻研商代历史及其文化，不仅对于中国国家形成的研究，而且对世界文明史的研究也有重要意义。为推动新世纪甲骨学商史研究的全面深入与前进，撰著一部大型系统的《商代史》是十分必要的。

百年来的甲骨学研究，不仅为大型《商代史》的撰著提供了十余万片甲骨文作为第一手研究资料，而且积累了大量的商史研究成果和丰富的研究经验，为《商代史》的最终完成奠定了坚实基础。从王国维《殷卜辞中所见先公先王考》及《续考》把甲骨文推向其“史料时期”以后，甲骨学与商史研究互相结合，取得了相当大的成绩。而1928年开始的殷墟科学发掘，不仅为甲骨学商史研究提供了大量有科学地层关系和伴出器物的甲骨资料，还为商史研究提供了丰富的遗迹和遗物等考古材料。

与此同时，许多学者不断探索，辛勤积累，尤其是许多大型甲骨学著作如《甲骨文合集》、《甲骨文合集补编》、《甲骨学一百年》等书的完成出版，培养了一批训练有素、具有较强研究能力的学者，为大型《商代史》奠定了人才上的基础。

随着条件的成熟，大型《商代史》工程已经展开。1999年，由宋镇豪任主编，王宇信、杨升南、常玉芝等人参加的大型《商代史》课题已经启动，并被列入中国社会科学院重点课题。在新的一百年里，在全面继承前人成果的基础上，通过个人钻研和群体智慧，把一部反映学科最新水平的大型《商代史》奉献给学术界，将是课题组学者们义不容辞的责任。

**4. 研究方法与研究手段的现代化**

甲骨文是三千多年前的商代遗物，甲骨学却是一门年轻的学问。甲骨学研究的是中国古代传统文化，但是，甲骨学并不排斥现代科学技术。相反，现代科技手段使甲骨学研究发生了深刻变化，并不断为之注入新的活力。

甲骨学研究的进展与新方法的引入是分不开的。“二重证据法”和近代考古学方法的引入，把甲骨学研究由金石学的附庸，纳入了历史考古学领域，推动了甲骨学研究的全面发展。

近几十年以来，随着计算机技术的发展，计算机也被用于甲骨学研究领域。20世纪70年代，美国加利福尼亚大学周鸿祥教授就尝试利用计算机对甲骨碎片进行缀合实验。稍后，我国也有学者在这方面进行了探索。虽然没有取得突破性进展，但其开创精神和积累的经验，成为以后利用新技术研究甲骨文的有益借鉴。

在甲骨缀合之外，甲骨文的输入技术也成为学者关注的问题。由于甲骨文的构形特征，难以编码输入，成为甲骨学研究者使用电脑的一大障碍。从20世纪80年代中期起，我国学者开始研制“计算机甲骨文信息处理操作系统”。据称，这一系统可以在中文、西文界面中方便地插入甲骨文字。但是，至今尚没有正式版本面世。

近年来，随着计算机硬件、软件的快速发展，扫描技术的普及应用，利用电脑整理甲骨文原始材料成为可能，大型甲骨文资料库的建立也随之展开。1996 年香港中文大学与中国社会科学院历史研究所合作，开始建立“甲骨文资料库”。这一资料库以《甲骨文合集·释文》为底本，输入四万余片甲骨近百万字的甲骨文材料。台湾学者也在进行《甲骨文合集》的全部图片以及释文的电脑资料库工作。经过数年努力，这一资料库已基本完成，可通过网络查阅，也有光碟可资利用。中国社会科学院历史研究所《商代史》课题组，正筹划建立完备的甲骨文资料库，具体工作已经展开，其中《甲骨文合集补编》、《小屯南地甲骨》等著录书的录入工作已经完成。

网络技术日益发展，利用网络进行甲骨文的传播和研究，也开始为学者所关注。网络技术的利用，在步骤上落后于电脑，但在设想上却是与电脑同步的。几乎所有建立甲骨文电脑资料库的筹划都是与网络利用联系在一起的。香港中文大学与中国社会科学院历史研究所合作的“甲骨文全文资料库”，更主要的计划是供网上查询。台湾学者整理的资料已在因特网上建立了部分页面。中国社会科学院历史研究所《商代史》课题组也筹划建立自己的甲骨文资料库网站。

在充分利用现代科技的同时，学者们还注意充分吸收外国学者的优秀成果。在前面的论述中我们曾指出，学贯中西是前辈学者成功的重要因素之一。在甲骨学研究的前期，在中国面临重大社会变革的时期，前辈学者们处变不惊，把中国传统文化与西方先进科学技术和社会学说相结合，推陈出新，完成了传统学术向现代学术的转变。

科学无国界，甲骨学是一门国际性的学问，正是通过中外学者的共同努力，才取得了今天的辉煌成绩。中外学者互相交流，互相促进，是推动甲骨学前进的重要手段。但是，由于种种原因，中外学者交流的渠道并不是十分通畅，双方对彼此成果的了解、借鉴和吸收也不很及时。随着中国的发展和开放，国际间交流日益加强，中外学者彼此间的了解将日益深入。他山之石，可以攻玉，借鉴外国学者的新视角、新理论将会对我国的甲骨学研究起到促进作用。

新技术、新思路将给甲骨学研究带来革命性的变化，这是每一个学者应予以关注的问题。“可以预言，随着科技的进一步发展，甲骨学研究一定会像当年从金石学的附庸中分离出来一样，发生质的飞跃，进入一个更新的阶段。”[5]

## 注　释

[1] 李学勤《殷墟分期研究》第 19～21 页，上海古籍出版社 1996 年版。

[2] 胡厚宣《序〈建国以来甲骨文研究〉》，中国社会科学出版社 1981 年版。

[3] 胡厚宣《甲骨文与殷商史》第 1 辑，上海古籍出版社 1983 年版。

[4] 王宇信《甲骨学研究九十年》，《史学月刊》1989 年第 4 期。

[5] 桂娟《三千年甲骨，百年求解》，《瞭望新闻周刊》1999 年 9 月 13 日。

# 甲骨学书目简称对照表

| | |
|---|---|
| 《安明》 | 许进雄《明义士收藏甲骨》 |
| 《巴》 | 饶宗颐《巴黎所见甲骨录》 |
| 《柏》 | 明义士《柏根氏旧藏甲骨文字》 |
| 《丙编》 | 张秉权《殷虚文字丙编》 |
| 《粹》 | 郭沫若《殷契粹编》 |
| 《德瑞荷比》 | 雷焕章《德瑞荷比所藏一些甲骨录》 |
| 《东京》 | 松丸道雄《东京大学东洋文化研究所藏甲骨文字》 |
| 《东文》 | 日本东洋文库古代史研究委员会《东洋文库所藏甲骨文字》 |
| 《掇二》 | 郭若愚《殷契拾掇二编》 |
| 《掇一》 | 郭若愚《殷契拾掇》 |
| 《法藏》 | 雷焕章《法国所藏甲骨录》 |
| 《福》 | 商承祚《福氏所藏甲骨文字》 |
| 《征文》 | 王襄《簠室殷契征文》 |
| 《诂林》 | 于省吾主编《甲骨文字诂林》 |
| 《合集补编》 | 彭邦炯、谢济、马季凡《甲骨文合集补编》 |
| 《合集》 | 郭沫若主编《甲骨文合集》 |
| 《后编》 | 罗振玉《殷虚书契后编》 |
| 《花东》 | 中国社会科学院考古研究所《殷墟花园庄东地甲骨》 |

| | |
|---|---|
| 《怀特》 | 许进雄《怀特氏等收藏甲骨文集》 |
| 《集释》 | 李孝定主编《甲骨文字集释》 |
| 《甲编》 | 董作宾《殷虚文字甲编》 |
| 《戬》 | 姬佛陀《戬寿堂所藏殷虚文字》 |
| 《金》 | 方法敛、白瑞华《金璋所藏甲骨卜辞》 |
| 《京津》 | 胡厚宣《战后京津新获甲骨集》 |
| 《京人》 | 贝塚茂树、伊藤道治《京都大学人文科学研究所藏甲骨文字》 |
| 《菁华》 | 罗振玉《殷虚书契菁华》 |
| 《库》 | 方法敛《库方二氏藏甲骨卜辞》 |
| 《类纂》 | 姚孝遂主编《殷墟甲骨刻辞类纂》 |
| 《六》 | 胡厚宣《甲骨六录》 |
| 《美藏》 | 周鸿翔《美国所藏甲骨录》 |
| 《明后》 | 许进雄《殷墟卜辞后编》 |
| 《南北》 | 胡厚宣《战后南北所见甲骨录》 |
| 《宁沪》 | 胡厚宣《战后宁沪新获甲骨集》 |
| 《平津》 | 胡厚宣《战后平津新获甲骨集》 |
| 《七》 | 方法敛、白瑞华《甲骨卜辞七集》 |
| 《前编》 | 罗振玉《殷虚书契》 |
| 《瑞斯》 | 李学勤、齐文心、艾兰《瑞典斯德哥尔摩远东古物博物馆藏甲骨文字》 |
| 《苏德美日》 | 胡厚宣《苏德美日所见甲骨集》 |
| 《天》 | 唐兰《天壤阁甲骨文存》 |
| 《天理》 | 伊藤道治《天理大学附属天理参考馆甲骨文字》 |
| 《铁》 | 刘鹗《铁云藏龟》 |
| 《铁零》 | 李旦丘《铁云藏龟零拾》 |
| 《铁遗》 | 叶玉森《铁云藏龟拾遗》 |
| 《铁余》 | 罗振玉《铁云藏龟之余》 |

| | |
|---|---|
| 《通纂》 | 郭沫若《卜辞通纂》 |
| 《屯南》 | 中国社会科学院考古研究所《小屯南地甲骨》 |
| 《文录》 | 孙海波《甲骨文录》 |
| 《续编》 | 罗振玉《殷虚书契续编》 |
| 《续补》 | 胡厚宣《甲骨续存补编》 |
| 《续存》 | 胡厚宣《甲骨续存》 |
| 《邺初》 | 黄濬《邺中片羽初集》 |
| 《邺二》 | 黄濬《邺中片羽二集》 |
| 《邺三》 | 黄濬《邺中片羽三集》 |
| 《乙编》 | 董作宾《殷虚文字乙编》 |
| 《乙编补遗》 | 钟柏生《殷虚文字乙编补遗》 |
| 《佚》 | 商承祚《殷契佚存》 |
| 《殷图》 | 罗振玉《殷虚古器物图录》 |
| 《英藏》 | 李学勤、齐文心、艾兰《英国所藏甲骨集》 |
| 《中岛》 | 荒木日吕子《中岛玉振旧藏的甲骨片》 |
| 《综览》 | 松丸道雄《甲骨文字字释综览》 |
| 《综类》 | 岛邦男《殷虚卜辞综类》 |

# 参考书目


**（一）甲骨著录书**

1. 刘鹗《铁云藏龟》，抱残守缺斋石印本，1903年。

2. 罗振玉《殷虚书契》，《国学丛刊》石印本，1911年。

3. 罗振玉《殷虚书契菁华》，影印本，1914年。

4. 罗振玉《铁云藏龟之余》，《舂古丛编》影印本，1915年。

5. 罗振玉《殷虚书契后编》，影印本，1916年。

6. 罗振玉《殷虚古器物图录》，影印本，1916年。

7. 姬佛陀《戬寿堂所藏殷虚文字》，上海仓圣明智大学石印本，1917年。

8. 王襄《簠室殷契征文》，天津博物院石印本，1925年。

9. 叶玉森《铁云藏龟拾遗》，五凤砚斋影印本，1925年。

10. 商承祚《福氏所藏甲骨文字》，金陵大学中国文化研究所丛刊甲种，1933年。

11. 罗振玉《殷虚书契续编》，影印本，1933年。

12. 商承祚《殷契佚存》，金陵大学中国文化研究所丛刊甲种影印本，1933年。

13. 郭沫若《卜辞通纂》，日本东京文求堂书店石印本，1933年。

14. 方法敛《库方二氏藏甲骨卜辞》，上海商务印书馆1935年版。

15. 郭沫若《殷契粹编》，日本东京文求堂书店，1937年。

16. 方法敛、白瑞华《甲骨卜辞七集》，美国纽约，1938年。

17. 孙海波《甲骨文录》，河南通志馆，1938年。

18. 方法敛、白瑞华《金璋所藏甲骨卜辞》，美国纽约，1939年。

19. 唐兰《天壤阁甲骨文存》，北京辅仁大学，1939 年。

20. 李旦丘《铁云藏龟零拾》，上海中法文化出版委员会，1939 年。

21. 胡厚宣《甲骨六录》，成都齐鲁大学国学研究所专刊之一，1945 年。

22. 胡厚宣《战后平津新获甲骨集》，成都齐鲁大学国学研究所专刊之一，1946 年。

23. 董作宾《殷虚文字甲编》，商务印书馆 1948 年版。

24. 董作宾《殷虚文字乙编》（上、中辑），商务印书馆，1948 年、1949 年版。

25. 董作宾《殷虚文字乙编》（下辑），"中央研究院"历史语言研究所，1953 年。

26. 胡厚宣《战后宁沪新获甲骨集》，上海来薰阁书店 1951 年版。

27. 胡厚宣《战后南北所见甲骨录》，上海来薰阁书店 1951 年版。

28. 郭若愚《殷契拾掇》，上海出版公司 1951 年版。

29. 郭若愚《殷契拾掇二编》，上海来薰阁书店 1953 年版。

30. 胡厚宣《战后京津新获甲骨集》，上海群联出版社 1954 年版。

31. 胡厚宣《甲骨续存》，上海群联出版社 1955 年版。

32. 饶宗颐《巴黎所见甲骨录》，香港大宏雕刻印刷公司 1956 年版。

33. 张秉权《殷虚文字丙编》（上、中、下辑），"中央研究院"历史语言研究所，1957～1972 年。

34. 贝塚茂树、伊藤道治《京都大学人文科学研究所藏甲骨文字》，京都大学人文科学研究所，1959 年。

35. 许进雄《明义士收藏甲骨》，加拿大多伦多皇家安大略博物馆，1972 年。

36. 许进雄《殷墟卜辞后编》，台北艺文印书馆 1972 年版。

37. 周鸿翔《美国所藏甲骨录》，美国加利福尼亚大学，1976 年。

38. 许进雄《怀特氏等收藏甲骨文集》，加拿大多伦多皇家安大略博物馆，1979 年。

39. 日本东洋文库古代史研究委员会，《东洋文库所藏甲骨文字》，影印本，1979年。

40. 郭沫若主编《甲骨文合集》，中华书局1979～1982年版。

41. 中国社会科学院考古研究所《小屯南地甲骨》，中华书局1980年版。

42. 松丸道雄《东京大学东洋文化研究所藏甲骨文字》，日本东京大学东洋文化研究所，1983年。

43. 李学勤、齐文心、艾兰《英国所藏甲骨集》，中华书局1985年版。

44. 雷焕章《法国所藏甲骨录》，利氏学社，1985年。

45. 伊藤道治《天理大学附属天理参考馆甲骨文字》，天理时报社，1987年。

46. 胡厚宣《苏德美日所见甲骨集》，四川辞书出版社1988年版。

47. 钟柏生《殷虚文字乙编补遗》，"中央研究院"历史语言研究所，1995年。

48. 荒木日吕子《中岛玉振旧藏的甲骨片》，日本东京创荣出版，1996年。

49. 胡厚宣《甲骨续存补编》，天津古籍出版社1996年版。

50. 雷焕章《德瑞荷比所藏一些甲骨录》，利氏学社，1997年。

51. 李学勤、齐文心、艾兰《瑞典斯德哥尔摩远东古物博物馆藏甲骨文字》，中华书局1999年版。

52. 彭邦炯、谢济、马季凡《甲骨文合集补编》，语文出版社1999年版。

53. 中国社会科学院考古研究所《殷墟花园庄东地甲骨》，云南出版社2004年版。

**（二）甲骨学通论**

54. 金祖同《殷虚卜辞讲话》，上海中国书店1935年版。

55. 胡厚宣《五十年来之甲骨学》，复旦大学讲义本，1949年。

56. 董作宾《甲骨学五十年》，台北艺文印书馆1955年版。

57. 陈梦家《殷虚卜辞综述》，科学出版社1956年版。

58. 岛邦男《殷虚卜辞研究》，日本弘前大学出版，1958 年。

59. 董作宾《甲骨学六十年》，台北艺文印书馆 1965 年版。

60. 严一萍《甲骨学》，台北艺文印书馆 1978 年版。

61. 吉德炜《商代史料——中国青铜时代的甲骨文》，美国加利福尼亚大学，1978 年。

62. 萧艾《甲骨文史话》，文物出版社 1980 年版。

63. 孟世凯《殷墟甲骨文简述》，文物出版社 1980 年版。

64. 王宇信《建国以来甲骨文研究》，中国社会科学出版社 1981 年版。

65. 吴浩坤、潘悠《中国甲骨学史》，上海人民出版社 1985 年版。

66. 范毓周《甲骨文》，人民出版社 1986 年版。

67. 朱芳圃《甲骨学》，台湾商务印书馆 1986 年版。

68. 王明阁《甲骨学初论》，黑龙江人民出版社 1986 年版。

69. 陈炜湛《甲骨文简论》，上海古籍出版社 1987 年版。

70. 张秉权《甲骨文与甲骨学》，台湾国立编译馆 1988 年版。

71. 王宇信《甲骨学通论》，中国社会科学出版社 1989 年版。

72. 马如森《殷墟甲骨文引论》，东北师范大学出版社 1993 年版。

73. 王宇信、杨升南主编《甲骨学一百年》，社会科学文献出版社 1999 年版。

**（三）研究类著作**

74. 王国维《古史新证》，清华研究院讲义本，1925 年。

75. 丁山《商周史料考证》，龙门书局 1956 年版。

76. 周鸿翔《商殷帝王本纪》，香港，1958 年。

77. 李学勤《殷代地理简论》，科学出版社 1959 年版。

78. 饶宗颐《殷代贞卜人物通考》香港大学出版社 1959 年版。

79. 金景芳《中国奴隶社会史》，上海人民出版社 1983 年版。

80. 王宇信《西周甲骨探论》，中国社会科学出版社 1984 年版。

81. 温少峰、袁庭栋《殷墟卜辞研究——科学技术篇》，四川省社会科学院出版社 1983 年版。

82. 孙淼《夏商史稿》，文物出版社1987年版。
83. 常玉芝《商代周祭制度》，中国社会科学出版社1987年版。
84. 陈全方《周原与周文化》，上海人民出版社1988年版。
85. 彭邦炯《商史探微》，重庆出版社1988年版。
86. 严一萍《殷商史记》，台北艺文印书馆1989年版。
87. 王贵民《商周制度考信》，明文书局1989年版。
88. 朱凤瀚《商周家族形态研究》，天津古籍出版社1990年版。
89. 徐锡台《周原甲骨文综述》，三秦出版社1991年版。
90. 杨升南《商代经济史》，贵州出版社1991年版。
91. 朱歧祥《甲骨学论丛》，台湾学生书局1992年版。
92. 王慎行《古文字与殷周文明》，陕西人民教育出版社1992年版。
93. 宋镇豪《夏商社会生活史》，中国社会科学出版社1994年版。
94. 郑杰祥《商代地理概论》，中州古籍出版社1994年版。
95. 李学勤、彭裕商《殷墟甲骨分期研究》，上海古籍出版社1996年版。
96. 王宇信、杨升南《中国政治制度通史·先秦卷》，人民出版社1996年版。
97. 朱歧祥《周原甲骨研究》，台湾学生书局1997年版。
98. 常玉芝《商代历法研究》，吉林文史出版社1998年版。
99. 王晖《商周文化比较研究》，人民出版社2000年版。

# 后　记

蒙朱启新先生垂青，把我们这部《商周甲骨文》列入煌煌的《20世纪中国文物考古发现与研究丛书》系列中。在开始酝酿的时候，朱先生命我们写《甲骨金文的发现与研究》，显然命题较大而难以运作。我们曾向朱先生谈了我们的意见，但还是遵命拟出了一份提纲。编委会的先生们体谅了我们的困难，经编委们研究后，同意我们把甲骨和金文分开的意见，于是我们又重拟了一份提纲。王宇信与徐义华经充分讨论后，确定了《商周甲骨文》一书的提纲。完稿以后，就是本书的样子。

应该说的是，在写作过程中，徐义华付出了很多劳动。特别是他硕士研究生毕业以后，参加了历史研究所先秦室编辑《甲骨文献集成》的工作。两年多来，他每天都要从通州的宿舍到建国门的办公室上班，与宫长为、马季凡一起，进行四千多种甲骨论著的收集、复印、编目等繁杂的工作。虽然《甲骨文献集成》工作占去他白天的时间，但他在这一工作过程中进一步熟悉了资料。古语云“不舍昼夜”，可以说，本书不少章节的写作，都是他在晚上完成的。

至于我本人，则主要是在确定提纲、资料咨询和一些问题的提法方面进行了总体把握。而全书的修改和定稿，也是我主要负责的工作，一些章节进行了补写和改写。因此，如果本书有错误或观点武断，当由我承担主要责任。

我一向主张，对年轻人要强化训练和鼓励他们勇挑重担。看到这部即将出版的书稿和成长中的徐义华，心中感到无限欣慰。“为伊消得人憔悴”，义华又消瘦了一圈。但我认为这是青年人“独上高楼”和进入“灯火阑珊处”境界的必经阶段！

愿更多的年轻学者通过这三种境界而步入甲骨学研究的堂奥，为中华民族的伟大复兴贡献力量！

王宇信

**图书在版编目（CIP）数据**

商周甲骨文/王宇信，徐义华著．-北京：文物出版社，2006.7（2020.11重印）

（20世纪中国文物考古发现与研究丛书）

ISBN 978-7-5010-1659-4

Ⅰ.商… Ⅱ.①王…②徐… Ⅲ.甲骨文-研究

Ⅳ.K877.14

中国版本图书馆CIP数据核字（2004）第088950号

20世纪中国文物考古发现与研究丛书

# 商周甲骨文

著　　者　王宇信　徐义华

封面设计　张希广
责任印制　张道奇
责任编辑　窦旭耀
出版发行　文物出版社
社　　址　北京市东直门内北小街2号楼
网　　址　http：//www.wenwu.com
邮　　箱　web@wenwu.com
印　　刷　文物出版社印刷厂有限公司
开　　本　850mm×1168mm　1/32
印　　张　9.375
版　　次　2006年7月第1版
印　　次　2020年11月第2次印刷
书　　号　ISBN 978-7-5010-1659-4
定　　价　40.00元